W0228831

Patricia Spadaro

ACHTE DICH SELBST!

Die innere Kunst des Gebens und Annehmens

Aus dem Amerikanischen von
Sabina Trooger und Vincenzo Benestante

Titel der amerikanischen Originalausgabe:
HONOR YOURSELF. THE INNER ART OF GIVING AND RECEIVING
Embracing the Power of Paradox in Your Life

Copyright © 2009 by Patricia Spadaro

Besuchen Sie uns im Internet:
www.AmraVerlag.de

Deutsche Ausgabe:
Copyright © 2010 by AMRA Verlag
Auf der Reitbahn 8, D-63452 Hanau
Telefon: + 49 (0) 61 81 – 18 93 92
Kontakt: Info@AmraVerlag.de

Originally published by Three Wings Press,
410 Fieldstone Drive, Bozeman, Montana 59715, USA.
Dieses Werk wurde vermittelt durch die Literarische Agentur
Nigel J. Yorwerth, E-Mail: Nigel@PublishingCoaches.com

Herausgeber & Lektor	Michael Nagula
Umschlaggestaltung	Murat Karaçay
Layout & Satz	nimatypografik
Druck	CPI Moravia Books

ISBN 978-3-939373-56-8

Alle Rechte der Verbreitung, auch durch Funk, Fernsehen
und sonstige Kommunikationsmittel, fotomechanische oder
vertonte Wiedergabe sowie des auszugsweisen Nachdrucks
der Übersetzung, vorbehalten.

INHALT

TEIL VIER
FEIERN SIE SICH SELBST *und* RESPEKTIEREN
SIE IHRE EIGENE STIMME

ZUR REFLEXION
SCHLÜSSEL ZUM GLEICHGEWICHT

Gewidmet den Weisen aus Ost und West,
die mich lehrten, dass das größte Geschenk,
das ich jemandem machen kann,
ich selbst bin.

Die Namen und einige Einzelheiten der Geschichten in diesem Buch wurden verändert, um die Privatsphäre der Menschen zu schützen, die die Lektionen ihres Lebensweges mit uns geteilt haben. Die Informationen und Einsichten in diesem Buch geben lediglich die persönliche Meinung der Autorin wieder und sollten in keiner Weise als Therapie, Anweisungen, Belehrungen, Diagnose und/oder Heilbehandlung aufgefasst werden. Diese Informationen sind kein Ersatz für medizinische, psychologische oder sonstige fachmännische Erläuterungen, Beratungen oder Pflege. Alles, was mit Ihrer Gesundheit zusammenhängt, sollte von einem Arzt oder professionellen Heilkundigen überwacht werden. Weder die Autorin noch der Verlag übernehmen die Verantwortung oder haften in irgendeiner Weise für die Käufer oder Leser dieses Buches.

TEIL 1

FINDEN SIE ERFÜLLUNG *und* RESPEKTIEREN SIE IHRE INNEREN BEDÜRFNISSE

*Man kann die ganze Welt absuchen und wird doch
niemanden finden,
der mehr Liebe verdient hat als man selbst.*

BUDDHA

Wir sind dazu berufen zu geben, und zwar freudig, aber das Leben fordert uns zugleich auf, die Kunst des Gleichgewichts zu meistern. Wir haben die Pflicht, nicht nur anderen etwas zu geben, sondern auch uns selbst – und zugleich müssen wir anerkennen, dass wir diese Gaben ebenfalls verdient haben. Wir haben die Pflicht, sowohl andere *als auch* uns selbst zu achten und zu respektieren. Warum ist das so schwierig? Wir haben eine falsche Auffassung vom Geben geerbt, einen Irrglauben, der tief in uns verwurzelt ist und uns zwingt, einseitig an das Leben heranzugehen. Es ist, als versuchten wir, in einer Zwangsjacke auf dem Seil zu tanzen: Wir können uns nicht frei in die eine oder andere Richtung neigen, um unser Gleichgewicht wiederzuerlangen. Doch es gibt einen Ausweg aus diesem Dilemma, der über die alten, abergläubischen Auffassungen hinausführt, hin zu der Magie, die darin liegt, sich selbst zu achten und zu respektieren. Um diesen Weg zu gehen, müssen wir durch die Tür treten, die zu jeglicher Weisheit führt: die Tür des Paradoxen.

KAPITEL 1

DAS SPIEL DES PARADOXEN

Widerspreche ich mir selbst?
Na schön, dann widerspreche ich mir eben.
(Ich bin grenzenlos, in mir ist Unendliches enthalten.)
— WALT WHITMAN

Das Leben ist selten oder sogar niemals eine Gleichung, die aus »entweder oder« besteht. Sowohl theoretisch als auch praktisch ist das Leben voller Widersprüche – paradox. Es ist ein Balanceakt zwischen rivalisierenden Spannungen, die um unsere Zeit, unsere Energie und unsere Aufmerksamkeit buhlen und uns unbedingt davon überzeugen wollen, dass wir nur entweder das eine oder das andere wählen können.

Jeden Tag werden wir mit diesem Dilemma konfrontiert. Sollen wir mehr Zeit mit unserer Familie verbringen oder unsere Karriere aufbauen? Sollen wir experimentieren und Risiken eingehen, oder sollen wir alles genauso machen, wie man es schon immer gemacht hat? Brauchen unsere Kinder mehr Freiheit oder mehr Aufsicht? Sollen wir von zuhause wegziehen oder in der Nähe unserer Lieben bleiben? Was ist besser: Zusammenarbeit oder Konkurrenz? Sollen wir über andere bestimmen, oder ist es besser, sie zu fördern? Sollen wir alles im Alleingang schaffen oder um Unterstützung bitten? Großzügig sein oder uns abgrenzen? Ruhig bleiben oder einen Gegenangriff starten?

Uralten Überlieferungen nach sind Spannungen nicht nur ein natürlicher Teil des Lebens, sondern das Leben selbst. Es ist die dynamische Spannung von Gegensätzen, die die sich ständig verändernden und sich weiterentwickelnden Komponenten des Universums gebiert und erhält. Die Interaktion der Gegensätze, symbolisiert vom wirbelnden schwarzweißen Kreis des T'ai Chi, ist ein Beispiel für das universelle Prinzip, demzufolge die eine Hälfte des Ganzen nicht ohne die andere existieren kann.

Beide Aspekte dieses Bildes vervollständigen den Kreis der Ganzheit. Wir brauchen beides: Tag und Nacht, männlich und weiblich, Bewegung und Ruhe, die linke und die rechte Gehirnhälfte, die Einzelheiten und die Gesamtheit, Zielgerichtetheit und Flexibilität. Ohne das dynamische Zusammenspiel dieser machtvollen Paare gibt es nur Stagnation, Verfall und letzten Endes den Tod. Die kreative Spannung, die ich als das Spiel des Paradoxen bezeichne, ist für Leben und Wachstum absolut notwendig.

DER ROTE FADEN

Was ist ein Paradoxon? Zu einem Paradoxon gehören zwei Elemente, Wahrheiten, Prinzipien oder Aspekte, die einander zu widersprechen scheinen, aber beide gültig sind. Sprichworte wie: »Es war die beste und die schlimmste Zeit«, »Alle guten Anführer sind Diener« oder »Je mehr man lernt, desto mehr begreift man, wie wenig man weiß« sind paradox. Das Geheimnis und die Bedeutung, die Komödien und die Tragödien des

Lebens beruhen auf dem Paradoxen. Seine leidenschaftlichsten Verfechter sind Wissenschaftler (die immer noch versuchen, die Paradoxa der Physik zu lösen), Komödianten (die sich ihren Lebensunterhalt damit verdienen, auf die Widersprüche des Lebens hinzuweisen) und Mystiker, die glauben, dass wir einen Blick auf die spirituelle Welt erhaschen können, obwohl wir uns auf der physischen Ebene befinden: das größte Paradoxon von allen.

Östliche und westliche Weise sprechen oft davon, wie es ist, innerhalb eines Paradoxons gefangen zu sein. Sie beschreiben dies dergestalt, dass wir gezwungen werden, über unser enges Denken hinauszugehen. Sie sagen uns, dass die widersprüchlichen Spannungen des Lebens einander gar nicht widersprechen, sondern ergänzen, und dass sie einander nicht ausschließen, sondern einschließen. Das Leben, sagen sie, besteht nicht aus diesem *oder* jenem, sondern aus diesem *und* jenem.

Das Paradoxon zieht sich wie ein roter Faden durch die spirituellen Überlieferungen der ganzen Welt. Der heilige Franziskus spielte zum Beispiel darauf an, als er sagte: »Nur durch das Geben empfangen wir, und nur durch den Tod werden wir ins ewige Leben geboren.« Buddha erklärte seinen Schülern, dass es für ihr spirituelles Wachstum notwendig war, sich ins Sangha (in die Gemeinschaft) zu flüchten, aber rätselhafterweise riet er ihnen zugleich auch: »Suche in niemandem außer in dir selbst nach Zuflucht.« Lao-Tse, der chinesische Weise und Gründer des Taoismus, lehrte: »Wer leer ist, ist erfüllt ... Wer nichts besitzt, ist reich.« Jesus warnte: »Seid darum klug wie die Schlangen und unschuldig wie die Tauben.«

Waren diese großen Lehrer etwa nur verwirrt? Hat jemand bei der Übersetzung ihrer Worte Fehler gemacht? Absolut nicht. In den Schriften und im Leben der Weisen überwiegt das Paradoxe. Es ist sogar eine ihrer wichtigsten Lektionen, dass wir die Spannung der Gegensätze nicht ignorieren oder leugnen können, denn auf ihr beruht das ganze Universum.

Der Sufi-Mystiker Rumi fasste es folgendermaßen zusammen: »Gottes Lehrmethode ist der Gegensatz, damit wir statt nur einem Flügel zwei zum Fliegen haben.«

Paradoxa wird es immer geben. Wir können ihnen nicht entkommen, wir können sie nur akzeptieren und uns mit ihnen vereinigen. In Wirklichkeit sind die scheinbaren Gegensätze nämlich zwei Seiten derselben Münze und wurden dazu geschaffen, harmonisch miteinander zu wirken.

Das Prinzip des Paradoxen hat nichts mit Konfessionen zu tun. Egal, welchem kulturellen Hintergrund oder welcher Tradition wir auch entstammen – wir werden immer damit konfrontiert werden. Unsere Aufgabe besteht laut den Weisen darin, zu lernen, wie man sich dem Fluss, dem Auf und Ab des Lebens überlässt, denn das Universum fordert uns dazu auf, zuerst der einen und dann der anderen Seite des Paradoxons zur rechten Zeit und am rechten Ort unsere Aufmerksamkeit zu widmen. Wie ein erleuchteter Pandit einst sagte: »Selig sind die Flexiblen, denn ihre Form wird nicht gesprengt werden.«

DURCHBRÜCHE SCHAFFEN, NICHT ZUSAMMENBRÜCHE ERLEIDEN

Was geschieht, wenn wir nicht beide Seiten des Paradoxons bejahen? Dann erzeugen wir statt eines Durchbruchs einen Zusammenbruch. Wenn wir uns weigern, unsere körperlichen Bedürfnisse zu respektieren, klappt unser Körper vielleicht zusammen und befördert uns in ein Krankenhausbett, wo wir dann gezwungen sind, auf ihn zu hören. Wenn wir andererseits unsere ganze Aufmerksamkeit unseren materiellen Bedürfnissen widmen und unseren Geist nicht ernähren, beginnt unsere Seele zu schmerzen, und wir gleiten in Depressionen ab, ohne zu wissen warum. Kurz gesagt: Wenn wir aus dem Gleichgewicht geraten, werden wir einseitig. Es ist, als säßen wir auf dem einen Ende einer Wippe, die plötzlich herunterkracht, weil unser Spielkamerad davonrennt und uns allein lässt. Wir fallen auf den Boden, weil auf der anderen Seite nichts mehr ist, was Bewegung erzeugen könnte.

Ich glaube, der häufigste Stressauslöser ist unsere Unfähigkeit, das Spiel des Paradoxen zu erkennen und daran teilzunehmen. Oft bleiben wir aufgrund des Irrglaubens, den man uns beigebracht hat und der uns geläufig ist, auf der einen oder anderen Seite des Paradoxons stecken. Wir wissen nicht einmal, dass es sich dabei um einen Irrglauben handelt, weil wir ihn automatisch als wahr akzeptieren. Er beruht auf dem, was wir für den grundlegenden Arbeitsmechanismus der Welt halten, und hindert uns wie eine Zwangsjacke daran, uns umzudrehen und die andere Seite der Gleichung zu betrachten. Er bringt uns dazu zu glauben, dass wir keine andere Wahl haben.

Wenn wir aus dem Gleichgewicht geraten, schickt uns das Leben Botschaften in Gestalt von Umständen, Menschen oder Ereignissen, um uns beim Wiedererlangen der Balance zu helfen. Zweifelsohne entspricht es der menschlichen Natur, dass wir dann in die entgegengesetzte Richtung rennen wollen oder die Boten sogar »umbringen«, damit wir nicht auf ihre Botschaften hören müssen. Aber das funktioniert niemals. Die Boten kommen so lange, bis wir innehalten und zuhören und ihre Einladung zum Tanz annehmen.

Dieses Buch erforscht eines der vielen Paradoxa des Lebens – das Paradoxon des Gebens und Annehmens. Wir sind dazu aufgerufen, das heikle Gleichgewicht des Gebens und Annehmens in buchstäblich jedem Bereich unseres Lebens zu meistern. Es begegnet uns, wenn wir uns mit Themen wie Überfluss, Selbstwertgefühl, Gesundheit, Beziehungen, Karriere und dem Aufspüren der eigenen Talente befassen – um nur einige zu nennen. Im Kern geht es beim Paradoxon des Gebens und Annehmens um ein einziges Hauptthema, das für so viele von uns ein Problem ist: *Wie kann ich die Bedürfnisse der anderen mit meinen eigenen Bedürfnissen in Einklang bringen? Muss ich mich wirklich selbst aufgeben, wenn ich anderen etwas geben will?*

Ich möchte von vornherein klarstellen, dass es ein großer Unterschied ist, ob man sich selbst respektiert oder ob man sich verhätschelt. Und es geht auch nicht darum, Menschen, die einen brauchen, die kalte Schulter zu zeigen. Das Thema des Gebens und Annehmens geht tiefer. Viel tiefer sogar. Wenn man sich selbst respektiert, dann hat man Achtung und Hochachtung vor sich und bringt das Beste in sich selbst zum Vorschein, und dadurch kann man auf eine kreative Weise geben, die auch die anderen respektiert.

Zugegeben: Die moderne Gesellschaft ist nicht allzu gut dafür gerüstet, uns wieder ins Gleichgewicht zu bringen, aber die Weisen aus Ost und West sind darin Experten. Auf den Seiten dieses Buches können Sie ihre praktischen und oft überraschenden Ratschläge zum Meistern der inneren Kunst des Gebens und Annehmens für sich erschließen. Sie werden lernen, den Irrglauben, der Sie wie eine Geisel gefangen hält, als solchen zu entlarven – als eine Art Aberglaube, der Sie wie durch Scheuklappen daran hindert, ein Leben voller Möglichkeiten und Leidenschaft zu leben. Sie werden lernen, was es heißt, Ihre Begabungen und Ihre eigene Größe zu feiern, und Sie werden erforschen, welche inneren Dynamiken gewissen Vorgängen zugrunde liegen – beispielsweise dem Geben mit dem Herzen statt mit dem Kopf, dem Ziehen von Grenzen, dem ehrliches Erkennen, welche Menschen einem schaden, wie man sich mit Hilfe seiner Gefühle treu bleibt, die eigene Stimme findet und akzeptiert, wenn etwas zu Ende geht.

Das Wichtigste ist: Sie werden praktische Schritte lernen, die Ihnen dabei helfen, im Gleichgewicht zu bleiben, denn sobald Sie die Schritte beherrschen, beherrschen Sie auch den Tanz – und dann fängt die Magie an.

WIEDER IN DEN RHYTHMUS GELANGEN

Wir sind alle in der Tanzschule und lernen, die eine oder andere Bewegung auszuführen. Wir sind alle Schüler des Lebens und lernen neue Möglichkeiten, uns harmonisch mit den Kadenzen der ständig wechselnden Lebensmusik zu bewegen. Jeder von uns ist auf seine Weise auch Lehrer, denn wir teilen anderen mit, was wir lernen. Und ja, es ist paradoxerweise wahr, dass wir oft anderen das beibringen, was wir selbst am dringendsten lernen müssten. Dies habe ich persönlich bei allen Themen erlebt, über die ich jemals Bücher geschrieben habe, und dieses Buch bildet da keine Ausnahme. Ich lerne jeden Tag, was es bedeutet, mich selbst und das höchste Potenzial meiner selbst zu achten und zu respektieren.

Je nachdem, wie der Tag und der Tanz verlaufen, stolpere ich immer noch und komme aus dem Takt. Ich muss immer noch innehalten, ein paar Mal tief durchatmen und dann wieder in den Takt der Musik kommen. Aber ich lerne, und nur darum geht es all den unglaublich geduldigen Lehrern, die mich auf die Tanzfläche locken (und manchmal auch zerren). Ich bin sicher, dass ich mit etwas mehr Übung besser tanzen werde, aber ich weiß auch, dass ich immer weiter lernen werde. Ich werde immer neue Tanzschritte erlernen, um meine Talente zu ehren und zu feiern.

In wahrhaft paradoxer Manier könnte man also sagen, dass ich dieses Buch ebenso für Sie wie für mich geschrieben habe. Bis zu einem gewissen Grad spiegelt es meine eigene Reise und die Entdeckungen wider, die mir wertvoll genug erscheinen, sie an Sie weitergeben zu wollen.

Kein Buch enthält alle Antworten oder kann Ihnen alle Tanzschritte beibringen, aber ich hoffe, dass Ihnen dieses Buch helfen wird, in all den Haarnadelkurven des Lebens einen Sinn zu entdecken. Ich hoffe, es wird Ihnen zeigen, wie Sie mit etwas leichterem Schritt reagieren können, wenn das Leben Sie umwirft. Und ich hoffe, es wird Ihnen dabei helfen, zu lächeln und etwas entspannter zu sein, damit Sie den Tanz einfach nur genießen können.

KAPITEL 2

DIE SUCHE NACH DEM GLEICHGEWICHT

Wenn man nicht mit sich selbst in Berührung ist,
kann man auch andere nicht berühren.
              - ANNE MORROW LINDBERGH

»Ich bin gut, wenn ich anderen etwas gebe. Geben ist besser als Nehmen.« Irrglaube oder Magie?

Viele von uns sind in dem Glauben aufgewachsen, dass es unsere heilige Pflicht ist, anderen Menschen zu geben und zu geben und immer weiter zu geben, aber das ist nur die halbe Wahrheit – ein Irrglaube, der uns daran hindert, freudig zu leben und aus ganzem Herzen zu geben. Bedenken Sie, was die großen Weisen dieser Welt sagen: Man hat die Pflicht, sowohl anderen *als auch sich selbst* zu geben. Wer in Not ist, muss auch empfangen. Dieser Rat klingt nach einer Binsenweisheit, aber wer von uns hat *sich selbst* auch nur ins obere Drittel unserer endlosen Pflichtenliste geschrieben?

Die Prinzipien des Gebens und Annehmens in unserem Alltag unterscheiden sich in nichts von den Prinzipien, nach denen die Natur ringsum funktioniert. »Ein Feld, das brach lag, gibt reiche Ernte«, sagte der römische Dichter Ovid. Die Erde muss genügend Sonne, Wasser und Dünger empfangen, bevor sie aus den von uns gepflanzten Samen eine reiche Ernte hervorbringen kann. Nachdem die Erde die Ernte geboren hat, muss sie sich ausruhen und ihre Lebenskraft erneuern, damit sie erneut geben kann. Das Gleiche gilt für Ihr Leben. Wie können Sie anderen etwas geben, wenn Sie nicht zunächst sich selbst ernähren und auftanken?

Diese Frage bildet den Kern des ersten Grundsatzes, den man uns als Kind beigebracht hat – wenn auch auf eine Weise, die Ihnen bisher vielleicht nie aufgefallen ist. Es ist die sogenannte Goldene Regel. Die Goldene Regel findet sich in allen Traditionen dieser Welt. Im *Mahabharata*, dem ältesten Epos Indiens, steht: »Füge nichts anderen zu, was dir Schmerzen bereiten würde, wenn man es dir zufügte.« Der Islam bestätigt, dass ein wahrer Gläubiger »sich für seinen Bruder dasselbe wünscht wie für sich selbst«, und das Christentum lehrt: »Liebe deinen Nächsten wie dich selbst.« Wenn wir aber andere genauso lieben und sie so behandeln sollen, wie wir uns selbst lieben und behandeln, was wird dann aus ihnen, wenn wir uns selbst nicht mit Liebe und Zuneigung begegnen? Anders ausgedrückt: Wir können andere nicht wirklich respektieren, wenn wir uns nicht zuerst selbst respektieren.

IRRGLAUBE
Es ist immer meine Pflicht, anderen zu geben.

MAGIE
Es ist meine Pflicht, mir selbst ebenso viel zu geben wie den anderen.
Indem ich mir selbst gebe, gebe ich den anderen.

Hier treffen wir auf das erste Paradoxon der inneren Kunst des Gebens und Annehmens: *Wir können andere am besten lieben und am besten für sie sorgen, wenn wir zuerst uns selbst lieben und für uns*

sorgen. Wie bei allen echten Paradoxa schließen diese beiden scheinbaren Gegensätze einander nicht aus, sondern einander ein.

Sowohl Geben als auch Annehmen hat seine rechte Zeit. Das
Buch Kohelet, auch unter dem Namen »Prediger« bekannt, sagt
uns in Worten, die durch den Song *Turn! Turn! Turn!* von Pete
Seeger weltberühmt wurden: »To every thing there is a season,
and a time to every purpose under the heaven: A time to be
born, and a time to die; a time to plant, and a time to pluck up
that which is planted; a time to cast away stones, and a time to
gather stones together; a time to embrace, and a time to refrain
from embracing.« In der deutschen Fassung von Marlene Diet-
rich lauten diese Zeilen: *Für alles Tun auf dieser Welt kommt die
Zeit, wenn es dem Himmel so gefällt. Die Zeit der Fülle, die Zeit der
Not. Die Zeit der Saat, der Erntezeit. Die Zeit zum Frieden nach all
dem Leid. Denn Streit und Friede hat seine Zeit.*

Wir müssen herausfinden, in welcher Zeit wir im Augenblick
leben, und ihren Ruf achten.

LERNEN, SICH SELBST ZU GEBEN

Manche von uns können großartig geben, aber nur sehr schwer
empfangen. Wir bitten andere nie um Unterstützung. Wir ge-
stehen weder anderen noch uns selbst ein, dass wir Unterstützung brauchen. Wir nehmen nicht einmal gern Komplimente
an. Wir leben auf der einen Seite des Paradoxons (»Ich habe
die Pflicht, anderen zu geben«), aber wir haben die Kehrseite
vergessen (»Ich habe die Pflicht, mir selbst zu geben«). Wenn
dies geschieht, wird das Universum einschreiten, um uns aufzuwecken, das Gleichgewicht wiederherzustellen und uns zu
zeigen, dass wir uns selbst ebenfalls achten müssen.

Wer wir auch sein mögen – das Leben akzeptiert uns automatisch als Lehrling in der Kunst des Gebens und Annehmens,
und unsere Lektionen beginnen häufig mit dem, was wir sehen

und anfassen können: mit unserem Körper. Sie beginnen mit den Fragen: *Liebst du dich selbst genug, um auf die Bedürfnisse deines Körpers zu achten? Gibst du dir die Nahrung, Ruhe und Erholung, die du verdienst?*

Wenn Sie sich diese Dinge nicht freiwillig geben, dann wird Ihr Körper früher oder später dafür sorgen, dass Sie es tun. Ich habe mit angesehen, wie dies einer Bekannten passierte, der ich jedes Jahr mehrmals auf Geschäftskonferenzen begegnete. Während eines Treffens fragte ich sie, wie es ihr ginge, da ich wusste, dass sie vor Kurzem eine Operation hinter sich gebracht hatte.

»Es geht mir gut, aber ich arbeite schon wieder so viel«, sagte sie mit gerunzelter Stirn. »Wenn ich mir nicht bald eine Zeit lang freinehme, muss ich einen weiteren Krankenhausaufenthalt einplanen!« Mein Herz tat einen Sprung, als mir klar wurde, dass sie ihre Prophezeiung womöglich selbst erfüllen würde. Sie hatte die Lektion nicht gelernt, die ihr Körper ihr beim ersten Mal beizubringen versucht hatte. Ich kenne solche Lektionen aus eigener Erfahrung. Als ich mich von meinem eigenen unerwarteten Krankenhausaufenthalt erholte, bestand eine Freundin, die Krankenschwester war, darauf, mehrmals täglich vorbeizukommen, um sicher zu sein, dass ich auch alles hatte, was ich brauchte. Sie merkte, dass es mir schwerfiel, still zu sitzen und die Tatsache zu akzeptieren, dass ich mich ausruhen musste, und deshalb ernannte sie sich für diese Woche zu meinem Schutzengel. Immer wieder sagte ich ihr, dass es mir gut ginge und dass ich keinen Grund hatte, nicht aufzustehen. Außerdem musste ich mich doch um so vieles kümmern. Sie kaufte es mir nicht ab. Sie sah mir tief in die Augen und sagte: »Deine Aufgabe besteht nun darin, still zu sitzen und dich zu entspannen.«

Dann sagte sie mir, dass sie mir nur eine Lektion weitergab, die sie gelernt hatte, als sie selbst krank geworden war. Genau wie ich hatte sie gleich aufspringen und wieder aktiv sein wollen. Eine ihrer Mentorinnen überraschte sie außerhalb des Bettes und schickte sie sofort unter die Bettdecke zurück. »Du bist schon so lange Krankenschwester, dass du glaubst, du müsstest immer nur den anderen etwas geben. Jetzt musst du lernen, selbst etwas zu empfangen.« Damit konnte ich mich identifizieren. Ich hatte den Verdacht, dass es zu einem gewissen Teil meine Neigung zu harter und ununterbrochener Arbeit gewesen war, die mich überhaupt erst ins Krankenhaus gebracht hatte. Nachdem meine Freundin gegangen war, lehnte ich mich zurück, schloss die Augen und schlief prompt ein. Sie hatte recht. Mein Körper war noch nicht bereit, wieder zu geben.

Wir haben zwar gelernt, dass es uns geistig förderlich ist, wenn wir unsere Aufmerksamkeit vom Körper und der materiellen Welt ab- und dem »Andersweltlichen« zuwenden, aber in dieser Logik steckt eine falsche Grundannahme, eine Fehlinterpretation, vor der die größten Lehrer der Welt uns gewarnt haben. Sie sagen uns, dass wir gut für unseren Körper sorgen müssen, wenn wir mit unserem inneren Potenzial in Berührung kommen wollen.

So sagte beispielsweise Rabbi Nachman aus Bratislava: »Stärke deinen Körper, bevor du deine Seele stärkst.« Über zweitausend Jahre davor inspirierte diese Erkenntnis den Begründer des Buddhismus dazu, einen der wichtigsten Grundsätze seiner Philosophie zu entwickeln – den mittleren Pfad. Siddharta Gautama, ein indischer Prinz, verließ seine Frau und seine kleinen Kinder, um nach etwas zu suchen, das über Reichtum und materielle Vergnügungen hinausging. Sechs Jahre lang lebte er als Asket und glaubte, dass die Zucht extremer Entbehrungen ihn seinem Ziel, der Erleuchtung, näherbringen würde. Er missgönnte sich die Nahrung, die er brauchte, und wurde so schwach, dass er beinahe verhungerte.

Zum Glück fand ein junges Mädchen Gautama und bot ihm eine Schüssel nahrhafter Reismilch an. Er begriff, dass sein Opfer und seine rigorosen Übungen ihn seiner Erleuchtung nicht nähergebracht hatten, und aß das Reisgericht dankbar auf. Gestärkt schwor er, so lange unter einem Baum zu meditieren, bis er die Erleuchtung erlangte. Während dieser Tortur musste er mit vielen Versuchungen kämpfen, aber da er nun Kraft besaß, gelang es ihm schließlich, sein Ziel zu erreichen. Nachdem er erwacht war, formulierte er seinen ersten Lehrsatz: Wir können die Erleuchtung (und auch alle anderen tiefempfundenen Ziele) nur erreichen, wenn wir den mittleren Pfad gehen und sowohl das Extrem des Sich-selbst-Verhätschelns als auch das Extrem der Selbstverleugnung meiden.

Das universelle Prinzip des mittleren Pfades hat für uns heute genauso viel Gültigkeit wie für die Menschen, die es zum ersten Mal aus dem Mund des Buddhas hörten. Auch wir müssen untersuchen, ob uns unsere extreme Selbstaufopferung und die Gewohnheiten, von denen wir glauben, dass sie uns »gut« machen, wirklich der Erfüllung und dem Sinn, den wir im Leben suchen, näherbringen. Vernachlässigen Sie die Bedürfnisse Ihres Körpers, weil Sie den Irrglauben für wahr halten, »meine einzige Pflicht ist es, anderen zu geben«? Ignorieren Sie die Warnsignale und die Botschaften, die sich bemühen, Sie wieder ins Gleichgewicht zu bringen? Denken Sie an Ihren Körper wirklich als an etwas, das Sie lieben müssen?

Die Biochemikerin Nora, ihres Zeichens Forscherin, erlebte, wie ihre Auffassung vom eigenen Körper ihr Leben veränderte. Jahrelang hatte Nora erfolglos mit allen möglichen Diät- und Fitnessprogrammen gekämpft. Als sie durch ein ernstes Gesundheitsproblem in Angst versetzt wurde, sagte sie sich, dass dies der Tropfen war, der das Fass zum Überlaufen brachte. Sie musste in Form kommen – jetzt oder nie.

Springen wir drei Monate in die Zukunft. Nun begegnete ich einer Nora, die ein triumphierendes Lächeln auf den Lippen trug. Sie hatte sich und ihre Freunde damit überrascht, dass sie in dieser kurzen Zeit mehr abgenommen hatte, als sie je für möglich gehalten hätte. »Ich neige dazu, sehr kopflastig zu sein«, gab sie zu, »und darum habe ich mir nie die Zeit genommen, auf meinen Körper zu achten. Aber als ich anfing, Dinge zu tun, die körperlich gut für mich waren, merkte ich, dass es gar nicht ums Abnehmen ging, sondern darum, meinen Körper zu lieben. Das hat alles verändert. Wenn ich es mir recht überlege, dann ist es gar nicht so schwierig, bewusst zu essen.«

Man muss nicht übergewichtig sein, um sich mit Nora zu identifizieren. Unser Leben ist dermaßen hektisch, und wenn etwas zu kurz kommt, dann ist es meistens unser Körper – ob sich das nun darin äußert, dass wir Mahlzeiten überspringen oder dass wir unterwegs Fast Food hinunterschlingen oder dass wir allzu viele stimulierende Getränke zu uns nehmen oder dass wir nie dazu kommen, unsere Fitnessübungen zu machen. Das Problem ist: Wenn wir nicht dafür sorgen, dass unser Körper im Gleichgewicht ist, dann leidet auch der Rest von uns darunter – unser Denken, unsere Gefühle, unser Geist und unsere Beziehungen.

In dem Buch *Zorbas der Grieche* kommt eine Szene vor, die die Wichtigkeit, für unseren Körper zu sorgen, auf den Punkt bringt. Der erdverbundene Zorbas tut alles mit völliger Hingabe und Leidenschaft. Zorbas' Chef dagegen muss erst lernen, wie viel Freude eine derart lebensbejahende Haltung macht. Als dieser Chef, die Nase in einem Buch und gedanklich in höheren Sphären, behauptet, nicht hungrig zu sein und das köstliche Mahl, das Zorbas zubereitet hat, nicht essen will, ruft Zorbas aus: »Aber Sie haben seit heute Morgen keinen Bissen mehr zu sich genommen! Der Körper hat auch eine Seele, haben Sie Mitleid mit ihm! Geben Sie ihm etwas zu essen, Chef, geben Sie ihm etwas: Er ist unser Lasttier, wissen Sie. Wenn Sie ihn nicht füttern, dann lässt er Sie mitten auf der Straße im Stich.«[1]

DIE ILLUSION, STARK GENUG ZU SEIN

Ein weiterer Irrglaube, der es uns erschwert, uns selbst die Aufmerksamkeit entgegenzubringen, die wir verdienen, ist die Vorstellung, dass Hektik Stärke ist: Je mehr Bälle wir gleichzeitig in der Luft halten können, desto stärker sind wir. Wenn wir scheinbar die Fähigkeit besitzen, uns selbst immer weiter anzutreiben – immer weiter und weiter –, dann, glauben wir, können wir alles erreichen. Wir glauben, dass wir zu einer ganz besonderen Sorte Mensch gehören, die zum Geben geschaffen wurde und sich nicht so oft ausruhen muss wie die anderen und seltener Ruhepausen einlegen muss als die anderen. Dabei machen wir uns nur selbst etwas vor. Die Wahrheit ist: Je getriebener wir sind, desto weniger Energie haben wir.

Brendan Kelly ist Akupunkteur und Kräuterkundiger, und sein Spezialgebiet ist die chinesische Fünf-Elemente-Akupunktur. Er erklärte mir, wie das vor sich geht, denn ich muss zugeben, dass ich zu den Menschen gehöre, die es geschafft haben, sich etwas vorzumachen. Wie bei allen Heilmethoden gibt es auch hier viele unterschiedliche Auffassungen darüber, wie die Energie in unserem Körper und in unserem Leben funktioniert, und was nun folgt, ist nur eine Auslegung der klassischen chinesischen Auffassung darüber, wie Körper, Seele und Geist zusammenwirken. Sie beruht auf dem Grundsatz, dass der Körper abwechselnde Zyklen der Aktivität und der Ruhe braucht, damit wir unsere Kraftreserven wieder auffüllen können.

Ein Übermaß an Aktivität in unserem Leben erzeugt im Körper das, was die chinesische Medizin als »Hitze« bezeichnet. Die Hitze, die wir durch unsere andauernde Hektik erzeugen, verbraucht das »Kühlelement« unseres Körpers, das wir brauchen, um unsere inneren Ressourcen und Reserven intakt zu halten. Wenn wir zu viele Reserven aufbrauchen und viel mehr Hitze als Kühlelemente haben, können wir eine ganze Reihe von Symptomen entwickeln – von innerer Unruhe und Schlaflosigkeit bis hin zu Hitzewallungen, Erröten und dem physischen Erhitzen irgendeiner Körperstelle. »Dieses Kühlelement ist das, was die Chinesen ›Yin-Energie‹ nennen, und es ist eine Quelle (wenn auch nicht die einzige) unseres inneren Friedens und auch der tiefen Weisheit«, erklärte Brendan. »Wenn wir dieses Kühlelement aufbrauchen, opfern wir die Möglichkeit des tiefen Friedens und der Weisheit zugunsten kurzfristiger Aktivität und Hektik.«

Mit anderen Worten: Wenn wir dafür sorgen, dass unser Leben von Aktivität erfüllt ist und uns keine Zeit zum Auftanken mehr bleibt, dann erzeugen wir »einen Mangel an innerem Frieden und verlieren die Fähigkeit, auf das zu hören, was wir sind«, sagte Brendan. »Ohne genügend ›Kühlung‹ können wir nicht wissen, wer wir tief im Herzen sind, und wir können auch das, was wir sind, nicht mehr auf harmonische Weise zum Ausdruck bringen.« Logischerweise können wir unser Yin-Element (unser Kühlelement) wieder aufbauen, indem wir uns entspannen und einen Zustand der Stille erzeugen – sei es, indem wir öfter eine Pause einlegen oder mehr schlafen, oder indem wir beten oder meditieren, oder indem wir bestimmte Heiltherapien anwenden.

Und auf diese Weise machen wir uns selbst etwas vor: Je weniger Kraft oder Reserven wir in uns spüren, desto stärker wird das Gefühl innerer Unzulänglichkeit, als hätten wir einfach nicht mehr genug Kraft, um weiterzumachen. Niemand spürt so etwas gern, deshalb neigen wir dazu, uns zum Ausgleich noch stärker anzuspornen. Wir pumpen uns mit Aufputschmitteln voll, stopfen unsere Tage randvoll mit Aktivitäten und erzeugen noch mehr äußere Betriebsamkeit. All dies verschleiert das Gefühl, dass wir ausgelaugt sind. Die Betriebsamkeit, die Aktivität, die stimulierenden Mittel verbergen unsere innere Erschöpfung und erzeugen die Illusion, dass wir mehr Energie besitzen, als wir tatsächlich haben. Unsere moderne, schnelllebige Kultur verstärkt diese Illusion noch, indem sie das ständige Summen der Betriebsamkeit fördert. Wir besitzen gewaltige Fertigkeiten bei der Herstellung aller möglichen Produkte, die uns dabei helfen, immerfort weiterzusummen. Aber in Wirklichkeit ist das innere Summen, das wir die ganze Zeit als Energie bezeichnen, gar keine Energie. Vielmehr ist es ein Anzeichen für einen Mangel an wahrer Energie.

»Die zusätzliche Körperhitze vermittelt uns den Eindruck, mehr Energie zu haben«, sagte Brendan, »aber wir haben gar nicht mehr Energie, sondern lediglich mehr Hitze. Wenn Sie Hitze statt echter Energie benutzen, um sich den ganzen Tag lang anzutreiben, dann geben Sie dafür das Gefühl Ihres inneren Wohlbefindens auf.« Worin besteht der Unterschied zwischen dieser Situation und einem Zustand, in dem wir in Wahrheit voller Energie und erfüllt sind? Wenn wir genügend innere Reserven haben, hetzen wir nicht herum, sondern wir empfinden Frieden und innere Stabilität, denn wir fühlen uns erfüllt und sicher. Wir tun alles, was getan werden muss, aber wir sind nicht besessen von dem zwanghaften Bedürfnis, über die Grenzen hinauszugehen, die uns unser Körper in diesem Moment setzt, denn wir wissen, dass wir anderen nichts zu geben haben, wenn wir selbst nicht erfüllt sind.

IRRGLAUBE
Mein Antrieb zur Betriebsamkeit und meine Fähigkeit, immer noch mehr zu tun, bedeuten, dass ich stark bin.

MAGIE
Ruhe erschafft Kraft.

Ein klassisches Bild, das manchmal als Symbol für diesen Vorgang benutzt wird, ist ein Feuer (die Hitze), das unter einem Gefäß (unserem Körper) brennt. Darin befindet sich Wasser (unser Yin-Kühlelement). Das Feuer erhitzt das Wasser und erzeugt Dampf, und dieser repräsentiert unsere Vitalenergie beziehungsweise unsere essentielle Lebenskraft, die die Chinesen Ch'i nennen. Ch'i ist die nährende Energie, die wir zum Leben brauchen. Wenn alles ausbalanciert ist, wirkt sich das Feuer auf natürliche Weise wärmend aus. Wird aber das Feuer zu heiß, beginnt das Wasser zu kochen. Hält dieser Zustand zu lange an, konsumiert die Hitze im wörtlichen Sinn das Wasser und vergeudet die Energie, die wir brauchen, um unser inneres Feuer zu erhalten. Ist das Wasser erst einmal weggekocht, können wir buchstäblich zusammenbrechen, weil wir nicht in der Lage sind, mehr Energie beziehungsweise Ch'i zu erzeugen. »Wenn das geschieht, sind die Resultate oft sehr dramatisch«, sagte Brendan. »Im einen Monat haben Sie das Gefühl, eine Menge Energie zu haben, und im nächsten Monat stürzen Sie ab: Sie liegen im Bett und können sich nicht bewegen.«

Läuft Ihr Motor mit vollem Tank, oder haben Sie lediglich die Illusion, Ihr Tank sei voll? Lassen Sie Ihren Tank leerlaufen, bevor Sie ihn wieder auffüllen, wodurch Sie riskieren, dass der Motor abstirbt? Lassen Sie Ihr Licht ausgehen, weil in Ihrer inneren Lampe nicht genügend Öl ist? Kurz gesagt: Wo stehen Sie selbst auf der Liste der Prioritäten, die Sie im Leben setzen? Allzu oft verbannen wir unsere Bedürfnisse an das Ende der Liste – falls wir überhaupt darauf vorkommen. Zunächst kümmern wir uns um unsere Pflichten und Verpflichtungen anderen gegenüber und verwenden dann die Energie, die noch übrig ist, für uns selbst. Aber, ganz ehrlich: Wie oft bleibt denn überhaupt noch Energie übrig?

Wie wäre es, wenn wir diese Reihenfolge umkehren würden? Wie wäre es, wenn wir uns zuerst davon überzeugen würden, dass unsere Lampe genügend Öl enthält, bevor wir anderen den Weg erleuchten? Würde uns das nicht dabei helfen, ein starkes Licht in unserer Lampe aufrechtzuerhalten, wodurch wir anderen mehr Licht geben könnten? Dazu müssen wir lernen, unsere inneren Bedürfnisse zu erkennen und gesunde Grenzen zu ziehen, damit wir genügend Zeit und Energie haben, diese Bedürfnisse auch zu erfüllen. Um uns selbst zu erneuern, damit wir weiterhin geben können, und zwar auf positive Weise, müssen wir mit ganzem Herzen das Paradoxon annehmen, *dass es möglich ist, Ja zu sagen, indem man Nein sagt.*

Falls Sie sich bei der Vorstellung, Nein zu sagen, innerlich zusammenziehen, sollten Sie wissen, dass dieses Prinzip direkt aus den spirituellen Lehren stammt. Die größten Lehrer wussten, wie man Nein sagt. Wie wir alle mussten auch sie Zeit allein verbringen, um sich wiederaufzuladen und zu erneuern. Selbst eine unermüdliche Missionarin des Mitgefühls wie Mutter Teresa lehrt, dass Erneuerung eine Voraussetzung für Kraft ist. Sie sagte, dass die Erneuerung uns die Kraft gibt, weiterhin anderen zu dienen. Sie wies darauf hin, dass »die kontemplativen Denker und Asketen aller Zeitalter und Religionen Gott in der Stille und Einsamkeit der Wüste, des Waldes oder der Berge gesucht haben«, und sagte, dass auch wir dazu aufgerufen sind, uns in gewissen Abständen zurückzuziehen.[2] Wenn wir in der Stille allein mit Gott sind, sagte sie, »sammeln wir die innere Kraft, die wir weitergeben, wenn wir aktiv sind«.[3]

Sie folgte dabei dem Rat ihres eigenen Lehrers. Jesus tat dasselbe, als er die Menschenmenge mit Brot und Fischen gespeist hatte. Er wies seine Jünger an, schon voraus ins Boot zu steigen, »und als er die Menge fortgeschickt hatte, stieg er allein auf einen Berg, um zu beten, und als der Abend kam, war er dort allein«. In einem etwas leichteren Tonfall witzelte John Barrymore über dasselbe Thema: »Gott sagte, dass es nicht gut ist, wenn der Mensch allein sei, aber manchmal ist es eine große Erleichterung!«

Wir alle brauchen im natürlichen Auf und Ab unserer Woche Erleichterung. Und dann ist es richtig, Grenzen zu ziehen und Nein zu sagen (höflich natürlich). Sie werden dies im nächsten Kapitel noch näher erkunden. Wenn Ihre Energie abebbt, dann wird es Zeit, einen Gang runterzuschalten und von einer aktiven Ausrichtung, die Energie abgibt, zu einer rezeptiveren Ausrichtung zu wechseln, die auf Empfangen eingestellt ist. Dann wird es Zeit, sich wieder an die eigene Kraftquelle anzuschließen und das zu tun, was Ihnen am meisten Kraft gibt – ob Sie dafür nun in der Natur spazieren gehen oder

Ihre Lieblingsmusik hören oder ein Spiel spielen oder einfach die Augen schließen und nichts tun und tief durchatmen.

SICH SELBST KENNEN LERNEN

Statt sich selbst über die eigenen Grenzen hinaus anzutreiben und sich mit stimulierenden Substanzen vollzustopfen, um noch mehr Pflichten anderen gegenüber erfüllen zu können, verlangt das Respektieren des eigenen Selbst nach einer anderen Art von Gewohnheit. Sie sind dazu aufgerufen, sich bewusst zu machen, was *Sie* brauchen, und zwar in diesem Moment, sowohl im Inneren als auch äußerlich. Um dieses Buch wegzulegen und das zu tun, was Sie tun müssen, damit Sie Ihr Gleichgewicht wiederfinden und sich daran erinnern, dies auch morgen und übermorgen und überübermorgen zu tun, müssen Sie sich zunächst selbst kennen lernen.

»Ich kenne mich selbst« ist eine der tiefsten Aussagen, die wir überhaupt treffen können. Selbsterkenntnis ist schließlich das von Mystikern und Meistern der ganzen Welt angepriesene letztendliche Ziel. Im Vorhof des Apollotempels in Delphi stand die Inschrift »Kenne dich selbst«. Im Buch des Athleten Thomas steht: »Wer sich nicht selbst erkannt hat, hat nichts erkannt«[4], und das Buch Sohar aus der jüdischen mystischen Tradition der Kabbala ermutigt uns: »Geh in dich selbst, lerne dich selbst kennen, erfülle dich selbst.«[5]

Einer der Gründe dafür, dass Sie nichts unternehmen, um Ihre Bedürfnisse zu erfüllen, ist vielleicht, dass Sie sich selbst auf der fundamentalen Ebene gar nicht kennen. Sie wissen nicht, was Sie wirklich fühlen und brauchen. »Sich selbst erkennen« ist zwar eine lebenslange Aufgabe, die immer tiefere Bedeutungsebenen erschließt, aber Sie können täglich kleine Schritte auf dem Weg zu diesem Ziel tun. Hier folgt eine einfache Frage, die Ihnen dabei helfen kann, sich auf das zu konzentrieren, was

Sie tun müssen, um wieder ins Gleichgewicht zu kommen: *Was brauche ich in diesem Moment zum Glücklichsein?*

Wenn ich mir selbst diese Frage stellte, antwortete ich oft, dass ich, um kreativ arbeiten zu können, Ruhe und eine regelmäßige Dosis frischer Luft in der Natur brauche. Aber es reicht nicht, sich dessen bewusst zu sein. Wenn ich mir nicht wichtig genug bin, um mich zu respektieren und diese Bedürfnisse auf meine Prioritätenliste zu schreiben, dann werde ich vergessen, diese Gegengifte zu mir zu nehmen, wenn ich gereizt oder nervös werde. Wenn ich mir nicht vorsätzlich immer und immer wieder diese Frage stelle, vergesse ich, meine Lungen mit frischer Luft zu füllen, sobald die Dinge aus dem Ruder laufen. Ich vergesse, die Kontrolle zu übernehmen und die Stille zu erschaffen, die ich brauche, indem ich das Telefon abstelle, meine E-Mails nicht lese oder mich physisch zum Arbeiten an einen ruhigen Ort zurückziehe.

Eine Freundin, die zuhause arbeitet, erinnerte mich daran, wie viel Kraft man daraus schöpfen kann, sich selbst zu kennen und dann aus diesem Wissen heraus zu handeln. Eines Tages fragte ich sie, wann für sie die beste Zeit für ein Treffen wäre. Sie antwortete sofort und sehr sachlich: »Für mich ist der Spätnachmittag am besten. Wenn ich morgens aus dem Haus gehe, werde ich dazu verführt, alles Mögliche zu erledigen. Ich halte dann auf dem Rückweg ins Büro hier und dort an, und dadurch schaffe ich mein Arbeitspensum nicht.« Sie wusste diese Dinge über sich und konnte deshalb einen Terminplan erstellen, der für sie am besten war. Wie viele der Methoden, sich selbst zu respektieren und zu achten, klingt dies nicht sehr schwierig, aber man braucht Übung dazu. Die Veränderung beginnt damit, dass Sie sich selbst beobachten und kennen lernen – und dann übertragen Sie dieses Wissen in praktische Handlungen, die auf Ihre Bedürfnisse zugeschnitten sind.

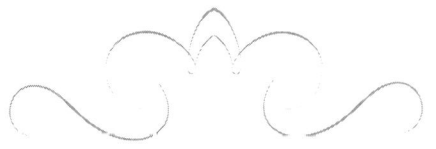

SCHLÜSSEL ZUM
GLEICHGEWICHT

Achten Sie auf Warnsignale

Der erste Schritt, Ihr Leben wieder ins Gleichgewicht zu bringen, besteht darin zu erkennen, wann Sie überhaupt aus dem Gleichgewicht geraten. Welcher Art sind die Warnsignale, die immer wieder in Ihrem Leben auftauchen, um Ihnen zu sagen, dass Ihr Leben zu einseitig wird? Hier folgen ein paar typische Warnsignale, die Ihnen helfen sollen, sich die Boten deutlicher bewusst zu machen, die in Ihr Leben getreten sind, um Ihnen zu zeigen, wo Sie etwas ausgleichen müssen.

● **Länger andauernde Spannung oder Nervosität.** Spannung ist an sich nichts Schlechtes. Sie treibt uns zu Taten an und führt zu Durchbrüchen. Länger andauernde Spannung jedoch, besonders wenn wir sie im Körper spüren, kann ein Signal dafür sein, dass wir uns zu sehr verausgabt haben – dass wir nicht auf unsere inneren Bedürfnisse achten und unsere Reserven aufbrauchen. Manche von uns sind daran gewöhnt, sich selbst ständig an den zweiten oder dritten oder gar letzten Platz zu stellen, und wir sind darauf abgerichtet, die Signale zu ignorieren. Sie können diese Gewohnheit durchbrechen, indem Sie aufmerksam darauf achten, ob Sie sich unter Spannung oder nervös fühlen. Wenn Sie eine Spannung spüren, dann machen Sie sich dies bewusst. Bewusstwerden ist der erste Schritt, sich selbst zu achten und zu respektieren.

● **Mangelnde Konzentration.** Wenn Sie Ihre Bedürfnisse nicht erfüllen, werden Ihr Verstand und Ihre Gefühle Ihnen Streiche spielen. Ich habe festgestellt: Wenn ich mir nicht genug Zeit für Spiel und Spaß nehme, dann sabotiere ich mich selbst. Ich kann nicht still sitzen, lasse mich ablenken und schiebe alles vor mir her. Ich beschließe, mir ein paar spielerische Momente nicht zu gönnen, um mich auf die vor mir liegende Aufgabe zu konzentrieren, aber letzten Endes erreiche ich damit genau das Gegenteil. Ich habe es mir unmöglich gemacht, mich zu konzentrieren, weil meine Bedürfnisse nicht erfüllt worden sind. Das Ergebnis ist, dass ich alle möglichen Ausreden erfinde, um nicht zur Konzentration zu kommen (der Garten muss gejätet werden, ich muss das Geschirr aufräumen, die Katze braucht eine Massage), und dann kritisiere ich mich, weil ich mich nicht konzentriere. Stellen Sie ganz sicher, dass Sie sich regelmäßig erfrischen und erneuern, damit Sie sich nicht unbewusst selbst sabotieren.

● **Meckern.** Sich beklagen und nörgeln kann eine spezielle Kommunikationsmethode sein. Oft ist das Meckern lediglich ein Kode, der bedeutet: »Ich habe unerfüllte Bedürfnisse, und du merkst es gar nicht.« Es ist eine Ausdrucksform, die eigentlich besagt: »Ich will nicht den Eindruck erwecken, dass ich Bedürfnisse habe, aber da du meine unausgesprochenen Signale nicht registrierst, muss ich mein Unglücklichsein auf andere Weise ausdrücken.« Wir beklagen uns über die Kleider auf dem Boden oder über das Geschirr in der Spüle, aber in Wahrheit wollen wir sagen, dass wir Hilfe, Unterstützung oder eine Pause brauchen. Wenn Sie sich oder andere meckern hören, dann ist es Zeit, behutsam nachzufragen, was Sie (oder den anderen) eigentlich unglücklich macht, und dann den Antworten gut zuzuhören.

● **Physische und emotionale Symptome.** Wenn Sie sich nicht die Aufmerksamkeit entgegenbringen, die Sie brauchen, dann können Ihr Körper und Ihre Emotionen auf ganz unterschiedliche Weise darauf reagieren. Achten Sie auf Reaktionen, die für Sie typisch sind. Sind es verspannte Schultern, häufiges Seufzen, Kopfschmerzen, ein Knoten im Magen, Schlaflosigkeit, Tränen, Zornausbrüche, zu reichliches Essen, zu weniges Essen? Vergessen Sie nicht, dass diese Reaktionen an sich nichts Schlechtes sind. Sie erfüllen einen Zweck. Sie teilen Ihnen etwas mit. Der eigentliche Inhalt steckt immer hinter den Symptomen. Üben Sie sich darin, herauszufinden, was dahintersteckt.

Mit sieben Schritten im Gleichgewicht bleiben

Martha Graham, die gefeierte amerikanische Tänzerin und Choreografin des zwanzigsten Jahrhunderts, sagte einmal: »Ich glaube, dass wir durch Übung lernen. Ob das nun bedeutet, dass wir tanzen lernen, indem wir das Tanzen üben, oder ob wir das Leben lernen, indem wir üben zu leben – die Prinzipien sind dieselben.« Hier folgen sieben Methoden, mit denen Sie das, was Sie über sich selbst erfahren, praktisch umsetzen können, damit Sie sich im Großen wie im Kleinen achten und respektieren.

Sie können die folgenden Grundsätze und die »Magie«-Leitsätze, die Sie im ganzen Buch verstreut finden, auch als Affirmationen benutzen. Sagen Sie sie in Gedanken auf oder sprechen Sie sie laut aus, um sich daran zu erinnern, dass Sie sich darauf konzentrieren wollen, über den Irrglauben hinauszugehen und die Magie zu erleben, die sich einstellt, wenn wir uns selbst respektieren und achten.

❶ **Ich komme mit meinen Gefühlen in Berührung.** Wenn Sie Ihre Bedürfnisse nicht zum Ausdruck bringen oder nichts unternehmen, um diese zu erfüllen, dann liegt das vielleicht daran, dass Sie zu Ihren Gefühlen, Wünschen und Bedürfnissen gar keinen Kontakt haben. Üben Sie sich darin, sich jeden Tag aufs Neue zu fragen: *»Wie fühle ich mich in diesem Moment? Was brauche ich in diesem Moment am meisten? Wodurch würde ich mich froher und friedvoller fühlen?«* Gerade die kleinen Dinge können den größten Unterschied bewirken, wenn Sie sie täglich tun. Jede Handlung, mit der Sie sich selbst achten, sendet außerdem den anderen ein Signal darüber, was Sie Ihrer Meinung nach verdienen – und folglich auch darüber, wie Sie gern behandelt werden möchten.

➋ **Eliminieren Sie das Entweder-Oder-Denkschema.** Ertappen Sie sich dabei, wenn Sie in das Entweder-Oder-Denkschema verfallen, das darauf abzielt, Sie aus dem Gesamtbild auszuklammern. Vielleicht hören Sie sich selbst Dinge sagen wie: »Ich muss mich sofort um diese Situation kümmern, darum habe ich momentan keine Zeit für mich.« »Ich muss mich zwischen ihm und mir entscheiden, und ich kann ihn nicht im Stich lassen.« Wenn wir in das Denkschema verfallen, es müsse entweder das eine *oder* das andere sein, sind es normalerweise leider unsere eigenen Bedürfnisse, die unter den Teppich gekehrt werden. Wenn Sie spüren, dass ein Entweder-Oder-Krieg bevorsteht, dann sagen Sie sich: *Ich habe das Recht und die Pflicht, mir selbst etwas zu geben. Wenn ich bedürftig bin, dann muss ich etwas empfangen.*

➌ **Ergreifen Sie vorbeugende Maßnahmen.** Handeln Sie, bevor Sie sich in einer einseitigen Auffassung des Gebens und Nehmens verfangen. Wenn Sie beispielsweise wissen, dass Sie dazu neigen, einmal wöchentlich Kopfschmerzen, Rückenschmerzen oder Schulterschmerzen zu bekommen, dann seien Sie vorausplanend aktiv und sorgen Sie für sich. Sorgen Sie dafür, dass Sie von Ihrem Schreibtisch aufstehen und sich strecken, eine Pause einlegen, körperliche Übungen machen oder regelmäßig eine Massage einplanen. Nehmen Sie sich die Zeit, sich regelmäßig selbst durchzuchecken. Schreiben Sie sich ein entsprechendes Memo in ihren Terminkalender, damit Sie es nicht vergessen.

④ **Ich überprüfe mein ganzes Selbst.** Wir haben auf allen vier Lebensebenen Bedürfnisse: körperlich, emotional, mental und spirituell. Wenn Sie sich also selbst durchchecken, dann überprüfen Sie jede Ebene einzeln und fragen Sie: »Welcher Teil meiner selbst braucht im Augenblick besondere Aufmerksamkeit?« Falls Sie sich auf emotionaler Ebene verwundbar fühlen, sollten Sie vielleicht in einem Gespräch mit einem Freund oder einer Freundin Unterstützung suchen. Falls Sie müde sind, brauchen Sie vielleicht mehr Ruhe oder mehr sportliche Aktivität. Sind Sie gedanklich gelangweilt, sollten Sie nach einem neuen Anreiz oder einer neuen Herausforderung suchen, indem Sie beispielsweise einer Veranstaltung beiwohnen, sich ein neues Hobby zulegen oder einen Kurs belegen. Falls Sie sich spirituell leer fühlen und keinen Sinn in Ihrem Leben sehen, dann unternehmen Sie etwas, das Sie wieder in Kontakt mit Ihrer geistigen Ebene bringt. Finden Sie heraus, welcher Teil Ihrer selbst eine Energiezufuhr braucht, und verpflichten Sie sich dann, diesen Teil wieder gesund zu pflegen.

⑤ **Ich feiere meine Siege.** Wenn Sie eine gewisse Arbeitsmenge bewältigt oder ein Ziel erreicht haben, selbst ein kleines, dann belohnen Sie sich, indem Sie etwas unternehmen, das Spaß macht und verjüngend wirkt. Auch kleine Belohnungen – einen Lieblingsfilm ansehen, sich selbst Blumen schenken, einem Theaterstück oder Konzert beiwohnen – werden Ihnen dabei helfen, sich wertzuschätzen. Dies ist auch eine gute Übung darin, sich selbst etwas zurückzugeben und das innere Kraftreservoir wiederaufzufüllen.

⑥ Ich mache einfache Schritte. Falls es für Sie schwierig ist, etwas anzunehmen, fangen Sie mit ganz kleinen Schritten an. In einer Lebensphase, in der ich finanzielle Probleme hatte, halfen mir diese Kleinkinderschritte dabei, aus meinem eingefahrenen Gleis auszubrechen. In dieser Zeit war ich mit mir selbst äußerst geizig und gestattete mir nur die grundsätzlichsten Notwendigkeiten. Die Welt um mich herum schien meine Strenge widerzuspiegeln. Als ich anfing, mir kleine Einkäufe zu erlauben, etwa etwas Köstliches zum Naschen oder ein neues Kleidungsstück, veränderte sich die Umwelt anscheinend und mehr Geld floss in mein Leben. Doch was sich in Wahrheit veränderte, war meine Einstellung. Indem ich mir selbst nichts gönnte, hatte ich im Prinzip definiert, wie ich behandelt werden wollte und wie die Welt aussah, in der ich leben wollte. Indem ich mir selbst etwas gönnte, veränderte ich das Erscheinungsbild der Welt, die ich mir wünschte. Welche kleinen Schritte könnten *Sie* regelmäßig tun, um die Welt zu definieren, in der Sie gern leben möchten?

⑦ Ich nehme Komplimente an. Haben Sie die Angewohnheit, den Menschen, die Ihnen ein Kompliment machen, zu antworten: »Ach, das war doch nichts Besonderes!«, oder sagen Sie, wenn Sie ein unerwartetes Geschenk erhalten: »Das hättest du aber nicht tun sollen«? Wenn Sie von anderen keine Komplimente oder Geschenke annehmen können, dann signalisieren Sie ihnen und auch sich selbst, dass Sie es Ihrer Meinung nach nicht verdient haben, etwas zu bekommen. Und wenn es Ihnen schon schwerfällt, Komplimente oder Geschenke anzunehmen – wie werden Sie dann erst auf den Überfluss, die Geschenke und die wundervollen Beziehungen reagieren, die das Universum Ihnen zuteil werden lassen möchte? Werden Sie dann auch sagen: »Oh, das hättest du aber nicht tun sollen«? Oder werden Sie sagen: »Danke! Ich bin dankbar, ich freue mich darüber, und ich bin bereit für mehr«?

KAPITEL 3

GRENZEN SETZEN

Es ist eine armselige Sache, wenn man versucht,
anderen etwas Gutes zu tun,
aber nicht genügend Substanz hat, um ihnen etwas
von sich selbst zu geben.
— RABINDRANATH TAGORE

»Ich habe eine Frage«, sagte die junge Frau im Meditationskreis und schob eine Haarsträhne zur Seite, die ihr ins Gesicht gerutscht war.

Sie warf ihrem Freund, der neben ihr saß, einen Blick zu, und der nickte ermutigend. »Es hat mit Termiten zu tun«, sagte sie.

Mein Mann und ich befanden uns auf einer Reise durch Nordkalifornien und hatten uns auf Einladung seines Onkels für diesen Abend einer wöchentlichen Meditationsgruppe angeschlossen. An dem Abend saßen etwa ein Dutzend Leute mit ihrem langjährigen Meditationslehrer im Kreis herum – Junge und Alte, Singles und Paare aus verschiedensten Lebenssituationen. Nach der Meditation hatte jedes Gruppenmitglied Gelegenheit, etwas zu sagen.

»Wir erleben gerade eine Krise«, fuhr die junge Frau fort, während alle intensiv zuhörten. »Wir bejahen das Prinzip, dass man mit jeder Lebensform Mitgefühl haben soll und dass man sich bemühen soll, kein Lebewesen zu verletzen. Aber wir haben festgestellt, dass unser Haus von Termiten befallen ist, und wir wissen nicht, was wir machen sollen. Es scheint Unrecht zu sein, sie zu töten.«

John, der Meditationslehrer, schwieg für einen Moment und fragte dann: »Was würde passieren, wenn ihr den Termiten erlaubt, zu bleiben?«

»Dann würden sie die ganze Bausubstanz unseres Hauses zerstören«, antwortete der Freund des Mädchens, der ebenso verstört war wie sie. »Das ganze Haus würde einstürzen. Wir könnten nicht mehr darin wohnen, und natürlich würde auch niemand das Haus kaufen wollen. Und ich vermute, die Termiten könnten sich fortpflanzen und auch andere Häuser in der Nachbarschaft zerstören.«

John erklärte der Gruppe, dass das Ideal der Gewaltlosigkeit uns auffordert, Leben zu schützen und kein Lebewesen zu verletzen, dass es aber nicht von uns verlangt, den gesunden Menschenverstand in den Wind zu schießen oder jeden Sinn fürs Praktische aufzugeben. Dann tat er das, was alle guten Lehrer am besten können. Er stellte Fragen. »Wenn jemand versuchen würde, Ihre Frau zu vergewaltigen oder Ihren Mann zum Krüppel zu schlagen oder Ihr Kind zu entführen, würden Sie das zulassen?«, fragte er. »Wenn ein Mörder Ihr Haus betritt und Sie nichts unternehmen, um ihn aufzuhalten, schützen Sie dann das Leben Ihrer Familie – bewahren Sie dadurch Lebewesen vor Schaden? Wenn ein Insekt eine Krankheit überträgt, die viele Menschen umbringen wird, wäre es dann richtig, den Krankheitsüberträger zu töten, um die Gemeinschaft zu erhalten? Wenn die Termiten Ihr Haus zerstören, wessen Leben opfern Sie und wessen Leben retten Sie? Jeder von uns muss diese Fragen für sich selbst beantworten.«

Vielleicht erscheint die Frage, ob man Termiten ausrotten soll oder nicht, ein wenig aberwitzig, doch im Grunde verdeutlicht dieses Beispiel viele unserer Konflikte. Haben Sie sich jemals folgende oder ähnliche Fragen gestellt: Wie weit soll ich die Situation noch eskalieren lassen, bevor ich einen Schlussstrich ziehe? Tue ich das Richtige, wenn ich mich aufopfere, oder gefährde ich damit das, was mir am wichtigsten ist? Wenn ich diesem Menschen so viel von mir gebe, um ihn zu unterstützen, hemme ich ihn dann in Wahrheit nicht – und mich selbst ebenfalls? Susan, eine ehemalige Nachbarin von mir, stellte eines Tages fest, dass das Glück ihres Sohnes und auch ihr eigenes Glück von der Antwort auf letztere Frage abhingen.

INVESTIEREN SIE IN SICH SELBST

Als alleinerziehende Mutter war Susans Lebensgrundlage die Selbstaufopferung. Sie glaubte daran, dass Geben das Tor zum Gutsein ist und dass alles gut werden würde, wenn sie nur genug gab. Ihr Sohn Jake war schon immer schüchtern gewesen und hatte Kontaktprobleme, und dieser Charakterzug hatte sich, als er Anfang zwanzig war, noch immer nicht geändert. Er wollte nicht aus dem Haus gehen, es hielt ihn nie längere Zeit am selben Arbeitsplatz und manchmal hatte er sogar gewalttätige Zornausbrüche.

Susan machte sich mehr und mehr Sorgen um ihn und dachte, dass es ihm vielleicht helfen würde, wenn sie ihre Arbeit künftig zuhause erledigte, denn dadurch konnte sie ein Auge auf ihn haben, ihn besser unterstützen und außerdem mitbekommen, was tatsächlich vorging. Doch trotz aller Opfer, die sie brachte, verbesserte sich Jakes Zustand nicht, und schließlich beschloss sie, fachmännischen Rat einzuholen. Susan begriff, dass sie drastische Schritte unternehmen musste. Sie schlug Jake vor, zur Probe in eine Gemeinschaftswohnung zu ziehen, die nicht allzu weit von ihrem Wohnsitz entfernt lag. Widerstrebend stimmte Jake zu. Dieser einfache Trennungsschritt wurde zu einem Katalysator, der bei Mutter und Sohn eine Transformation auslöste. Innerhalb weniger Monate entwickelte sich in beider Leben ein deutlicher Aufschwung.

»Ich war zu seiner Krücke geworden«, gab Susan mir gegenüber später zu, als sie sah, was für große Fortschritte ihr Sohn in der richtigen Umgebung machte. Sie sagte, die Antwort liege nicht immer darin, es unseren Kindern so bequem wie möglich zu machen. Eine Zeit lang war es richtig gewesen, Jake uneingeschränkt zu unterstützen, aber dieser Zeitabschnitt dauerte nicht ewig. *Nun lernte sie, dass sie ihrem Sohn weniger geben musste, um ihm mehr zu geben.* Sie lernte, das Paradoxon zu bejahen.

Die neu gesetzten Grenzen erlaubten es Susan außerdem, ihr eigenes Leben kritisch zu betrachten. Sie begriff, dass sie aufgrund ihres Glaubens, dass »Selbstaufopferung alle Probleme löst«, ihr eigenes Leben zum Stillstand gebracht hatte. Nun hatte sie mehr Zeit und konnte sich selbst wieder Aufmerksamkeit entgegenbringen, und erst dadurch stellte sie fest, dass sie mit ihrer beruflichen Laufbahn eigentlich unzufrieden war. Ihr gefiel nicht einmal mehr ihre Wohngegend, und sie brauchte dringend neue Perspektiven. Als sie sicher war, dass Jake sich in seiner neuen Umgebung gut eingelebt hatte, begann sie sich nach einem neuen Wohnort umzusehen. Fünf Monate später war sie zum Umzug bereit. Als ich mich von Susan verabschiedete, war sie voller Energie und sah glücklicher aus, als ich sie jemals zuvor gesehen hatte.

IRRGLAUBE
Ich unterstütze die Menschen, die ich liebe, am meisten, wenn ich mich für sie aufopfere.

MAGIE
Um mehr zu geben, muss ich manchmal weniger geben.

In einem Interview mit Forbes.com sprach der legendäre Management-Guru Peter Drucker im Alter von 95 Jahren über Grenzen und sagte, das Wichtigste für einen Chef sei die Fähigkeit, Nein zu sagen. »Erklären Sie mir nicht, was Sie machen«, sagte er. »Sagen Sie mir, was Sie *nicht mehr* machen.« Chefs, die zu allem Ja sagen, sind sehr beliebt, fuhr er fort, aber sie erreichen nichts. Drucker riet den Chefs, höchstens zwei Prioritäten auf einmal zu haben, und sprach über die Wichtigkeit, Dinge, die wir nicht gut können, zu delegieren. »Versuchen Sie nie, Experte für etwas zu sein, das Sie nicht wirklich beherrschen«, sagte er. »Bauen Sie auf Ihren Stärken auf und finden Sie starke Mitarbeiter, die die übrigen notwendigen Aufgaben erledigen können.«[1]

Wir alle sind Chefs und Führungspersonen – wenn nicht im Beruf, dann zumindest in unserer Gemeinschaft, in unserer Familie oder im allerwichtigsten Bereich: in unserem eigenen Inneren. Sie *führen* im buchstäblichen Sinn Ihr eigenes Leben. Ob im Beruf oder im Alltag: Sie allein entscheiden, wie Sie die Ressourcen, die Sie mitbekommen haben, einsetzen – und die allerwichtigsten Ressourcen sind Ihre Zeit, Ihre Energie und Ihre Aufmerksamkeit. Von Ihrer Entscheidung darüber, was Sie damit anfangen wollen und was nicht, hängt es ab, ob Sie prächtig gedeihen oder lediglich mit knapper Not überleben werden.

Wie erfolgreiche Geschäftsleute müssen auch Sie das richtige Maß Ihrer Ressourcen in sich selbst reinvestieren. Abgesehen davon, dass Sie anderen helfen und ihnen etwas geben – ernähren und fördern Sie auch Ihr eigenes inneres Kraftwerk, das die gesamte Maschinerie Ihres Lebens am Laufen hält? Oder laugen Sie sich aus und kämpfen Sie sich ab, weil Sie sich zuviel abverlangen? Wenn Sie versuchen, zu viel auf einmal zu tun, ersticken Sie sich vielleicht selbst – so beschrieb jedenfalls Drucker die Leute, nach deren Lebensauffassung man zu allem Ja sagen muss. Gesunde Grenzen zu ziehen ist nicht nur eine Option, sondern eine Notwendigkeit.

KANN GEBEN ZU EINER GEFAHR FÜR IHRE GESUNDHEIT WERDEN?

Gesunde Grenzen zu ziehen ist nicht nur eine gefällige Redensart. Die richtigen Grenzen, die es uns erlauben, für uns zu sorgen, können uns sogar gesund erhalten. Immer häufiger zeigen wissenschaftliche Studien, dass beispielsweise chronischer Stress, also ein Symptom für ein Ungleichgewicht im Fluss des Gebens und Annehmens, in direktem Zusammenhang mit unserer Gesundheit steht. Laut einer Untersuchung hatten Frauen, die unter ständigem Stress standen oder das subjektive Gefühl hatten, stark gestresst zu sein, in ihren Immunzellen – die beträchtlich gealtert waren – *Telomere*. Das sind Teile der DNS an der Spitze unserer Chromosomen. Dennis Novack vom Drexel University College für Medizin sagte, diese wichtige Studie »bewies, dass eine Trennung von Körper und Geist nicht existiert – sogar die Moleküle unseres Körpers reagieren auf unser psychisches Befinden«.[2] Andere Studien haben einen Zusammenhang zwischen Stress, Hilflosigkeit, Hoffnungslosigkeit und verdrängten Gefühlen sowie dem Beginn oder der Entwicklung einer Krebserkrankung festgestellt. Wenn wir die nötigen Grenzen nicht ziehen und nicht lernen, unsere Reserven wiederaufzufrischen, und wenn wir unsere Bedürfnisse unterdrücken, statt ihnen Ausdruck zu verleihen, können wir unser Leben gefährden.

Kann Geben eine Gefahr für unsere Gesundheit darstellen? Wenn es Sie davon abhält, Ihre berechtigten Bedürfnisse anzuerkennen und auszudrücken, dann ja. Wenn es Ihre Fähigkeit des fortgesetzten freudigen und großzügigen Gebens beeinträchtigt, dann ja. Wenn Ihr eigenes Wachstum oder das eines anderen Menschen durch Ihr Geben verkümmert, dann ja – es *kann* gefährlich sein.

Die Angewohnheit, anderen zu viel und uns selbst nicht genug zu geben, kann sogar unsere allerwichtigste Lebensaufgabe sabotieren – den Weg unserer persönlichen Selbstfindung zu beschreiten. In *Der Held in uns* weist Carol Pearson darauf hin, dass Frauen aufgrund ihrer traditionellen Rolle, die sie an die Bemutterung der Familie und ihre familiären Pflichten bindet, oft »ihre persönliche Lebensreise vermeiden, weil sie befürchten, dass sie sonst ihren Mann, ihren Vater, ihre Mutter, ihre Kinder« oder ihre Freunde verletzen würden«.[3] (»Sich auf eine Reise zu begeben« bedeutet in diesem Zusammenhang natürlich keine physische Reise, sondern bezieht sich auf unsere innere Suche nach dem, worin in unserem Einflussbereich unser ganz spezifischer Beitrag besteht.) Laut Pearson können Männer sich ebenso weigern, ihre Reise anzutreten, weil sie glauben, dass ihre verletzlichen Frauen Schutz brauchen. Die Annahme, dass derartige Opfer den von uns geliebten Menschen helfen, ist eine Illusion. Wenn wir unsere Lebensreise opfern oder anderen erlauben, uns zu unterdrücken, dann helfen wir ihnen keineswegs, sondern verletzen sie sogar.

Unterstützen wir das Abhängigkeitsverhalten eines anderen Menschen, so verhätscheln wir damit sein oder ihr weniger entwickeltes Selbst, erklärt Pearson. Aus diesem Grund, sagt sie, »gehört es zum Schlimmsten, was eine Frau der Seele eines Mannes antun kann, wenn sie ihm erlaubt, sie zu unterdrücken«. Umgekehrt gilt: Immer, wenn sich ein Mann zurückhält, weil er seine Partnerin für unfähig hält, »verstärkt er diese Auffassung in ihr und trägt somit zu ihrer Verkrüppelung bei«, während in Wahrheit »ihr stärkeres und weiseres Selbst wachsen möchte und sich auch für ihn Wachstum wünscht«.[4]

Hinter dem Irrglauben, dass man mit dem Selbstopfer nie verkehrt liegt, verbirgt sich also das subtile Missverständnis, dass wir die anderen Menschen in ihrer Not im Stich lassen, wenn wir nicht sofort alles stehen und liegen lassen, um uns für sie aufzuopfern. Wie wir jedoch gesehen haben, kann das genaue Gegenteil zutreffen. Wenn wir uns für andere aufopfern, dann kann das sowohl sie als auch uns selbst hemmen.

IRRGLAUBE
Wenn andere Bedürfnisse haben, muss ich für sie Opfer bringen.
Es ist immer richtig, ein Opfer zu bringen.

MAGIE
Mein Opfer kann diejenigen, denen ich zu helfen glaube, hemmen.
Wenn ich mir selbst treu bin, helfe ich dadurch anderen dabei,
sich ebenfalls treu zu sein.

Je nach den Umständen und dem Zeitpunkt kann Geben nährend sein oder vergiften, es kann wahres Mitgefühl vermitteln oder verkrüppeln. Wir können uns von dem Irrglauben, dass ein Opfer immer richtig ist, befreien und die Magie des Gleichgewichts finden, indem wir die folgenden mächtigen Prinzipien berücksichtigen: *Wenn wir uns selbst treu sind, dann helfen wir anderen dabei, sich ebenfalls treu zu sein. Wenn wir Grenzen ziehen, die unser Wachstum ermöglichen, dann helfen wir anderen dabei, ebenfalls zu wachsen.*

WENN WIR UNS HINTER DER SELBSTAUFOPFERUNG VERSTECKEN

Seltsamerweise könnte es sein, dass wir extreme Selbstaufopferung unbewusst sogar bejahen, weil sie uns eine heimliche Entschuldigung gibt. Wenn wir anderen Opfer bringen, haben wir eine Ausrede dafür, nicht für unser eigenes Leben die Verantwortung übernehmen zu müssen. Es ist eine Möglichkeit, die Auseinandersetzungen zu vermeiden, die vielleicht entstehen, wenn wir anfangen, uns selbst zu achten, und unser Recht ausüben, ganz oben auf unserer Prioritätenliste zu stehen. Oder wir werden süchtig nach dem Selbstopfer, weil wir uns innerlich keinen Eigenwert beimessen und es sich gut anfühlt, wenn jemand anders uns braucht.

Letzten Endes hat das alles aber seinen Preis. Das Selbstopfer kann zu einer Maske werden, die wir aufsetzen und an die wir uns gewöhnen, so dass wir völlig vergessen, dass dieses Gesicht, das wir der Welt und auch uns selbst zeigen, gar nicht unser wahres Gesicht ist. Wir können unsere innere Ausgelaugtheit hinter immer hektischerer Aktivität verbergen, und genau so können wir auch unser wahres Selbst hinter einem Berg von Selbstopfern verstecken.

Ein Opfer zu bringen ist eine wundervolle Tugend, wenn es von Herzen kommt. Aber wenn wir uns aufopfern, weil wir dadurch die Konfrontation mit unseren Ängsten vermeiden oder unsere Zukunft nicht selbst planen müssen, dann ist das ein Rückzieher. Wir schieben damit unsere Entscheidungen jemand anderem zu, obwohl die Grundlage der Selbstachtung darin besteht, *die eigenen Entscheidungen selbst zu treffen*. Es ist so ähnlich, als würde man eine lange, holprige Fahrt auf dem Rücksitz eines fremden Autos verbringen, das überdies meist alles andere als eine Limousine ist, obwohl man selbst der Fahrer sein sollte – oder als übernähme man eine Nebenrolle im Drama eines anderen, obwohl man im eigenen Lebensdrama die Hauptrolle spielen sollte.

Manchmal scheint das Opfern des eigenen Selbst ein günstiger Ausweg zu sein. Manchmal erscheint es uns sehr praktisch, wenn jemand anders alle wichtigen Entscheidungen trifft. Dann kann man nachher, wenn sich die Dinge – wie wir natürlich vermutet haben – nicht besonders gut entwickeln, einfach sagen: »Es war nicht meine Schuld.« Wir alle haben die Neigung, anderen an den Ereignissen in unserem Leben die Schuld zu geben. Schämen Sie sich nicht, wenn Sie Ihre eigene Schuld bemerken. Benutzen Sie sie stattdessen für Ihr Wachstum. Erkennen Sie sie als Boten, der gekommen ist, um Sie aufzuwecken.

Wenn Sie merken, dass Sie jemand anderem an irgendetwas die Schuld geben, dann können Sie sicher sein, dass ein subtiler und heimtückischer Irrglaube Sie übertölpelt hat, der besagt, dass die entscheidenden Faktoren Ihres Lebens sich Ihrer Kontrolle entziehen oder dass jemand anders dafür verantwortlich ist, Ihnen die Erfüllung zu bringen und das, was Sie unglücklich macht, zu beseitigen. Nichts könnte der Wahrheit ferner liegen.

Solange Sie glauben, dass es gar nicht Ihre Aufgabe ist, die Waagschalen Ihres Lebens wieder ins Gleichgewicht zu bringen, werden Sie weiterhin das Zweitbeste für sich akzeptieren und passiv darauf warten, dass irgendjemand Sie rettet. Aber niemand hat die Aufgabe, Ihnen Erfüllung zu bringen, und Sie brauchen auch von niemandem eine Genehmigung dafür, es selbst zu tun. Nur Sie allein können wissen, wann es Zeit ist, eine Pause einzulegen, Ihre Lieblingsmusik aufzulegen, übers Wochenende wegzufahren oder ein Arbeitsverhältnis oder eine Beziehung zu beenden, weil es für Sie nicht mehr stimmig ist. Wenn wir anderen die Schuld geben, übernehmen wir die Rolle des hilflosen Opfers und verzichten auf eines unserer wichtigsten Grundrechte und auf eine unserer wichtigsten fundamentalen Kräfte - die freie Wahl. Egal, in welchen Lebensumständen Sie sich befinden, und egal, was früher einmal war: Sie haben immer die Macht, eine andere Entscheidung zu treffen - und zwar in diesem Moment.

IRRGLAUBE
Jemand anders ist dafür verantwortlich, mir die Erfüllung zu bringen und das, was mich unglücklich macht, zu beseitigen.

MAGIE
Ich bin verantwortlich dafür, wie sich mein Leben entwickelt. Die Entscheidung für das, was als Nächstes in meinem Leben geschehen wird, liegt immer bei mir.

Wenn Sie das nächste Mal bemerken, dass Sie sich in Gedanken fragen: »Wie konnten die mir das nur antun? Was ist nur los mit ihnen? Wie kann ich sie dazu bringen, sich zu ändern, damit ich das bekomme, was ich brauche?«, dann transformieren Sie diesen Irrglauben in Magie. Sagen Sie sich stattdessen: »Meine Entscheidungen, meine Einstellungen und meine Taten werden bestimmen, was als Nächstes in meinem Leben passiert. Ich habe die Macht, eine neue und bessere Entscheidung zu treffen. Mein Glück beruht nicht darauf, was die anderen tun, sondern auf dem, was ich tue.« Grandma Moses, eine naive Malerin aus den Vereinigten Staaten des zwanzigsten Jahrhunderts, die mit siebzig anfing zu malen und 101 Jahre alt wurde, bezeugte die Macht der eigenen Wahl. »Wenn ich nicht angefangen hätte zu malen, hätte ich Hühner gezüchtet«, sagte sie. »Das Leben ist das, was wir daraus machen, das war schon immer so und wird immer so bleiben.«

SELBSTAUFOPFERUNG ALS EGOZENTRIK

Es gibt noch einen weiteren Grund, warum wir uns dafür entscheiden können, uns gewohnheitsmäßig selbst aufzuopfern, auch wenn wir über all die »Pflichten« meckern, die man uns aufgebürdet hat. Es könnte sein, dass wir gezielt unsere gesamte Zeit damit verbringen, anderen zu geben, damit keine Zeit mehr für unsere allererste Pflicht übrigbleibt, nämlich unser volles Potenzial zu entfalten.

Warum sollten wir unserer Seelenreise ausweichen wollen? Manchmal haben wir Angst, dass sich die Umstände, an die wir uns gewöhnt haben, dramatisch verändern werden, sobald wir mit unserer wahren Leidenschaft in Berührung kommen. Womöglich müssen wir umziehen oder eine Beziehung aufgeben oder das Risiko eingehen, eine neue berufliche Laufbahn einzuschlagen. Vielleicht haben wir Angst, nicht gut genug zu sein oder Schiffbruch zu erleiden, wenn wir unserem ureigenen Ruf folgen. Alle diese Ängste sind ganz normal, und ich werde im vierten Teil »Feiern Sie sich selbst und respektieren Sie Ihre eigene Stimme« näher auf sie eingehen. Aber Sie sollten wissen, dass es lediglich Ängste sind – sie haben nichts mit Ihnen selbst zu tun.

Somit begegnen wir im Bereich der Selbstaufopferung einem weiteren Paradoxon: *Selbstaufopferung kann eine Möglichkeit sein, sein Bestes zu geben,* und *Selbstaufopferung kann eine Möglichkeit sein, sein Bestes zu verbergen.* Anders ausgedrückt: *Selbstaufopferung kann der Inbegriff der Egozentrik sein.*

Wir alle kommen mit bestimmten Eigenschaften und Talenten zur Welt, die wir entwickeln und an denen wir andere teilhaben lassen sollen. Wenn Sie sich hinter einer angeblichen Pflicht verstecken und behaupten, Sie hätten deshalb keine Zeit dazu, Ihre Talente zu fördern und Ihre Begabungen zu verströmen, dann ist diese Selbstaufopferung in Wahrheit Egozentrik, denn Sie halten angeborene Gaben zurück, die Sie eigentlich verschenken sollten. Indem Sie Ihr persönliches Abenteuer hintanstellen, bringen Sie diejenigen, die darauf warten, Ihre Gaben zu empfangen, um das Beste, was wir für sie sein und tun können. Das Beste, das wir alle für diese Welt tun können, ist, uns nicht hinter der Selbstaufopferung zu verstecken, sondern das wahre Opfer zu bringen und die bestmögliche Rolle zu spielen, die wir in diesem Augenblick nur übernehmen können.

Wenn man herausfinden will, warum es einem schwerfällt, die richtigen Grenzen zu ziehen, dann ist das nicht unbedingt eine einfache oder angenehme Aufgabe – aber es lohnt sich. Wir können keine echte Heilung finden, wenn wir uns nicht mit den Problemen befassen, die hinter den Symptomen stecken. Wenn Sie entdecken wollen, warum Sie anderen so viel geben, sich selbst aber nichts, dann sollten Sie vielleicht einmal die folgende Wahrheit erwägen: *Wenn wir etwas zu tun vermeiden, dann ist der Grund dafür meistens, dass wir Angst vor den Konsequenzen haben.* Was befürchten Sie? Was könnte geschehen, wenn Sie Grenzen setzen oder sich nicht mehr aufopfern würden? Haben Sie Angst, dass Sie andere Menschen unglücklich machen, wenn Sie Nein sagen, und halten Sie es für Ihre Aufgabe, sie glücklich zu machen? Haben Sie Angst, dass andere Menschen Sie zurückweisen, wenn Sie nicht tun, was diese von Ihnen erwarten? Glauben Sie, dass Sie nachgiebig sein müssen, um geliebt zu werden?

Natürlich gibt es gute Gründe dafür, dass wir diese Glaubensmuster entwickelt haben. Vielleicht haben wir als Kinder gelernt, anderen alles recht zu machen, um den Schmerz der Missbilligung zu vermeiden oder den Stachel der Kritik oder sogar einen drohenden Angriff. Vielleicht sind wir in Familien oder Kulturkreisen aufgewachsen, in denen ein solches Verhalten erwartet oder lobend anerkannt wurde. Trotzdem: Wenn wir diesem Muster weiterhin folgen, obwohl wir innerlich das nagende Gefühl haben, dass etwas fehlt, dann ist das eine Art Selbstmord auf Raten.

Sie müssen keine Angst davor haben, tief in Ihrer Seele zu suchen, um zu begreifen, was Sie eigentlich dazu bringt, anderen ständig den Vortritt zu lassen. Sobald Sie akzeptiert haben, dass Sie möglicherweise süchtig nach Selbstaufopferung sind, können Sie anfangen, dem Irrglauben entgegenzuwirken, und sich eine andere Verhaltensweise angewöhnen. Dann wird es Ihnen auch leichter fallen, sich selbst zu entlarven, bevor eine Situation außer Kontrolle gerät. Sagen Sie sich, dass es in Ordnung ist, zur Abwechslung einmal sich selbst gegenüber loyal zu sein.

Sie haben ein Anrecht darauf, Ihre persönlichen Meinungen zu vertreten, Ihre Rechte zu verteidigen und Ihre eigenen Entscheidungen zu treffen. Sie können beschließen, sich mit Menschen zu umgeben, die Sie unterstützen, statt Sie zu dominieren. Sie haben es verdient, dass Ihre Weggefährten sich

dafür interessieren, was Sie zu sagen haben, und nicht das Bedürfnis haben, Sie niederzuhalten. Sie *dürfen* Achtung vor
sich selbst haben.

KONTROLLIEREN UND AUSBALANCIEREN

Um das Gleichgewicht zwischen Geben und Annehmen zu
meistern, muss man seine Perspektive verändern. Geben und
Annehmen, Grenzen ziehen und sie niederreißen, sich selbst
achten und anderen Achtung erweisen sind keine Gegensätze,
sondern ergänzen einander. Je klarer wir die Funktion dieser
Dynamik erkennen, desto geschickter werden wir die Kunst
beherrschen, zu begreifen, wann es darum geht, Grenzen zu
ziehen, und wann es Zeit ist, sie zu übertreten.

Die jüdische mystische Tradition der Kabbala besagt, dass
es zur natürlichen Spannung des Lebens gehört, mit dem Paradoxon des Gebens und Nehmens zu tanzen. Das Paradoxon
wird durch den kabbalistischen Baum des Lebens symbolisiert – eine Art Blaupause der Wirklichkeit beziehungsweise
der Weltschöpfung oder auch ein Schema dessen, wie die Welt
funktioniert. Der Lebensbaum besteht aus zehn »Sephirot«, die
die archetypischen Kräfte oder Eigenschaften repräsentieren,
die sowohl auf der Ebene des Göttlichen als auch in allem
anderen und in uns selbst existieren. Einige dieser Kräfte sind
komplementäre Gegensatzpaare: Sie bilden ein System der ge-
genseitigen Kontrolle und des Ausgleichs. Jedes Paar muss eine
dynamische Spannung aufrechterhalten, um zu gewährleisten,
dass nichts aus dem Ruder läuft. Eines dieser Paare sind *Chesed*
und *Geburah*. Sie können uns eine Menge über Grenzen und
Gleichgewicht beibringen.

Chesed ist die Kraft der liebevollen Freundlichkeit, des Verge-
bens und der Ausdehnung. Wir neigen dazu, Liebe, Vergebung
und Offenheit als positive Eigenschaften aufzufassen, und das

sind sie auch. Doch die kabbalistischen Weisen stellten fest, dass sogar liebvolle Freundlichkeit zu einem Ungleichgewicht führen kann, wenn sie allzu extrem wird. Wenn die großzügigen Eigenschaften der Vergebung und Liebe nicht irgendeine Art von Gefäß haben, das ihnen Gestalt gibt, dann können sie, genau wie ein ungestümer Wasserfall, nicht aufgefangen und für das Gute nutzbar gemacht werden. Haben Sie jemals »expansive« Menschen kennen gelernt – Menschen, die viele Ideen und eine Menge Energie haben, aber anscheinend niemals irgendetwas erreichen? Das liegt daran, dass sie ohne Disziplin und Strukturierung sind, sich nicht konzentrieren und ihrem Genie keine Gestalt geben können.

Da die expansiven Eigenschaften von Großzügigkeit und Liebe allzu überbordend werden können, müssen wir unserem Geben Grenzen setzen und es genau definieren. Wir brauchen *Geburah. Geburah* ist die Kraft, die Gerechtigkeit, Unterscheidungsvermögen und Macht innerhalb der Welt und auch in uns repräsentiert. Sie gibt uns Strukturen, setzt Grenzen und schenkt uns Disziplin und Unterscheidungsvermögen.

Doch auch wenn die Energie der Expansion Grenzen und Schranken braucht, ist das Gegenteil genauso wahr. Zu viele Grenzen und zu viel Struktur erzeugen das andere Extrem. Starre Strukturen und Auffassungen, die das Gesetz buchstabengetreu befolgen, aber den Geist des Gesetzes ignorieren, lassen die geöffnete Hand zuschnappen und verschließen das offene Herz der Kreativität. Wenn wir uns zu sehr auf Strukturen und Regeln konzentrieren, verhindern wir womöglich gerade dadurch eben das, was wir am meisten brauchen, um im Gleichgewicht zu bleiben. Shakespeare drückt im *Kaufmann von Venedig* die Notwendigkeit, Grenzen durch Offenheit auszugleichen und Großzügigkeit durch Zurückhaltung, in etwas beredteren Worten aus. Porzia sagt darin eloquent: »Die irdischen Mächte gleichen Gott dann am meisten, wenn die Gerechtigkeit auf Barmherzigkeit beruht.«

BESCHLÜSSE DES HERZENS

Wie bringen wir die einander entgegengerichteten Kräfte von Barmherzigkeit und Verurteilen oder von Offenheit und Strukturierung in Einklang, die manchmal ebenso in unserem Inneren wie um uns herum um die Vorherrschaft kämpfen? Genau wie andere Weisheitslehren sagt auch die Kabbala, dass die letzte Entscheidung vom Herz getroffen wird. In der Kabbala entspricht das Herz einer anderen archetypischen Kraft namens Tiphereth. Tiphereth bedeutet »Schönheit« und symbolisiert das, was alles miteinander integriert und harmonisiert.

Die Überlieferungen der ganzen Welt sind voller ergreifender Lektionen, die uns auf die Weisheit des Herzens hinweisen. Die Weisen lehren uns, dass die Stimme des Herzens uns immer und in jeder Situation sagen wird, welches der richtige Weg ist. Im uralten Upanischad Brihadaranjaka wird der Weise Jaschnavalkia gefragt: »An welchem Ort befindet sich die Wahrheit?« Er antwortet: »Im Herzen, denn im Herzen *erkennt* der Mensch die Wahrheit.« Wenn Sie gut auf Ihr Herz eingestimmt sind, dann werden Sie wissen, wann es angebracht ist, zum Besten aller Beteiligten Grenzen aufrechtzuerhalten, und wann es besser für Sie wäre, alle derartigen Einschränkungen fahren zu lassen.

Die folgende Geschichte aus der jüdischen Tradition der Chassidim zeigt, dass unsere Fähigkeit, aus dem Herzen zu geben, durch ein allzu fanatisches Befolgen von Regeln und Erwartungen zerstört werden kann.

Jede Woche beging ein angesehener Rabbi das wöchentliche Sabbat-Mahl festlich mit Freunden und Schülern. Einmal tauchte ein neuer Gast auf. Als sie anfingen zu essen, betrachteten alle Anwesenden den Neuankömmling voller Verachtung, denn er war nachlässig gekleidet und recht linkisch. Überdies schien er keinen Respekt vor dem Rabbi zu haben, denn er zog einen großen Rettich aus seiner Tasche und kaute laut darauf herum. Dem Rabbi schien dies jedoch gar nicht aufzufallen.

Einer der Schüler des Rabbi konnte sich nicht länger be-
zähmen und wandte sich dem Mann zu. Er wollte ihn gerade
zurechtweisen, als der Rabbi ihn unterbrach und sagte:
»Weißt du was? Ich wünschte, ich hätte so einen schönen
großen Rettich als Beilage zu diesem wundervollen Essen.« Als
der neue Gast die Worte des Lehrers hörte, griff er in seine
Tasche, zog einen weiteren Rettich heraus und gab ihn seinem Gastgeber, der ihn herzlich anlächelte und ihm für seine
Freundlichkeit dankte.

Solche einfachen Geschichten stecken voller Symbole. Sie
sagen uns, dass wir, wenn wir unser eigenes Verhalten oder
das Verhalten anderer verurteilen, vielleicht die Mauern, die
wir errichtet haben, zum Einsturz bringen müssen, damit wir
im Licht des Herzens baden können.

Wir alle müssen mit Situationen fertig werden, die äußerst
einseitig und unkontrolliert verlaufen. Geschieht so etwas, respektieren wir uns selbst und den anderen, wenn wir in die
Mitte zurückfinden – in unsere eigene Mitte. Jede kreative
Problemlösung kommt aus dem Herzen. Und nicht nur das: Je
mehr wir wieder in die Mitte unseres Herzens zurückfinden,
desto mehr bringen wir die anderen Mitspieler der Szene dazu,
ebenfalls in ihre Mitte zurückzufinden. Selbst wenn ein an der
Situation Beteiligter in seiner Position verharrt, können Sie
deutlicher erkennen, was zu tun ist, wenn Sie selbst in ihrer
Mitte bleiben.

Alan Watts, einer der wichtigsten westlichen Interpreten
östlicher Weisheit im zwanzigsten Jahrhundert, erklärte diesen
Punkt einmal, als er über Zen-Meditation als Analogie des Lebens sprach. Er sagte, »aus der Mitte heraus zu leben« sei aus
dem gleichen Grund weise, aus dem die Kampfkünste lehren,
man müsse stets in seiner Mitte bleiben. »Wenn du erwartest,
dass etwas auf eine ganz bestimmte Weise geschehen wird, rich-
test du dich so aus, dass du dafür bereit bist«, sagte er. »Wenn
es dann aber aus einer anderen Richtung kommt, brauchst du

Zeit, um deine Energie neu auszurichten, und dann kann es schon zu spät sein. Bleib also in deiner Mitte, dann bist du bereit, dich in jede Richtung zu bewegen.«

Ich arbeitete früher als Leiterin einer großen Abteilung, was eine Menge praktische Aufmerksamkeit erforderte, und damals stellte ich fest, dass es bereits eine große Hilfe ist, wenn man sich nur ein ganz klein wenig an seiner Mitte orientiert. Man hatte mich zwar damit beauftragt, ein Team zu leiten, aber zugleich wurde von mir erwartet, einen Großteil der anfallenden Arbeiten persönlich zu erledigen. Aufgrund meines engen Terminplans und meiner vielen Pflichten war es schwierig, meinen Mitarbeitern so viel Aufmerksamkeit entgegenzubringen, wie ich es gern getan hätte, und das Ergebnis war, dass nicht immer alles glatt verlief. Bald gab es jede Woche kleine Streitigkeiten, und das kostete mich immer mehr Zeit und erhöhte den Druck noch, unter dem ich stand. Angesichts meines engen Terminplans (meiner Grenzen) und meiner vorgefassten Meinung, dass ich nicht genug Zeit hätte, um eine gute Managerin meiner mentalen Einstellung zu sein war es kein Wunder, dass es Schwierigkeiten gab. Ich musste meinen Weg zurück in meine Mitte finden.

Zunächst empfand ich mich als Opfer, aber diese Auffassung löste das Problem nicht. Mir wurde klar, dass ich mich auf das konzentrieren musste, was ich selbst tun konnte, um die Situation zu verbessern, statt zu wünschen, dass sich die anderen auf wundersame Weise über Nacht ändern würden. Also versuchte ich, die Situation aus der Perspektive meines Herzens zu betrachten, und fragte mich: Welche Entscheidungen könnte ich treffen, um diese Situation zu transformieren?

Ich fing damit an, mir mein Büro genauer zu betrachten. Das Erste, was ein Eintretender sah, war die kalte Schulter eines Aktenschrankes – und mich, versteckt hinter meinem Computerbildschirm. Weder das eine noch das andere wirkte besonders einladend oder freundlich. Ich arrangierte mein Büro so um, dass die Leute mich deutlich sehen konnten, wenn sie hereinkamen. Ich schaffte Platz für einen Stuhl auf der gegenüberliegenden Seite meines Schreibtisches, auf den sich meine Mitarbeiter setzen und sich willkommener fühlen konnten. Und zweitens begriff ich, dass einige begabte Leute meine Aufmerksamkeit ganz besonders brauchten – mehr als die anderen. Ich versah meinen Terminkalender mit einem Memo, um mich daran zu erinnern, mindestens einmal pro Woche nach ihnen zu sehen, um ihnen Gelegenheit zu geben, Probleme zu beseitigen, bevor sie sich zu Zeitbomben entwickelten. Indem ich einige Grenzen niederriss, kam ich meiner Mitte ein wenig näher, und genauso ging es meinen Mitarbeitern.

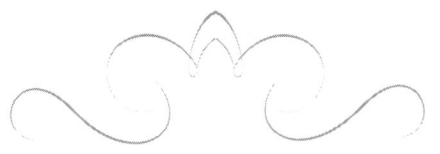

SCHLÜSSEL ZUM
GLEICHGEWICHT

Machen Sie den Lackmus-Test

Bill Cosby sagte einmal: »Ich weiß nicht, was der Schlüssel zum Erfolg ist, aber der Schlüssel zum Misserfolg ist, wenn man versucht, es allen Leuten recht zu machen.« Es gibt Zeiten, in denen man Opfer bringen muss, und es gibt Zeiten, in denen ein solches Opfer einem selbst und anderen möglicherweise sogar schadet. Gleichen Sie die Opfer, die Sie anderen bringen, durch Grenzziehung aus, damit Sie sich auf das konzentrieren können, was Ihnen wichtig ist, um wieder in sich selbst investieren zu können? Der folgende »Lackmus-Test« wird Ihnen dabei helfen, herauszufinden, was Sie brauchen, um sich wieder neu auszurichten.

● Sage ich automatisch Ja, wenn jemand um meine Hilfe bittet oder ein Problem gelöst haben will? Oder setze ich höflich aber bestimmt Grenzen, wenn ich diese brauche?

● Schreibe ich mich selbst immer ganz unten auf meine Prioritätenliste? Oder frage ich mich regelmäßig, was ich möchte und brauche, und trage dann die entsprechende Handlung als Priorität in meinen Kalender ein?

● Lasse ich zu, dass Menschen oder Ereignisse mich von dem ablenken, was ich geplant habe? Oder führe ich buchstäblich mein eigenes Leben, indem ich eine bestimmte Richtung einschlage und meine Handlungen von den Wertvorstellungen und Zielen abhängig mache, die mir wichtig sind?

● Lasse ich zu, dass meine Freunde und Verwandten ständig das Gespräch dominieren oder mich zwingen, ihre Entscheidungen zu unterstützen? Oder lasse ich meine Stimme vernehmen, drücke deutlich aus, was ich empfinde und setze mich für meine Bedürfnisse ein?

● Möchte ich anderen lieber gefallen, als eine Auseinandersetzung zu riskieren? Oder biete ich Übergriffen und unpassendem Benehmen die Stirn und korrigiere die falsche Einstellung anderer – selbst wenn ihnen das, was ich zu sagen habe, womöglich nicht gefällt?

● Hindert das, was ich anderen gebe, diese daran, ihren Teil beizutragen und auf ihrer Lebensreise Fortschritte zu machen? Oder ziehe ich Grenzen, damit andere sich nicht so sehr auf mich verlassen, dass sie dadurch Schaden nehmen?

● Verstecke ich mich hinter meinen Opfern und verbringe ich meine Zeit damit, Dinge für andere zu tun, um meiner eigenen Berufung aus dem Weg zu gehen? Oder hat die Entwicklung meiner Talente für mich Priorität, damit ich andere mit meiner Begabung beschenken kann?

Mit sieben Schritten gesunde Grenzen ziehen

Wenn man sich selbst genügend Achtung entgegenbringt, um gesunde Grenzen zu ziehen, dann geht es dabei nicht darum, andere auszugrenzen, sondern sich selbst einzubeziehen. Wie der chassidische Rabbi Moshe Leib einmal sagte: »Ein Mensch, der nicht täglich eine Stunde für sich selbst zur Verfügung hat, ist kein Mensch.« Wenn Sie die vorangegangenen Fragen beantwortet haben, wissen Sie nun bereits ein wenig besser, wo Sie vielleicht klarere Grenzen ziehen müssen, um Ihren eigenen Bedürfnissen nachzukommen. Wir alle geraten von Zeit zu Zeit aus dem Gleichgewicht. Es geht nicht darum, *dass* so etwas geschieht, sondern dass wir besser erkennen lernen, *wann* es geschieht, damit wir sofort Schritte unternehmen können, um das Gleichgewicht wiederzufinden. Im Folgenden finden Sie sieben Methoden, mit deren Hilfe Sie anfangen können, gesunde Grenzen zu ziehen.

❶ **Üben Sie im Kleinen.** Wenn Sie nicht daran gewöhnt sind, Grenzen zu ziehen, dann fühlen Sie sich vielleicht zunächst unbehaglich dabei. Üben Sie es an kleinen, alltäglichen Dingen: Stellen Sie zum Beispiel Ihr Telefon ab, wenn Sie sich konzentrieren wollen, statt jedem jederzeit zur Verfügung zu stehen, oder bitten Sie ein Familienmitglied, zu kochen oder etwas zu erledigen, oder sagen Sie Ihren Freunden, dass Sie an dem bestimmten Abend, den Sie allein verbringen wollten, keine Zeit haben. Wenn Sie lernen, in solchen Situationen Grenzen zu ziehen, dann wird es Ihnen leichter fallen, größere Probleme zu erkennen und sich mit ihnen auseinanderzusetzen, wenn sie auftauchen.

❷ **Bringen Sie Ihre Bedürfnisse klar zum Ausdruck.** Die meisten Menschen können keine Gedanken lesen. Sie können nicht wissen, was Sie brauchen, wenn Sie es ihnen nicht sagen. Formulieren Sie Ihre Bedürfnisse deutlich und spezifisch. Teilen Sie den anderen Ihre Gefühle und Forderungen liebevoll, aber bestimmt mit und wählen Sie dazu eine Formulierung, die Ihren Bedürfnissen entspricht, statt auf die Dinge hinzuweisen, die

Ihr Gesprächspartner Ihrer Meinung nach falsch macht. Eine Grenze zu ziehen bedeutet nicht, jemand anderem den Schwarzen Peter zuzuschieben. Vielmehr geht es darum zu formulieren, was Sie brauchen und verdient haben.

❸ **Machen Sie von Ihrer Entscheidungsfreiheit Gebrauch.** Wenn jemand anders Sie um etwas bittet, dann sagen Sie nicht automatisch Ja, sondern üben Sie sich darin, sich zu fragen: *Welche Wahlmöglichkeiten habe ich? Was möchte ich und wovon glaube ich, dass es für mich in diesem Moment richtig ist? Ist es in diesem Fall richtig, ein Opfer zu bringen? Was ist mir im Augenblick das Wichtigste?*

❹ **Setzen Sie sich selbst ganz oben auf Ihre Prioritätenliste.** Warten Sie nicht, bis alles, was Sie für andere tun wollten, erledigt ist, bevor Sie sich selbst das geben, was Sie brauchen. Planen Sie Zeit für sich selbst ein, damit Ihre Selbstfürsorge nicht ständig von Ihrer Prioritätenliste gestrichen wird. Das Wiederaufladen der inneren Batterien ist nicht nur eine Möglichkeit. Sie ist ein Grundbestandteil Ihres Zeitplans.

❺ **Konzentrieren Sie sich aufs Wesentliche.** Gute Chefs beschließen nicht nur, was sie tun wollen, sondern vor allem, was sie *nicht* tun wollen. Welche Prioritäten können Sie als Chef Ihres eigenen Lebens setzen? Was können Sie delegieren, wofür können Sie jemand anderen einstellen und was können Sie sogar von Ihrer Liste streichen, um sicherzustellen, dass Sie Ihre wertvolle Zeit und Energie optimal investieren? Wenn Sie Ihre Ressourcen dort einsetzen, wo sie die größte Wirkung entfalten, dann haben Sie in den Belangen, auf die es wirklich ankommt, mehr zu geben.

❻ **Lösen Sie Probleme mit dem Herzen.** Die Weisen lehren, dass ein friedvolles Herz uns die beste Lösung jedweden Problems zeigen kann. Wenn Sie es mit einem widerborstigen Problem zu tun haben, bei dem es um Grenzen geht, dann betrachten Sie es aus dem Blickwinkel des Herzens. Wählen Sie zunächst Ihre Lieblingstechnik, um sich in die Mitte zu begeben, in Ihr Herz, bevor Sie eine Entscheidung treffen. Wenn Sie noch keine derartige Technik besitzen, dann schließen Sie einfach die Augen, atmen Sie tief durch und visualisieren Sie eine Flamme, die hell in Ihrem Herzen brennt. Oder erinnern Sie sich bewusst an ein Ereignis, das Ihnen ein glückliches oder dankbares Gefühl vermittelt hat – an etwas, was die Flamme in Ihrem Herzen intensiver brennen lässt. Sobald Sie ein Gefühl der Freude und des Friedens empfinden, wenden Sie sich wieder dem aktuellen Problem zu. Fragen Sie sich: *Was ist die beste Möglichkeit, dieses Problem zu lösen? Worin besteht mein nächster Schritt?* Dann schreiben Sie die Antworten auf, die Ihnen einfallen.

❼ Finden Sie heraus, wovor Sie sich verstecken. Wenn es Ihnen schwerfällt, die nötigen Grenzen zu ziehen, dann sollten Sie keine Angst davor haben, tiefer zu schürfen und herauszufinden warum. Was würde Ihrer Meinung nach passieren, wenn Sie nicht mehr ständig Opfer brächten? Bringen Sie Opfer, weil Sie Angst davor haben, andere durch ein Nein unglücklich zu machen? Sind Sie süchtig nach Selbstaufopferung, weil es Ihr Selbstwertgefühl erhöht, dass andere Sie brauchen? Lenkt ein Opfer Sie von Ihren Ängsten ab oder bietet es Ihnen eine Ausrede, damit Sie Ihre eigenen Träume nicht weiterverfolgen müssen? Sobald Sie Ihre Motivation einmal verstanden haben, können Sie den Irrglauben in Frage stellen, der hinter diesen Glaubenssätzen steckt, und dann wird es Ihnen leichter fallen, die hier aufgelisteten Schritte zu tun, um klarere Grenzen zu ziehen und sich selbst mehr zu respektieren und zu achten.

KAPITEL 4

UNTERSTÜTZUNG ANNEHMEN
UND ALLEIN FLIEGEN

Reich sind wir nur durch das, was wir geben,
und arm nur durch das, was wir verweigern.
— MADAME SWETCHINE

»*Ich bin für meine Fortschritte selbst verantwortlich. Ich brau-*
che niemand anderen, und ich sollte mich auf niemanden
verlassen und keine Hilfe brauchen.« Ist das nun Irrglaube
oder Magie?

Auf den ersten Blick scheint die Antwort offensichtlich zu sein. Wie John Donne so unvergesslich
schrieb: »Niemand ist eine Insel und völlig unabhängig – niemand ist Teil eines Kontinents.« Alle großen
Überlieferungen ermuntern uns dazu, »die Einzelteile«
zu würdigen und somit eine Gemeinschaft gleichge-
sinnter Freunde zu suchen, die uns unterstützen, inspirieren und anleiten.

Der Buddhismus nennt dies »in der Gemeinschaft
Schutz suchen«. Tekumseh, ein Häuptling des nordamerikanischen Indianerstammes der Shawnee, hat
es so ausgedrückt: »Ein einzelner Zweig bricht, doch
ein Bündel Zweige ist stark.«

Aber halt, nicht so schnell. Wie sich herausstellt, sind diese Aussagen nur ein Teil der Wahrheit. Es gibt noch eine andere, paradoxe Seite der Medaille. Buddha sagte seinen Jüngern auch: »Sei dir selbst eine Insel. Such *in dir selbst* Schutz.« Im Christentum hören wir: »Sorg selbst für deine Erlösung.« Und die Hinduschrift Manusmriti, das Gesetz des Manu, behauptet wie so viele andere Quellen universeller Weisheit: »Wahres Glück wird geboren, wenn man sich auf sich selbst verlässt.« Im Prinzip ermuntern uns diese Weisen dazu, uns auf uns selbst zu verlassen *und* die Unterstützung anderer zu suchen – sowohl Abhängigkeit als auch Unabhängigkeit zu bejahen. Manchmal ist es wichtig, um Unterstützung zu bitten, und manchmal müssen wir allein fliegen. Es gehört zum Spiel des Paradoxen, genau zu wissen, was wann angebracht ist.

Wir alle haben die Widersprüchlichkeit dieses Paradoxons schon am eigenen Leib erfahren. Als Kinder und Jugendliche sehnen wir uns danach, die schützende Hand unserer Eltern loszulassen, denn wir lernen buchstäblich, auf eigenen Füßen zu stehen. Als Erwachsene erleben wir vielleicht das genaue Gegenteil. Wir klammern uns verzweifelt an etwas oder jemanden, obwohl es für uns oder die anderen höchste Zeit für den nächsten Entwicklungsschritt wäre.

Das Leben bemüht sich immer, uns wieder ins Gleichgewicht zu bringen. Wenn wir allzu unabhängig geworden sind, geraten wir in eine Situation, in der wir lernen müssen, eng mit anderen zusammenzuarbeiten, um zu überleben. Sind wir allzu abhängig oder passiv geworden, dann wird das Leben uns früher oder später von den Beziehungen, Arbeitsverhältnissen, Mitmenschen oder Besitztümern lösen, die uns an der Weiterentwicklung hindern. Als ich beispielsweise Mitte zwanzig war, arbeitete ich eine Zeit lang als Nachtschicht-Redakteurin. Das war eine einsame Existenzform, aber sie forderte mich dazu heraus, verantwortlich zu handeln. Ich musste Projekte vorantreiben, Fahnenabzüge absegnen und allein wichtige Entscheidungen treffen.

Es war nicht leicht, und eine Zeit lang hatte ich das Gefühl, man hätte mich auf den Mond abgeschoben. Später wurde mir klar, dass diese Situation wie maßgeschneidert dafür war, meine Schwachpunkte zu stärken – insbesondere meine Unentschlossenheit und meinen Mangel an Selbstvertrauen. Sie bereitete mich darauf vor, ein stärkeres Unabhängigkeitsgefühl zu entwickeln und letzten Endes eine ganze Verlagsabteilung zu leiten. Wie eine Vogelmutter, die weiß, was für ihre Küken am besten ist, schubst uns das Leben sanft aus dem behaglichen Nest – oder es gibt uns sogar einen Tritt in den Allerwertesten, wenn wir allzu halsstarrig sind –, um uns dazu zu bringen, aus eigener Kraft zu fliegen.

EIN ZEICHEN DER STÄRKE

Die Natur ist voller Metaphern, die uns dabei helfen, das Paradoxon zu verstehen, das darin besteht, gleichzeitig Hilfe zu suchen und allein zu fliegen. Denken wir nur an die Angewohnheit der Vögel, gemeinsam in einer V-förmigen Formation zu fliegen. Auf diese Weise sparen sie Energie. Bei dieser Formation entsteht weniger Luftwiderstand, als wenn jeder Vogel allein flöge, und sie erlaubt es ihnen, viel schneller zu fliegen, als sie es allein könnten. Wissenschaftler vermuten, dass die V-Formation es den Vögeln auch ermöglicht, auf ihren langen Wanderungen visuell miteinander zu kommunizieren, wodurch die einzelnen Schwarmmitglieder weniger leicht verloren gehen. Wenn der Vogel an der Spitze, der am schwersten arbeitet, müde wird und zurückfällt, nimmt ein anderer Vogel sofort seinen Platz ein. Tatsächlich bekommt jeder Vogel die Chance, einmal der Anführer zu sein. Das Überleben auf ihren rekordverdächtigen Reisen hängt sowohl von der Kraft des Einzelnen *als auch* von ihrer Zusammenarbeit ab. Sie integrieren auf natürliche Weise die Fertigkeiten der Unabhängigkeit *und* der Abhängigkeit.

Uns erscheint diese Art von Integration nicht immer natürlich. Manchen von uns ist es peinlich, um Unterstützung zu bitten. Wenn dies auf Sie zutrifft, dann schleppen Sie vielleicht den heimtückischen Irrglauben mit sich herum, der besagt: »Wenn ich es nicht allein schaffe, dann stimmt etwas mit mir nicht.« Schlimmer noch: Womöglich glauben Sie, dass Sie keinerlei Unterstützung verdient haben. Aber jeder hat Unterstützung verdient, und wir alle müssen lernen, Unterstützung sowohl zu geben als auch zu empfangen.

Wir vergessen, dass selbst die allererfolgreichsten Menschen auf jedwedem Fachgebiet immer ihre Trainer, Mentoren und Anfeuerer gebraucht haben. Wo wäre der heldenhafte Hobbit Frodo Beutlin geblieben, wenn sein Freund Samweis Gamdschi nicht durch dick und dünn zu ihm gehalten und Frodos Leben mehrmals gerettet hätte, damit dieser seine Aufgabe erfüllen konnte? Wie weit wäre Helen Keller ohne ihre zuverlässige Betreuerin Anne Sullivan gekommen und Luke Skywalker ohne seine beispielgebenden Lehrer Obi-Wan Kenobi und Yoda? Wie hätte der Schwimmer Michael Phelps acht Goldmedaillen gewinnen und einen olympischen Weltrekord aufstellen können, wenn ihn kein Team dabei unterstützt hätte, seine erstaunlichen Lagenstaffeln zu gewinnen?

Sie bilden da keine Ausnahme. Jemand ist dazu ausersehen, Sie anzufeuern und Ihnen dabei zu helfen, sich der Erfüllung Ihrer Träume immer weiter anzunähern.

IRRGLAUBE
Wenn ich es nicht allein schaffe, dann stimmt etwas mit mir nicht.

MAGIE
Es ist ein Zeichen der Stärke, um Hilfe zu bitten.

Eine der wichtigsten Lektionen, die Sie in der inneren Kunst des Gebens und Annehmens lernen können, ist, dass es kein Zeichen der Schwäche, sondern der Stärke ist, wenn man im rechten Moment um Hilfe bittet. Es ist gesund, um Unterstützung zu bitten. Es bedeutet, dass Sie sich selbst für unterstützenswert halten. Nicht nur das – es ist auch ein Beweis der *Liebe*. Wenn Sie um Unterstützung bitten, bevor Sie die besten Entscheidungen Ihres Lebens treffen, dann handeln Sie aus Liebe: Liebe zu sich selbst und Liebe zu denjenigen, auf die sich Ihre Entscheidungen auswirken werden.

GEHEN WIR ZUSAMMEN

Vielleicht meinen Sie, dass sich die Auswirkungen, die die Unterstützung durch andere auf uns hat, nicht recht greifen lassen und eher etwas Nebulöses sind. Aber wissenschaftliche Studien haben ergeben, dass Unterstützung unsere Chancen auf ein gesünderes und längeres Leben wahrhaftig vergrößert. Eine frühe Studie aus den 1960er Jahren ist besonders faszinierend. Roseto ist eine kleine Stadt in Pennsylvania. Sie wurde von italienischen Einwanderern gegründet, die alle eng miteinander verbunden waren. Die Forscher wurden auf Roseto aufmerksam, weil es dort weniger Fälle von Senilität gab und das Herzinfarktrisiko der Einwohner um vierzig Prozent geringer war als anderswo, obwohl ihre Nahrungsgewohnheiten, ihr Cholesterinspiegel und andere Faktoren (wie beispielsweise Rauchen und mangelnde körperliche Fitness) sich nicht unterschieden.

Weshalb waren die Bewohner von Roseto so sehr im Vorteil? Die Forscher wiesen darauf hin, dass sie erstaunlich eng miteinander verbunden waren, einander vertrauten und sich gegenseitig unterstützten. Die Bürger dieser kleinen Stadt lebten in Hausgemeinschaften von drei Generationen, sie hatten enge Bindungen an ihre Familien und ihre Gemeinde, und sie freuten sich des Lebens. Genauso interessant ist, dass sich die Statistik veränderte, als diese Faktoren sich änderten. Als die jüngere Generation aufwuchs und wohlhabender wurde, zogen einige von ihnen fort und die traditionellen, eng geknüpften Familien- und Gemeinschaftsbande von Roseto begannen sich aufzulösen. Parallel mit diesen Veränderungen stieg das Herzinfarktrisiko in Roseto, bis es den Landesdurchschnitt erreicht hatte.

Die Weisen sagen uns, dass ein Umfeld, in dem wir Unterstützung durch eine Gemeinschaft erfahren, auch bei der spirituellen Gesundheit eine entscheidende Rolle spielt. »Trenne dich nicht von der Gemeinde«, riet der jüdische Weise Hillel. El Morya, ein Eingeweihter des Ostens, bestätigte die Notwendigkeit einer Gemeinschaft von Freunden auf unserer Lebensreise mit folgenden poetischen Worten: »Wanderer, Freund, reisen wir zusammen. Die Nacht bricht herein, wilde Tiere umringen uns und womöglich erlischt unser Lagerfeuer. Aber wenn wir übereinkommen, abwechselnd in der Nacht zu wachen, können wir unsere Kräfte sparen. Morgen wird unser Weg lang sein und uns vielleicht erschöpfen. Lass uns zusammen wandern. Wir wollen uns freuen und miteinander feiern ... Reisender, sei mein Freund.«[1]

Im Christentum bezeichnet man die Gemeinschaft der Freunde als Kirche. Dieser Begriff bezieht sich auf das griechische Wort *ekklesia*, was ursprünglich »Versammlung« oder »Gruppe« bedeutete. Im Buddhismus ist die Gemeinschaft so wichtig, dass sie eines der drei »Juwelen« ist, an die sich ein Buddhist wendet, wenn er Schutz braucht – die anderen beiden Juwelen sind Buddha selbst und die Lehre. Mir gefällt, wie der vietnamesische zenbuddhistische Mönch Tich Nhat Hanh die Gemeinschaft definiert, die in seiner Tradition »Sangha« genannt wird. Die Gemeinschaft ist eine Gruppe, die aus Mönchen und Nonnen sowie aus Laien beiderlei Geschlechts besteht, die »gemeinsam üben, damit jeder in den anderen die jeweils besten Eigenschaften fördert«. Tich Nhat Hanh sagt: »Für mich bedeuten die Übungen in der Sangha, dass man mit den Menschen zusammen lernt, die einen gerade umgeben und die man liebt ... Eine wahre Sangha ist es, wenn sich alle der Transformation annähern.«[2]

Wenn Sie sich auf dem Weg des Selbstrespektierens befinden, möchte ich Sie dazu ermutigen, an Ihre Gemeinschaft und Ihre unterstützenden Netzwerke im weitesten Sinn zu denken. Gemeinschaft erzeugt einen Raum, selbst wenn es ein virtueller Raum ist, in dem man sowohl Unterstützung bekommen als auch anderen geben kann. Ihre Gemeinschaft könnte Ihre Familie sein, Ihre Arbeitskollegen, die Menschen, die Ihre spirituellen oder persönlichen Interessen teilen, oder solche, mit denen gemeinsam Sie kreative Ziele verfolgen oder soziale Aufgaben übernehmen. Sie können zu mehr als einer Gemeinschaft gehören, denn jedes Netzwerk spielt eine andere Rolle dabei, Ihnen beim Respektieren Ihrer inneren Bedürfnisse zu helfen und Ihre größten Begabungen mit anderen zu teilen. Egal, ob Sie sich allein fühlen oder Hilfe brauchen oder ob Sie andere unterstützen und ihnen helfen wollen – überlegen Sie, ob Sie sich nicht einer Gemeinschaft anschließen möchten, die Ihre Interessen teilt und Ihr Herz erwärmt. Und wenn Sie keine finden, die Ihnen gefällt, dann gründen Sie eben selbst eine!

Eines muss ich deutlich machen: Wenn ich »Unterstützung« und »Gemeinschaft« sage, dann meine ich damit nicht die Art von Mitgefühl, die Sie dazu ermutigt, sich in Selbstmitleid zu wälzen oder an allem nur herumzunörgeln oder das Opfer zu spielen. Wahre Unterstützung hält Sie nicht am Boden fest, sondern richtet Sie auf. Zu dieser Unterstützung gehört nicht nur liebevolle Ermutigung, sondern auch ein ehrliches Feedback. Wir können uns selbst nicht objektiv betrachten, und deshalb brauchen wir innerhalb einer Gemeinschaft wahre

Freunde, die uns den Spiegel vorhalten und widerspiegeln, wie unsere Handlungen nach außen wirken. Woher wollen Sie ohne Austausch mit anderen wissen, ob Sie in Wahrheit liebevoll und großzügig oder engherzig und selbstsüchtig sind? Woher wollen Sie wissen, ob Sie andere und sich selbst respektieren und achten?

IN IHREN BEZIEHUNGEN RAUM LASSEN

Wenn Sie um Unterstützung bitten, dann respektieren Sie sich damit selbst. Doch genau wie die Zugvögel auf ihrer langen Reise müssen Sie sich zugleich auch auf Ihre innere Kraft verlassen, um das Ziel zu erreichen. Man braucht einen sehr feinen Gleichgewichtssinn, wenn man das Paradoxon meistern will, sich sowohl unterstützen zu lassen als auch allein zu fliegen. Manchmal liegt zwischen dem Annehmen von Hilfe und dem Zulassen, dass ein Helfer Ihr ganzes Leben bestimmt, nur eine hauchdünne Grenze. Sie bleiben im Gleichgewicht, wenn Sie sicherstellen, dass Sie ganz genau wissen, was Sie von denjenigen erwarten, die Ihnen Hilfe anbieten, und was diese im Gegenzug von Ihnen erwarten. Ganz egal, in welcher Form die Unterstützung stattfindet – vergessen Sie nicht, dass es letzten Endes an Ihnen liegt, die Entscheidungen zu treffen, die direkt mit Ihrem Leben zu tun haben. Sie müssen Ihr eigener Leitstern im Leben sein.

Selbst in engen Beziehungen, zu denen gegenseitige Unterstützung selbstverständlich immer gehören sollte, ist es entscheidend, ein Gleichgewicht zwischen der Anlehnung an den anderen und dem selbstständigen Stehen auf eigenen Füßen zu finden. In einer meiner Lieblingsdichtungen, *Der Prophet* des libanesischen Autors Khalil Gibran, spricht der geliebte Weise von Orphalese dieses Bedürfnis nach Gleichgewicht an. Als man ihn bittet, über die Ehe zu sprechen, sagt er: »Lasst Raum in eurem Zusammensein ... Singt und tanzt zusammen und freut euch, aber lasst jeden von euch allein sein, genau wie die Saiten einer Laute allein sind, auch wenn sie in derselben Musik erzittern ... Steht beisammen, aber nicht zu dicht beieinander: Denn die Säulen des Tempels stehen allein, und die Eiche und die Zypresse wachsen nicht eine im Schatten der anderen.«[3]

Die folgende chassidische Geschichte verdeutlicht ebenfalls, warum es notwendig ist, sich auf sich selbst zu verlassen. Ein junger Rabbi beschwerte sich bei seinem Mentor, dass er sich so voller Leben fühlte, wenn er studierte, aber sobald er sich von dieser Quelle der Unterstützung abwandte und seinen alltäglichen Verrichtungen nachging, verschwand diese Stimmung. »Was soll ich tun?«, fragte er. Sein scharfsinniger Lehrer antwortete ihm mit einer Analogie: »Du musst wie der Mann sein, der in Begleitung eines Freundes im Dunkeln durch den Wald geht. Eine Zeit wird kommen, in der die beiden Kameraden sich trennen und jeder seinen Weg allein gehen muss. Keiner von beiden wird die Dunkelheit fürchten, wenn er seine eigene Laterne trägt.« Letzten Endes müssen Sie sich darauf verlassen können, dass Sie Ihren Weg selbst erhellen werden.

Dieser kluge Rat gilt für alle unsere Beziehungen. Auf Ihrer Lebensreise wird man Sie oft und auf vielerlei Weise um Hilfe bitten und Sie auch auffordern, Hilfe anzunehmen. Die Magie entsteht, wenn alle Menschen innerhalb der Beziehung, Sie selbst inbegriffen, die Freiheit haben, ihr volles Potenzial zu entfalten. Bei Arbeitsbeziehungen werden Sie ja sehen, was geschieht, wenn Sie sich über Unterstützung freuen, aber gleichzeitig offen für neue Blickwinkel sind und andere dazu ermutigen, innovativ zu sein. Und in intimen Beziehungen nehmen Sie sich die Zeit und geben Sie sich genügend Raum, um die Sehnsüchte Ihres Herzens und Ihrer Seele zu erfüllen.

IRRGLAUBE

*Ständige Unterstützung, Zusammensein und Einstimmigkeit
erschaffen die besten Beziehungen.*

MAGIE

*Meine Beziehungen sind stärker, wenn ich meinen
eigenen Interessen nachgehe.*

Wenn Sie nicht zulassen, dass Ihre innere Muskulatur, Ihr Geist und Ihr Herz solche Übungen ausführt, dann werden diese verkümmern. Für Jessica und ihre Mutter gab es, als sie diese Lektion lernten, ein böses Erwachen. Jessica war Ende zwanzig und hatte die üble Angewohnheit, das Limit ihrer Kreditkarte zu überschreiten. Sie konnte sich einfach nicht dazu bringen, nur so viel auszugeben, wie sie sich leisten konnte. Dieses Problem war schon schlimm genug, aber sie hatte noch ein weiteres, ebenso schwieriges Problem: eine Mutter, die ihr immer aus der Klemme half. Jessicas Mutter Scharifa kam ihrer Tochter immer zu Hilfe und bezahlte ihre Kreditkartenschulden, wenn sie in Schwierigkeiten war.

Als alleinerziehende Mutter, die ihre einzige Tochter ohne Hilfe aufgezogen hatte, war Scharifa überängstlich, was ihre Tochter anging. Sie dachte, dass sie Jessica ihre Liebe bewies, indem sie ihre Schulden bezahlte. Allmählich fühlte sich Jessica mit dieser Situation unbehaglich. Verdienstvollerweise (das Wortspiel ist gänzlich unbeabsichtigt) begriff sie, dass sie ihre Angewohnheit, zu viel auszugeben, überwinden musste, wenn sie sich eine solide finanzielle Zukunft aufbauen wollte. Sie liebte ihre Mutter, aber sie wollte nicht für den Rest ihres Lebens von ihr abhängig sein. Schließlich bat sie ihre Mutter, ihr künftig nicht mehr aus der Klemme zu helfen.

Überraschenderweise war dieser Vorschlag für die Mutter beängstigender als für die Tochter. Scharifa ging es gar nicht in erster Linie darum, ihre Tochter vor irreparablen Schäden zu bewahren. In Wahrheit hatte sie Angst davor, dass Jessica sie womöglich nicht mehr brauchte, wenn sie eine unabhängige Erwachsene war. Scharifa hatte Angst, ihre Tochter zu verlieren. Zum Glück waren die beiden in der Lage, miteinander darüber zu sprechen. Jessica versicherte ihrer Mutter, dass sie sie immer lieben würde, aber sie ließ die Mutter auch wissen, dass sie nun selbst für ihre finanzielle Sicherheit sorgen musste.

Genau wie Susan, die wir im dritten Kapitel kennen lernten, begriff auch Scharifa, dass die Opfer, die wir anderen bringen, nicht immer die effektivste Möglichkeit sind, diese zu lieben oder ihr Wachstum zu fördern. Jeder muss lernen, allein zu fliegen. Wir können nicht das Leben eines anderen leben, wie sehr wir ihn oder sie auch lieben – und umgekehrt kann auch kein anderer unser Leben leben. Wenn wir wahrhaftig lieben, dann geben wir den anderen die Freiheit, sie selbst zu sein und selbst zu lernen.

WENN WIR UNS SCHÜTZEN, SCHÜTZEN WIR AUCH DIE ANDEREN

In alter Zeit nahm einmal ein Bambus-Akrobat, der auf einer Bambusstange Kunststücke vorführte, einen Lehrling zu sich. Der Lehrer wies seinen jungen Schüler an, die Stange zu erklimmen und sich dort oben auf seine Schultern zu stellen. Er sagte: »Du passt auf mich auf, und ich passe auf dich auf. Wenn wir auf diese Weise aufeinander achten, werden wir beide sicher sein, einen schönen Gewinn erzielen und ungefährdet von unserer Stange herunterklettern können.« Doch sein Schüler war anderer Meinung. »Nein, Meister«, sagte er. »Ihr müsst auf Euch selbst aufpassen, und ich muss auf mich selbst aufpassen. Wenn jeder von uns auf sich selbst achtet, werden wir beide sicher sein, einen schönen Gewinn erzielen und ungefährdet von unserer Stange herunterklettern können.«

Wer hatte recht – der Meister oder der Schüler? Als Buddha vor Jahrhunderten diese Geschichte erzählte, erklärte er seinen Zuhörern, dass der Lehrling richtig dachte. Dann fügte er eines der Paradoxa hinzu, die den Kern der inneren Kunst des Gebens und Annehmens treffen: *Wenn man sich selbst schützt, schützt man andere – wenn man andere schützt, schützt man sich selbst.* Zwei gegensätzliche Wahrheiten mit tief greifenden Implikationen.

Wie viele Weisheitsgeschichten hat auch diese Erzählung mehrere Bedeutungsebenen. Die offensichtlichste haben wir bereits angesprochen: Indem man sich selbst schützt – indem man zunächst für sich selbst sorgt und die eigenen inneren Bedürfnisse erfüllt –, erwirbt man die Kraft, anderen zu helfen. Deshalb hören wir im Flugzeug immer, dass man im Notfall erst seine eigene Sauerstoffmaske aufsetzen soll, bevor man anderen dabei hilft, ihre aufzusetzen. Wenn Sie selbst nicht atmen können, wie wollen Sie dann anderen beim Überleben helfen? Wenn Sie selbst feststecken, wie wollen Sie dann anderen aus der Klemme helfen? Um es paradox auszudrücken: *Manchmal kann man anderen helfen, indem man zunächst sich selbst hilft.* Wenn man sich die Zeit nimmt, für sich selbst zu sorgen, dann wirkt dies vielleicht auf andere vorübergehend selbstsüchtig und lieblos, aber der Eindruck trügt. Die eigene Fähigkeit des Gebens zu vergrößern ist das größte Geschenk, das man jemandem machen kann.

Dieses weitreichende Konzept wurde von einem jungen Mönch einmal in die Praxis umgesetzt. Als er hörte, dass Buddha auf dem Sterbebett lag und bald sein Leben aushauchen würde, zog er sich in sein Zimmer zurück und meditierte. Er als Einziger schloss sich nicht den Besuchern an, die hinein- und herausströmten, um dem verehrten Lehrer ihre Aufwartung zu machen. Die anderen meinten, dass es ihm am schuldigen Respekt und an Fürsorge für das Wohlergehen ihres Anführers mangelte, und schwärzten sein Verhalten an, worauf man ihn aufforderte, Buddha zu besuchen. Als er dem Folge leistete, erklärte er dem Sterbenden, er habe allein meditiert, weil er glaubte, dass die höchste Ehre, die er seinem Lehrer erweisen könnte, darin läge, wenn er selbst noch zu Lebzeiten Buddhas die Erleuchtung erlangte.

Dieser junge Mann wusste auch, dass er denjenigen, die bei ihm künftig Unterstützung suchen würden, die höchste Ehre erwies, indem er alle Ausflüchte ignorierte und jetzt, in diesem Moment, sein höchstes Potenzial erschloss. Er hatte das Grundprinzip erkannt, das die Kunst des Gebens und Annehmens zum Leben erweckt: *Du hilfst anderen am meisten, indem du die bestmögliche Version deiner selbst wirst.* Als er in diesem Moment allein flog, bereitete er sich darauf vor, später andere durch die Kraft seiner Flügel emporzuheben.

Um den Kreis zu schließen, müssen wir zur Lektion der beiden Bambus-Akrobaten zurückkehren. Buddha sagte nicht nur: »Wer sich selbst schützt, schützt auch die anderen«, er sagte paradoxerweise auch noch das genaue Gegenteil: »Indem man andere schützt, schützt man sich selbst.« Was meinte er damit?

Er meinte etwas ganz Einfaches: Wenn wir andere unterstützen und sie liebevoll behandeln, dann schützen wir uns selbst, weil wir so die Art von Welt erschaffen, in der wir selbst gern leben möchten. Wir bekommen immer das zurück, was wir aussenden. Wie man in den Wald hineinruft, so schallt es heraus. Das ist das universelle Prinzip von Ursache und Wirkung. Es wirkt unter anderem aufgrund der unglaublichen Kraft unseres Beispiels. Durch unser persönliches Verhalten sagen wir den Leuten im Grunde: »So funktioniert die Welt – seht euch nur mein Beispiel an. Ich verhalte mich auf diese Weise, weil ich erwarte, selbst so behandelt zu werden.« Sind wir also gierig, tun wir uns damit auf Dauer nichts Gutes, denn wir erzeugen damit Gier. Wir erzeugen buchstäblich eine Welt, in der uns irgendwann einmal jemand ausbeuten wird. Handeln wir hingegen liebevoll und fürsorglich, propagieren wir damit diese Eigenschaften. Und in dieser Art von Welt werden auch wir liebevoll und fürsorglich behandelt werden. In welcher Art von Welt möchten Sie lieber leben?

Kürzlich begegnete ich einer Kellnerin, die nach dem Prinzip »Wenn wir andere schützen, schützen wir uns selbst« lebte. Ich aß mit einer Freundin in einem Restaurant mit Selbstbedienungsbüfett, und die junge Frau, die unsere Bestellung entgegennahm und uns die Getränke brachte, war so vergnügt und hilfsbereit, dass meine Freundin ihr unbedingt eine große Menge Trinkgeld zukommen lassen wollte. Als sie die Kellnerin fragte, ob sie ihr Trinkgeld mit ihren Kollegen teilen müsse, antwortete sie sofort: »Wir alle teilen unsere Trinkgelder! Wenn ich meines nicht teilen würde, würden die anderen Mitarbeiter ihres auch nicht teilen.« Mit ihrem reinen Herzen wusste sie instinktiv, dass die Art, wie sie andere behandelte, letzten Endes einen Kreis beschreiben und zu ihr zurückkommen würde. Ich wurde dadurch aufs Neue an das mächtige und unbestechliche Gesetz des Kreises erinnert. Wenn wir andere respektieren und unterstützen, werden auch wir respektiert und unterstützt.

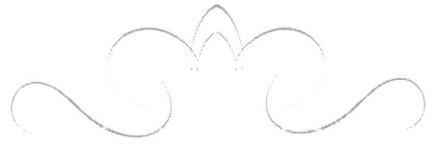

SCHLÜSSEL ZUM
GLEICHGEWICHT

Soll ich um Hilfe bitten oder muss ich es allein schaffen?

Jeder Aspekt des Lebens wächst und entwickelt sich weiter, und dabei pendelt er ganz natürlich zwischen Hilfesuchen und Selbstständigkeit hin und her. Nur wenn diese Elemente im Gleichgewicht sind, machen wir echte und dauerhafte Fortschritte. Bewegen wir uns zu sehr oder zu lange in die eine oder andere Richtung, werden wir gebremst. Die folgenden vier Fragen und dazugehörigen Hinweise sollen Ihnen helfen herauszufinden, welchem Teil des Paradoxons Sie Ihre Aufmerksamkeit widmen sollten, um wieder ins Gleichgewicht zu kommen und sich ungehindert weiterentwickeln zu können.

● **Gibt es einen Bereich in Ihrem Leben, in dem Sie sich um Weiterentwicklung bemühen, aber anscheinend feststecken?** Welche Art von Unterstützung würde Ihnen dabei helfen, rascher vorwärtszukommen? Vergessen Sie nicht, dass Unterstützung körperlich, mental, emotional oder spirituell sein kann. Sie kann alles Mögliche sein – von einem regelmäßigen Massagetermin jede Woche bis zum Beitritt einer Gemeinschaft, in der Sie Ihre Leidenschaft mit anderen teilen können. Vielleicht gehört es für Sie dazu, mit einem Menschen Ihres Vertrauens über eine geplante Entscheidung zu sprechen oder sich Ihrer liebsten Form der Inspiration zu widmen? Überlegen Sie, ob Sie mit jemandem, dessen Hilfe Sie brauchen, eine Art Abkommen schließen möchten, das Ihr gegenseitiges Geben und Annehmen klar umreißt. Welchen Einzelschritt können Sie in diesem Moment tun, um in dem Bereich, in dem Sie nicht weiterkommen, Unterstützung, Anleitung oder Rat zu erhalten?

● **Neigen Sie dazu, allen Herausforderungen des Lebens allein die Stirn zu bieten?** Wenn es Ihnen schwerfällt, um Hilfe zu bitten, dann rufen Sie sich immer wieder die folgenden beiden Wahrheiten ins Gedächtnis. Erstens: Es zeugt von Liebe und Kraft, um Unterstützung zu bitten. Wenn Sie die Hilfe einfordern, die Sie zum Fällen der richtigen Entscheidung oder für die nächsten Schritte brauchen, dann achten und respektieren Sie damit sich selbst und alle Menschen, die jetzt und in Zukunft durch Ihre Entscheidungen beeinflusst werden. Zweitens: Ihre Mitmenschen sind hilfsbereiter, als Sie denken. Wenn die Menschen, an die Sie sich wenden, Ihnen in diesem Moment nicht helfen wollen, dann heißt das nicht, dass Sie die Hilfe nicht wert sind. Es heißt lediglich, dass Sie die richtigen Helfer noch nicht gefunden haben. Aber Sie werden sie bald finden.

● **Haben Sie eine persönliche oder geschäftliche Beziehung zu jemandem, der Entscheidungen trifft, die eigentlich Sie treffen sollten?** Was würden Sie diesem Menschen gern über Ihre Gefühle sagen? Was würden Sie gern von ihm oder ihr erbitten? Versuchen Sie, das, was Sie sagen möchten, vor dem Gespräch zunächst auf dem Papier zu formulieren. Wenn Ihnen ein solches persönliches Gespräch schwerfällt, dann müssen Sie Ihre Botschaft vielleicht sogar schriftlich weiterleiten, damit Sie sich exakt und ausführlich ausdrücken können. Danach sollten Sie aber darüber sprechen, um sicherzugehen, dass die Person, die Sie angesprochen haben, auch wirklich versteht, worum Sie sie bitten, und damit Sie beide dieselben Erwartungen an die Zukunft stellen.

● **Gibt es in Ihrer Partnerschaft Freiräume?** Wenn Sie eine enge Partnerschaft eingehen, bedeutet das nicht, dass Sie nicht mehr Sie selbst sein dürfen. Vielleicht gehen Ihnen die geliebten Menschen sogar auf die Nerven, weil Sie regelmäßig Zeit für sich selbst brauchen – einen zeitlichen Freiraum. Zwei Menschen haben niemals genau dieselben Interessen, und es ist ungesund, etwas anderes zu erwarten. Erlauben Sie sich und Ihrem Partner, jeweils den eigenen, persönlichen Interessen nachzugehen, und bestärken Sie einander darin? Nehmen Sie sich regelmäßig Zeit nur für sich selbst, und räumen Sie Ihrem Partner dasselbe Recht ein. Dadurch werden Sie beide einander und der Welt viel mehr zu geben haben.

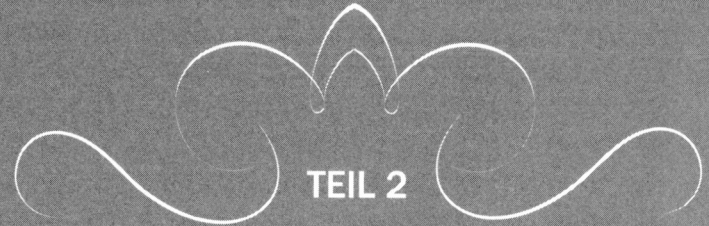

TEIL 2

VERSCHENKEN SIE SICH
und RESPEKTIEREN SIE IHR HERZ

Wenn ich etwas verschenke,
dann verschenke ich mich selbst.

WALT WHITMAN

Je eingehender wir uns nun mit der inneren Kunst des Gebens und Annehmens befassen, desto deutlicher wird uns, dass wir uns keineswegs nur dann Achtung und Respekt entgegenbringen, wenn wir trotz der uns umgebenden Hektik innehalten und unsere persönlichen Bedürfnisse respektieren und erfüllen. Vielmehr bringen wir uns auch dann Achtung und Respekt entgegen, wenn wir uns im Gegenteil *nicht* zurückhalten und *alles* geben, was wir zu geben haben. Um zu begreifen, warum dies so ist, müssen wir genau untersuchen, wie wir Geben und Verschenken in unserem tiefsten Inneren definieren, denn viele unserer althergebrachten Auffassungen verhindern das wichtigste Geschenk, das wir jemandem machen können – das Geschenk unseres Herzens. Wenn wir unser Geben als etwas Schöpferisches begreifen, das von Herzen kommt, entdecken wir unsere eigentliche Essenz. Wir entdecken, zu welcher Art von Geben wir eigentlich fähig sind. Und wir lernen, dass es nicht nur darum geht, *was* wir geben, sondern auch um das *Wie* und *Wann*.

KAPITEL 5

BESSER ALS GRÖSSER

Wenn du lediglich einen Teil deines Besitzes
verschenkst, gibst du wenig. Erst wenn du dich
selbst verschenkst, gibst du wirklich.

— KHALIL GIBRAN

»Wer am meisten gibt, der empfängt auch am meisten. *Wir verdienen unseren Lebensunterhalt, indem wir etwas bekommen, aber unser Leben wird von dem bestimmt, was wir geben.*« Irrglaube oder Magie? Die Antwort hängt davon ab, warum, wann und wie wir geben – und bei all dem kommt es nur auf das Herz an.

Im alltäglichen Kleinkram kann man leicht die Bedeutung jedes einzelnen Augenblicks aus den Augen verlieren. Man kann leicht vergessen, dass Geben im tiefsten Kern die schöpferische Tätigkeit des Herzens ist. Wir reagieren nicht nur, sondern wir agieren – wir sind nicht nur Nachahmer, sondern Schöpfer. Die weisen Worte über das Geben, die wir hören, sind nichts als Plattitüden, solange wir nicht auf unsere eigene Weise entdecken, dass es beim Geben nicht um Nachgeben oder Aufgeben geht, sondern darum, uns selbst Leben zu verleihen – und um den schöpferischen Ausdruck des Herzens.

Sie selbst sind ein Schöpfer oder eine Schöpferin. Jeden Tag werden Sie mit einer Energieration beschenkt, die Sie nach Gutdünken verwenden können. Diese Energie bringt Ihr Herz zum Schlagen, ermöglicht Ihnen das Atmen und gibt Ihnen die Kraft, den ganzen Tag zu durchleben. Was Sie mit dieser Energie zu tun beschließen, der Sie durch Ihre Gedanken, Gefühle und Interaktionen mit anderen eine Richtung geben, ist Ihr Geschenk an das Leben.

IRRGLAUBE

Das Leben läuft einfach ab, und oft kann ich lediglich darauf reagieren.

MAGIE

Ich bin ein Schöpfer. Jeden Tag beschließe ich, wie ich meine Schöpferkraft einsetzen werde, um mein Leben zu gestalten und anderen etwas zu geben.

Wir neigen zu dem Glauben, dass Geben und Annehmen stattfinden, wenn wir jemandem etwas überreichen, das eingewickelt und mit einem Schleifchen verziert ist, aber in Wahrheit geben wir ständig. Wir schenken jedem Moment das Leben. Wenn Sie geben, dann nehmen Sie die Energie, die Ihnen das Universum so großzügig zur Verfügung gestellt hat, und verleihen ihr Ausdruck und Gestalt. Sie versehen Sie sozusagen mit der Unterschrift Ihres Herzens. Elizabeth Clare Prophet, eine Pionierin der praktischen Spiritualität, sagte einmal: »Liebe ist die schöpferische Kraft und Macht. Du bist Gottes Mitschöpfer. Das ist eine große Verantwortung. Was wirst du mit deiner Schöpferkraft anfangen? Was willst du erschaffen?«

In der Sprache des Herzens wird Geben oft mit Opfern über-
setzt: Sie opfern jemandem, der ihn gerade nötiger braucht als
Sie, einen Teil Ihres Selbst. Wenn Sie auf diese Weise geben,
bringen Sie damit nicht nur anderen Respekt und Achtung
entgegen, sondern auch sich selbst, denn Sie erlauben Ihrem
Herzen, das zu tun, wozu es geschaffen wurde: Liebe zu geben
und zu empfangen. Der deutsche Psychologe und Philosoph
Erich Fromm hat es so ausgedrückt: »Geben ist der höchste
Ausdruck der Potenz. Im Akt des Gebens erlebe ich meine
Kraft, meinen Reichtum, meine Macht ... Geben ist nicht
deshalb seliger als Nehmen, weil es einer Entbehrung gleich-
kommt, sondern weil der Akt des Gebens Ausdruck meiner
Lebendigkeit ist.«[1]
Wie können Sie feststellen, wann Geben der höchste Ausdruck Ihrer Lebendigkeit ist? Sie brauchen kein Hellseher zu
sein, um die Gestalt und den Ausdruck wahrzunehmen, den
Ihre energetischen Schöpfungen annehmen. Es ist ganz einfach: Beobachten Sie nur, welche Wirkung Sie auf andere
haben. Beobachten Sie den Gesichtsausdruck des Ladenmäd-
chens, wenn Sie sich beschweren oder ihr ein Kompliment
machen, oder den Gesichtsausdruck Ihrer Kinder, wenn sie
beobachten, wie Sie mit jemandem umgehen, der Ihnen gerade Ihren Parkplatz weggeschnappt hat.

WIE WIR GEBEN

Vielleicht haben Sie manchmal das Gefühl, dass Sie gezwungen sind zu geben, dass Sie keine andere Wahl haben und
dass Sie deshalb das Recht haben, sich zu beschweren. Diese
Art des Gebens ist eher bitter als süß und enthält eine wichtige
Botschaft für Sie. Wenn Sie sich ärgern, irritiert oder wütend
sind und das Bedürfnis haben, etwas zurückzuhalten, dann ist
das vielleicht ein Zeichen dafür, dass ein Ungleichgewicht be-

steht zwischen dem, was Sie anderen geben, und dem, was Sie sich selbst geben. Wenn Sie feststellen, dass Sie nicht von ganzem Herzen geben können, dann verurteilen Sie sich nicht dafür. Wenn Sie nämlich feststellen, dass Sie nur widerstrebend geben, steckt dahinter nicht die Frage nach Recht oder Unrecht und Gut oder Böse. Es fordert Sie auf, den Grund dafür herauszufinden und dafür zu sorgen, dass sie wieder in Fluss geraten.

Aber ein Ungleichgewicht ist nur einer der möglichen Gründe, wenn wir nicht von ganzem Herzen geben. Ein anderer Grund ist immer auch, dass wir aus einer materiell orientierten Kultur kommen, deren althergebrachte Glaubenssätze die Magie verbergen, die entsteht, wenn wir von Herzen geben. Der nordamerikanische Indianer-Reformer Charles Alexander Eastman (Ohiyesa) sprach diesen Aspekt an, als er sagte: »Als Kind wusste ich, wie ich geben muss. Seit ich zivilisiert bin, habe ich diese Gnade vergessen. Ich lebte damals das natürliche Leben, und jetzt lebe ich das künstliche.«

Mehr als je zuvor werden wir heute durch die Medien mit Botschaften überschüttet, die darum wetteifern, uns zum Kauf von mehr und größeren Dingen zu zwingen. Wie bei kleinen Kindern, die den Umfang und die Anzahl ihrer Geburtstags- und Weihnachtsgeschenke abschätzen, scheint uns »größer« und »mehr« immer »besser« zu sein. Ich werde nie vergessen, wie bitterlich meine kleine Nichte am Weihnachtsmorgen schluchzte, nachdem sie ihre beiden Geschenke von uns bereits ausgewickelt hatte und feststellen musste, dass ihre Schwester ein Päckchen mehr von uns bekommen hatte, das sie nun öffnete. Sie fühlte sich betrogen, obwohl wir darauf geachtet hatten, für beide Mädchen genau gleich viel Geld auszugeben.

Nun nehmen Sie sich einen Augenblick Zeit und überlegen Sie, wann Sie als Kind und als Erwachsener am glücklichsten und am frohsten waren und den größten inneren Frieden empfanden. Hatten diese Momente irgendetwas damit zu tun, dass jemand Geld für Sie ausgegeben hatte? Oder entstanden sie, weil jemand Ihnen Zeit und Aufmerksamkeit geschenkt hatte, oder weil Sie eine tiefe Intimität oder Verbundenheit erlebten und sich deshalb in einer solchen Jubelstimmung befanden? Je weiser wir in den Dingen des Herzens werden, desto klarer erkennen wir, dass die größten und teuersten Geschenke nicht unbedingt die besten sind. Besser als größer ist das Geschenk des Herzens.

IRRGLAUBE
*Je größer und teurer die Geschenke sind, die ich bekomme
und verschenke, desto besser.*

MAGIE
Besser als größer ist das Geschenk des Herzens.

Kurz nachdem mein Mann und ich in ein neues Haus gezogen waren, steckte an einem Sommertag meine fast fünfjährige Nachbarin Sophie ihren Kopf zwischen den Büschen hindurch, die ihren Garten von meinem trennten, und stellte sich vor. Nachdem wir einige wichtige persönliche Informationen ausgetauscht hatten, beispielsweise, wie alt sie und ihre Schwester waren und wie meine Kätzchen hießen, fragte sie plötzlich: »Was ist Ihre Lieblingsfarbe?« »Ja also, ich mag Gelb«, antwortete ich. Augenblicklich stob sie davon, verschwand um die Ecke ihres Hauses und rief über die Schulter zurück: »Rühren Sie sich nicht vom Fleck!« Als sie zurückkam, brachte sie mir ein Geschenk. »Hier ist eine Blume aus unserem Garten«, verkündete sie, »eine gelbe Blume.« Mit einem Lächeln, das groß genug für uns beide war, streckte sie mir ihre Hand entgegen. Behutsam hielt sie ein wunderschönes gelbes Stiefmütterchen zwischen den Fingern.

Es ist schon ein paar Jahre her, dass Sophie mich mit ihrem Stiefmütterchen beschenkte, und ich bin sicher, sie hat das Ganze völlig vergessen. Aber ich werde ihr Geschenk nie vergessen – und auch nicht das Lächeln, das direkt aus ihrem Herzen kam und mitten in meinem Herzen landete. Sophie wusste instinktiv, was die Bhagavad Gita, das berühmte klassische Werk Indiens, seit Jahrtausenden gelehrt hat: »Wer mir (Gott) voller Demut ein einziges Blatt oder eine Blume oder eine Frucht oder sogar nur ein wenig Wasser darbringt, dessen sehnsuchtsvolle Seele nehme ich an, denn die Gabe kam aus einem reinen Herzen und wurde in Liebe gegeben.«[2] Es zählt nicht nur, *was* Sie geben, sondern auch, *wie* Sie es geben. Es geht nicht um die Größe des Geschenks, sondern um die Größe Ihres Herzens.

KÖNNEN GESCHENKE AUSFLÜCHTE SEIN?

Egal, wie viel Sie für ein Geschenk ausgeben – es beschönigt nicht, was in Ihrem Herzen vorgeht. Große, teure Geschenke können sogar Ausflüchte sein. Wir alle kennen das aus eigener Erfahrung: Wir rennen im letzten Moment in den Laden, um jemandem irgendein Geschenk zu kaufen, ganz gleich was. Oder wir haben ein Geschenk gekauft, das uns gefiel, von dem aber die Person, der wir es schenkten, gar nicht so begeistert war. Beide Arten von Geschenk haben weder die Bedürfnisse der beschenkten Person erfüllt, noch dem schöpferischen Geist in uns Ehre gemacht.

Am schönsten ist ein Geschenk, wenn es nicht vom Kopf her gemacht wurde, sondern von Herzen kam. Eine Nachbarin erzählte mir einmal, ihr Mann und ihre beiden Kinder hätten ihr zum Muttertag das allerschönste Geschenk gemacht, das sie je bekommen hatte – einen Gutschein für eine Massage. »Was war das für eine Überraschung«, sagte sie. »Ich habe mehr als

genug Sachen, ich brauche nicht noch mehr. Ich habe ihnen
gesagt: Massagen kann ich immer brauchen!« Das Geschenk
ihrer Familie hatte ins Schwarze getroffen, nämlich mitten in
ihr Herz, denn ihre Familienmitglieder hatten ihre eigenen
Herzen befragt, um herauszufinden, was *sie* brauchte.

Jonie, eine Radiomoderatorin, die mich zu ihrer Sendung
einlud, erzählte mir, dass sie selbst kürzlich beim Geschenkemachen kreativ geworden sei. Sie war von einer guten Freundin eingeladen worden, die Zwillinge erwartete, um die bevor-
stehende Geburt zu feiern. Sie wusste, wie viel ihre Freundin
zu tun haben würde, sobald die Zwillinge auf der Welt waren,
also kaufte sie für die Neugeborenen zwar ein paar Kleidungs-
stücke, aber vor allem lud sie ihre Freundin dazu ein, sie ein
Jahr lang jederzeit um Hilfe beim Zusammenfalten der Wäsche
zu bitten. »Meine Freundin war begeistert«, sagte sie. »Sie hat
sich mehr darüber gefreut als über jedes andere Geschenk, das
ich ihr hätte machen können.«

Eine meiner glücklichsten Kindheitserinnerungen ist, wie
sehr sich meine Familie über meine selbstgemachten Geburts-
tagskarten freute. Als Kind liebte ich es, Karten zu entwerfen
und wunderschöne Sprüche für meine Eltern und meine
Schwestern darauf zu schreiben. Ich werde nie vergessen, wie
mein Vater und meine Mutter mir sagten, dass sie meine
Schöpfungen über alles liebten. Sie ermutigten mich dazu,
weiterhin persönliche Karten zu gestalten, statt die glitzernden
Nullachtfünfzehn-Karten im Laden zu kaufen.

Jede Gelegenheit zum Schenken gibt uns die Möglichkeit,
einen ganz besonderen Teil unseres Selbst herzugeben. Margaret zum Beispiel hat den größten Teil ihres Lebens mit der
Prämisse verbracht, dass es viel wichtiger ist, Zeit mit einem Freund
oder einer Freundin zu verbringen, als ihnen materielle Geschenke zu kaufen. Sie stammt aus Irland und wuchs dort in
einem Umfeld auf, in dem nicht die Erwachsenen, sondern
nur die Kinder an Feiertagen Geschenke erhielten. Irgendwann

erklärte Margaret einer Kollegin, die eine enge Freundin geworden war, ihre Einstellung zum Geschenkemachen. Margaret nahm ihre neue Freundin beiseite und sagte ihr geradeheraus: »Es wird Zeit, dass ich dir die Lektion erteile, die alle meine Freunde von mir bekommen. Kauf mir *kein* Weihnachtsgeschenk und *kein* Geburtstagsgeschenk, weil ich das nicht will. Was soll ich mit noch mehr Sachen anfangen? Wenn du mit mir essen gehen willst, freue ich mich, weil wir dann Zeit miteinander verbringen. Aber wenn du mir ein Geschenk kaufst, musst du nur noch mehr arbeiten, um es zu bezahlen – und dadurch kannst du noch weniger Zeit mit mir verbringen.«

Es war Sandra, die mir diese Geschichte erzählte. »Ich war unheimlich erleichtert, das zu hören«, gab sie zu, »und ich freute mich über meine Freundschaft mit Margaret sogar noch mehr als vorher.« Dann erzählte Sandra mir, dass sie vor ein paar Jahren zu Weihnachten beschlossen hatte, etwas Ähnliches zu tun. Sie sagte ihren Verwandten und engen Freunden, dass sie lieber Zeit allein mit ihnen verbringen wollte, als ihnen materielle Geschenke zu machen. »Es war das schönste Weihnachten, das ich je erlebt habe«, erinnerte sie sich lächelnd. »Ich konnte Zeit mit all den Menschen verbringen, die ich am liebsten mag, und ich musste nicht herumrennen und Geschenke kaufen. Ich bin nicht ein einziges Mal ins Einkaufszentrum gegangen!«

DAS GESCHENK DER
KONZENTRIERTEN AUFMERKSAMKEIT

Eines der wichtigsten Geschenke, die wir anderen in dieser modernen, hektischen Zeit überhaupt machen können, *ist* unsere Zeit. Wir haben so viele Verpflichtungen, dass wir häufig mit jemandem sprechen oder jemandem zuhören, der uns gerade braucht, während wir gleichzeitig Auto fahren, fernsehen, einen Anruf auf unserem Handy entgegennehmen, eine

SMS schicken, Essen kochen, die Post durchsehen oder alles Mögliche andere in uns aufnehmen, das ringsum vorgeht. Wir sind nur halb bei der Sache. Wir geben nur zur Hälfte. Es ist unmöglich, ganz zu geben, wenn man nicht mit voller Aufmerksamkeit bei der Sache ist. Das klingt zwar einfach, aber wie oft richten wir uns danach? Wie oft stellen wir eine direkte Verbindung zu den Menschen her, die uns brauchen?

Sowohl östliche als auch westliche Lehrer weisen uns auf die Wichtigkeit hin, unsere volle Aufmerksamkeit dem Hier und Jetzt zu widmen. »Man kann weder Gott noch seinen Nächsten lieben, wenn man ständig abgelenkt ist«, sagte der christliche Mönch Basilius von Cäsarea. Die Zen-Meister halten es für absolut erforderlich, dem Geschehen des gegenwärtigen Augenblicks mit vollem Bewusstsein und mit Offenheit zu begegnen. Ein berühmter Zen-Meister hat es so ausgedrückt: »Wenn Sie laufen, dann laufen Sie, nichts sonst. Wenn Sie sitzen, dann sitzen Sie, nichts sonst. Das Wichtigste ist: Schwanken Sie nicht!«

Wenn wir jemand anderem unsere volle Aufmerksamkeit schenken, ist das fördernd und heilend. Daraus entstehen die seltenen Schätze der echten Vertrautheit und Verbundenheit. Woran merkt man, dass zwei Menschen verliebt sind? Zum einen sagt schon das Sprichwort, dass Liebende nur Augen füreinander haben. Beide starren ausschließlich den anderen an – so intensiv, dass sie gar nicht merken, was um sie herum vorgeht. Wenn wir von einem warmen, ungebrochenen Energiekreis umgeben sind, wissen wir, dass uns in diesem Moment die ganze Aufmerksamkeit unseres Partners gilt. Wir fühlen uns auf einer tiefen Ebene geliebt und unterstützt. Konzentrierte Verbundenheit, die aus dem Herzen kommt, ist ein unentbehrlicher Bestandteil einer guten Beziehung – ganz egal, unter welchen Umständen.

Ich erlebte die transformierende Kraft der ungeteilten Aufmerksamkeit in meiner Zeit als Abteilungsleiterin, die ich schon erwähnt habe. Ich saß beispielsweise am Schreibtisch und hörte mir an, worum ich mich kümmern sollte, und gleichzeitig läutete unvermeidlich das Telefon, um mich von irgendeinem anderen dringenden Problem in Kenntnis zu setzen, das ich auf der Stelle lösen musste. Mir war gar nicht klar, dass mein ständiges Beantworten dieser Anrufe auf meine Mitarbeiter frustrierend und sogar geringschätzig wirkte, bis ein Teammitglied mich darauf aufmerksam machte. Daraufhin begann ich, mein Telefon ab- und meinen Anrufbeantworter einzuschalten, wenn ich wichtige oder dringende Gespräche führte. Das Ergebnis war, dass ich Probleme viel schneller begriff und lösen konnte. Noch wichtiger war, dass dadurch engere und einfühlsamere Beziehungen ermöglicht wurden. Das Geschenk unserer Zeit und unserer vollen Aufmerksamkeit kann in jeder Beziehung Wunder wirken – egal ob zuhause, am Arbeitsplatz oder beim Spielen.

KAPITEL 6

WAS GEBEN WIR UND WANN GEBEN WIR?

>>Aber was IST eigentlich ein Geschenk zum Nichtgeburtstag?«
>>Ein Geschenk, das du bekommst, wenn du nicht
Geburtstag hast, natürlich. ... Es gibt dreihundert-
vierundsechzig Tage im Jahr, an denen du vielleicht ein
Nichtgeburtstagsgeschenk bekommst ...«
— ALICE UND GOGGELMOGGEL

Geburtstage, bestandene Examen, Hochzeiten, Jubi-
läen, Weihnachten, Chanukka und so weiter – es gibt
viele Anlässe, Geschenke zu machen. Aber die schönsten Geschenke erhalten wir oft am Nichtgeburtstag oder
an Nichtweihnachten oder am Nichtjubiläumstag.

»Es ist gut zu geben, wenn man darum gebeten
wird«, schrieb Khalil Gibran, »aber es ist besser zu
geben, ohne dass man darum gebeten wird – einfach
weil man versteht.«[1] Wie oft halten Sie inne, um
sich über die Herzlichkeit eines anderen zu freuen
und spontan etwas zu verschenken – etwa einen Blu-
menstrauß, um ein erfolgreiches Projekt zu feiern,
oder ein besonderes Buch, um jemandem für seine
Freundlichkeit zu danken, oder eine schöne Karte

mit ein paar persönlichen Zeilen, um einen sorgenvollen Freund aufzuheitern?

Unsere Mitmenschen brauchen unsere Geschenke am meisten, wenn sie in Schwierigkeiten sind – und ausgerechnet dann neigen wir besonders dazu, diese zurückzuhalten. Wir nehmen ihre plumpen Beschwerden und ihre Zornausbrüche persönlich, und dabei sind sie nichts anderes als Hilferufe. »Was soll das?«, brummen wir dann, statt zu fragen: »Warum bist du so verstört, und wie kann ich dir helfen?« Mutter Teresa integrierte diesen dynamischen Teil des Gebens in ihre tiefen Andachten. Ein Teil ihrer täglichen Fürbitte für ihr Kinderkrankenhaus hörte sich so an: »Liebster Herr, möge ich dich heute und jeden Tag in deinen Kranken erblicken und dir dienen, indem ich sie pflege. Du verbirgst dich hinter der abstoßenden Fassade der Reizbarkeit, der Forderungen, der Verbohrtheit, aber möge ich dich trotzdem erkennen.«[2]

IRRGLAUBE
Geschenke macht man zu besonderen Anlässen.

MAGIE
Ein unerwartetes Geschenk zu machen wirkt Wunder. Es öffnet das Herz des Beschenkten, und es öffnet mein eigenes Herz.

Manchmal sind die besten Geschenke diejenigen, die sämtliche Regeln des Gebens missachten, wie in der folgenden Geschichte, die uns von den Wüstenheiligen überliefert wurde, jenen christlichen Mönchen, die als Einsiedler in der ägyptischen Wüste lebten. Sie handelt von zwei jungen Mönchen, die Pater Poemen einst fragten, was sie seiner Meinung nach tun sollten, wenn sie andere Mönche dabei ertappten, während des Gebets einzuschlafen. »Sollen wir sie zwicken, damit sie wach bleiben?«, fragten die Mönche, die sich über eine so unverhohlene Missachtung ihres heiligen Rituals ärgerten. »Nun ja«, antwortete ihr erfahrener Bruder, »wenn ich entdecke, dass ein Bruder eingeschlafen ist, dann lege ich seinen Kopf auf meine Knie und lasse ihn sich ausruhen.«

FOLGEN SIE DEN EINGEBUNGEN DES HERZENS

Eine Geschichte aus der Hindu-Überlieferung lehrt uns ebenfalls, aus dem Herzen zu geben, um die unausgesprochenen Bedürfnisse anderer zu erfüllen. Ein junger Mann, der sich auf der geistigen Suche befand (und später selbst ein verehrter indischer Lehrmeister wurde), bekam von seinem Lehrer heftige Schelte, weil er eine bestimmte Aufgabe nicht richtig erfüllt hatte. Einem fortgeschritteneren Schüler, der ebenfalls anwesend war, fielen die Bestürzung und Verwirrung des jungen Mannes auf, und er fragte: »Weißt du, warum dein Lehrer so streng mit dir ist?«

Der junge Mann gab zu, dass ihm die Schelte ungerecht vorkam und dass er nicht begriff, worin seine Schuld bestand. Der ältere Jünger erklärte ihm daraufhin, dass es drei Kategorien von Schülern gibt. Der drittklassige Schüler gehorcht einfach nur den Befehlen seines Lehrers, sagte er. Der zweitklassige Schüler braucht keine Anweisungen, um etwas zu tun: Er ahnt die Bedürfnisse seines Lehrers, sobald sie dem Lehrer bewusst werden. Doch der erstklassige Schüler handelt bereits, wenn der Lehrer selbst noch gar keine Zeit hatte, sich seine Bedürfnisse bewusst zu machen.[3]

Genau wie ein Sporttrainer seine Sportler über die Schmerzgrenze hinaus antreibt, damit sie stark werden und in ihrer Sportart brillieren, wünschte sich auch der strenge Lehrer aus dieser Geschichte, dass sein junger Schüler nicht nur ein durchschnittlicher Geber werden möge, sondern ein erstklassiger. Er wollte, dass der Schüler lernte, wie wesentlich es in allen Beziehungen ist, dass wir unser Herz öffnen und voraussehen, was die anderen brauchen – und deshalb war er so unnachgiebig, denn er wollte dem Schüler seine Lektion besonders tief einprägen.

Das Leben fordert uns alle auf, uns dem Instinkt des Herzens zu überlassen und gegenüber den Bedürfnissen der anderen so sensibel zu sein, dass wir zu willigen Instrumenten der Heilung und des Trostes werden. Das sind keine unrealistischen, unerreichbaren Ziele. Auf Ihre ganz eigene Weise werden Sie immer etwas zu geben haben – sei es ein großmütiges, aufmunterndes Lächeln, ein paar anerkennende Worte, eine helfende Hand, eine einzigartige Sichtweise, eine besondere Fähigkeit oder einfach die Bereitschaft zuzuhören. Sie haben innerhalb Ihres Einflussbereichs eine Rolle zu spielen, und Ihr Herz wird Ihnen zeigen, was Sie geben sollen, und wie und wann. Sie müssen ihm nur zuhören.

ES GIBT IMMER JEMANDEN, DEM SIE ETWAS BEIBRINGEN

»Mama, wenn ich groß bin, möchte ich genau so sein wie du«, erklärte Tara ihrer Mutter, als sie eines Tages zusammen im Auto nach Hause fuhren. Ihre Mutter schlängelte sich geschickt durch den dichten Verkehr – genau so geschickt, wie sie sich durch die unzähligen Einzelheiten schlängelte, aus denen ihr Alltag bestand. »Warum möchtest du genau so sein wie ich?«, fragte die Mutter. »Na, weil mir gefällt, dass du immer alles erledigst«, sagte das kleine Mädchen.

»Als wir nach Hause kamen, hatte ich ein Gespräch mit meiner Tochter«, erzählte mir die Mutter später. Es stimmte: Sie war eine Expertin darin, mit vielen Bällen gleichzeitig zu jonglieren – unter anderem war sie alleinerziehende Mutter und

zugleich eingespannt in eine intensive Vollzeitkarriere, bei der
sie sich um alle möglichen Katastrophen kümmern musste, die
zu jeder Tages- und Nachtzeit auftreten konnten. Aber das war
nicht das Wichtigste, was sie ihrer Tochter beibringen wollte.
»Ich habe meinem kleinen Mädchen erklärt, dass das Leben
nicht nur daraus besteht, Dinge ›zu erledigen‹. Ich wollte, dass
sie versteht, wie viel wichtiger es ist, was wir mit unserem Herzen anfangen und wie wir andere Leute behandeln.«

Ob uns das nun klar ist oder nicht: Wir bringen anderen
Menschen ständig etwas bei, und die Kleinen in unserem
Leben sind dafür besonders aufnahmefähig. Kinder lieben es,
andere nachzuahmen, wie Sie jederzeit sehen können, wenn
Sie einen x-beliebigen Zweijährigen beobachten. Sie nehmen
viel mehr auf, als man für möglich hält. Dr. Maria Montessori,
die als erste Frau in Italien den Doktortitel erhielt und die
Montessori-Erziehungsmethode entwickelte, erfand den Begriff des »aufsaugenden Geistes«, um Kinder unter sechs Jahren
zu beschreiben, da diese alles in ihrer Umgebung aufsaugen
wie ein Schwamm.

Ich weiß noch, wie ich eines Tages an einer Kreuzung stehen
blieb, an der bereits eine Frau und ihre beiden Kinder darauf
warteten, die Straße zu überqueren. Die Ampel warnte uns,
nicht hinüberzugehen, aber meine Freundin und ich hatten es
eilig. Wir stellten uns auf Zehenspitzen ganz vorn an den Bord-
stein und reckten die Hälse, um zu sehen, ob wir nicht irgendwie durch den Verkehr auf die andere Seite rennen könnten.
Die Frau trat zu uns und sagte sanft: »Das wäre ein schlechtes
Beispiel.« Wir wandten den Blick nach unten und sahen zwei
kleine Körper und zwei riesige Augenpaare, die uns anstarrten.
Seitdem denke ich an Ampeln immer zweimal nach.

Aber nicht nur Kinder beobachten uns und nehmen alles
Mögliche von uns auf, sondern jedermann. Vielleicht glau-
ben Sie nicht, dass Sie anderen ein Beispiel geben, aber die
Weisheitslehrer sagen uns, dass das Leben auf der spirituellen

Ebene so strukturiert ist, dass wir immer sowohl die Rolle des Schülers als auch die des Lehrers spielen. Es gibt Menschen in Ihrem Leben, denen Sie etwas beibringen sollen, und es gibt Menschen, die Ihnen etwas beibringen sollen. Ihre Einstellung, Ihre Worte, Ihr Verhalten, Ihre Taten geben anderen Menschen ein Beispiel. Egal, ob Sie an einer Bushaltestelle warten oder an einer Sitzung teilnehmen, ob Sie Ihre Kinder von der Schule abholen oder in einer langen Schlange Kaffeesüchtiger bei Starbucks anstehen – Sie lehren etwas, und Sie geben.

IRRGLAUBE
Meine alltäglichen Handlungen haben nicht viel Einfluss auf andere Menschen.

MAGIE
Was und wie ich gebe, kann die Welt verändern, und durch mein Beispiel lehre und gebe ich ununterbrochen.

Wenn Sie glauben, dass Ihre kleinsten Handlungen keinerlei Auswirkungen haben, dann irren Sie sich. Die Wissenschaftler haben uns vom Schmetterlingseffekt erzählt, laut dem das Flügelschlagen eines Schmetterlings in Louisiana letztlich einen Tsunami in Südostasien bewirken kann. Ebenso erinnern uns die Weisen daran, dass alles, was wir tun, und die Art, wie wir es tun, buchstäblich die Welt verändern können. Liu I-ming, ein Taoist des achtzehnten Jahrhunderts, drückte dies so aus: »Ein Weiser sprach: ›Wenn du dich einen einzigen Tag lang beherrschen und dein Verhalten überdenken kannst, wird die ganze Welt zur Menschlichkeit zurückkehren.‹ Was glaubst du: Hängt die Welt von dir ab oder von den anderen? Das ist nämlich das eigentliche Thema dieser Reise.«[4]

GEBEN, WAS MAN IST

Die Art, wie wir leben, ist unser größtes Geschenk an die Welt. Und genau das ist die Krux der ganzen Geschichte. Désiré-Joseph Mercier, ein bewunderter Kardinal, der während des Ersten Weltkrieges in Belgien gegen die deutsche Besatzung kämpfte, drückte es ganz einfach und wunderschön aus: »Wir sollen nicht nur das geben, was wir *haben*, sondern das, was wir *sind*.«

Eine alte Geschichte, die möglicherweise aus Indien stammt, hebt genau diesen Gesichtspunkt hervor. Eines Tages entdeckte eine Frau, die allein durch die Berge reiste, einen Edelstein in einem Bach und steckte ihn in den Beutel, den sie bei sich trug. Später begegnete sie einem Mann, der schon seit Tagen in den Bergen unterwegs gewesen war und Hunger hatte. Freundlich öffnete sie ihren Beutel, um ihr Essen mit ihm zu teilen, und dabei sah der Mann zufällig ihren Fund. Er begriff, dass dies nicht einfach irgendein Stein war, sondern ein Juwel, so kostbar, dass sie, wenn sie es verkaufte, von dem Erlös ihr ganzes Leben lang würde leben können. Er bat die Frau, ihm den Stein zu geben. Sofort griff sie in den Beutel und reichte ihn ihm. Er machte sich mit seinem Schatz davon und grinste über sein Glück.

Die Frau setzte ihre Reise fort, und einige Tage später begegnete sie dem Mann erneut. Er war umgekehrt und rannte ihr entgegen, den Stein in der Hand. »Weise Frau«, sagte er, »danke, dass Ihr mir dieses kostbare Juwel geschenkt habt. Es ist sehr wertvoll. Aber ich gebe es Euch zurück, denn ich möchte Euch um ein noch größeres Geschenk bitten. Bitte gebt mir das, was Ihr in Euch tragt und das Euch dazu bewogen hat, mir diesen Stein zu geben.« Genau wie diese weise Frau werden auch Sie andere durch das, was Sie *sind*, viel mehr inspirieren als durch alles, was Sie jemals *sagen* können.

KAPITEL 7

DIE MAGIE DES FLIESSENS

Alles gehört dir, aber nur
unter einer unendlich wichtigen Bedingung:
dass alles gegeben wird.
— THOMAS MERTON

In einer Kultur, in der Erfolg und Status an den Summen gemessen werden, die wir für unsere Autos, Kleider, Häuser, Urlaube und neuesten technologischen Spielereien ausgeben, vergessen wir leicht, dass Lebensfreude und Erfolg nicht aus den Dingen entstehen, die wir kaufen, oder eine Folge der Anzahl von Nullen auf den Preisschildern sind. Dabei ist es absolut lebensnotwendig, dass wir das in Erinnerung behalten. Unsere Kinder müssen von uns lernen, dass das ununterbrochene Anhäufen von noch mehr Dingen keineswegs mehr Lebensfreude mit sich bringt.

In seinem klassischen Buch *Ich bin o.k. – du bist o.k.* überlegt Dr. Thomas A. Harris, ob unsere ständige Begierde nach größeren, besseren und noch mehr Dingen nicht vielleicht dem Wunsch des verletzlichen Kindes entspringt, das in uns wohnt und das Gefühl braucht, okay und in Ordnung zu sein. Er meint, dass wir auch als Erwachsene immer noch den verborgenen Glauben in uns tragen, den wir als Kinder erlernt haben: den Glauben, irgendwie nicht okay zu sein. Selbst wenn die Kindheitserlebnisse, die uns zu dieser Vermutung veranlassten, schon in ferner Vergangenheit liegen, häufen wir vielleicht weiterhin mehr und mehr materielle Güter an, um diese Gefühle abzuwehren. Dass wir uns mit immer mehr Besitztümern umgeben, ist möglicherweise unsere Methode, die Angst davor auszusperren, dass wir nicht geliebt werden, dass man uns verlassen könnte oder nicht mag, dass man uns betrügt oder sich über uns lustig macht. Und dieser Prozess führt vielleicht dazu, dass wir so werden wie jener verwirrte Knabe, den Harris beschreibt. Er wurde in einer Kinderfernsehsendung gefragt, was er zu Weihnachten bekommen habe. »Ich weiß es nicht«, antwortete der verdutzte kleine Junge, »es war zu viel.«

Wenn uns die schiere Menge der Besitztümer, die wir anhäufen, wirklich glücklich machen könnte, dann würden wir nicht so oft hören, dass so viele reiche und berühmte Menschen süchtig, deprimiert oder destruktiv sind. Sozialpsychologe Davis Myers hat über die Faktoren geschrieben, die uns in Wahrheit glücklich oder unglücklich machen. Er wertete Tausende von Studien aus, die auf der ganzen Welt durchgeführt worden waren, und die Ergebnisse sind ganz anders, als Sie vielleicht denken. Er sagte, dass das Pro-Kopf-Einkommen in den Vereinigten Staaten im Jahr 2002 mehr als doppelt so hoch war wie 1957 – und dies sogar unter Berücksichtigung der Inflationsrate. Dieser Wohlstand hat es den Amerikanern ermöglicht, sich doppelt so viele materielle Güter anzuschaffen wie vorher – aber sind wir dadurch etwa glücklicher? Es ist eins der großen Paradoxa unserer Zeit, dass die Antwort Nein lautet.

Nicht nur sind wir nicht glücklicher, sagt Myers, sondern heute gibt es doppelt so viele Scheidungen, fast dreimal so viele

Selbstmorde bei Teenagern und eine explosionsartig anwachsende Anzahl von Menschen, die unter Depressionen leiden. Er schreibt, dass auch in Europa, Australien und Japan ein höheres Einkommen nicht zu mehr Lebensfreude geführt hat.[2] Myers glaubt, dass es wesentlich wichtigere Faktoren des Glücklichseins gibt – beispielsweise im Augenblick zu leben, sich auszuruhen, seine Zeit selbst zu bestimmen und enge Beziehungen zu kultivieren, um nur einige zu nennen.[3] Interessanterweise beinhalten alle diese Faktoren eindeutig auch die gesunde Angewohnheit, sich selbst zu achten und zu respektieren.

Jean Chatzky, eine Kolumnistin der Zeitschrift *Money*, wertete für ihr Buch *You Don't Have to be Rich* (Man muss nicht reich sein) Daten von über 1.500 Personen aus und stellte ebenfalls fest, dass Geld beim Glücklichsein keine so große Rolle spielt, wie wir denken. Ihre Untersuchung erbrachte, dass es zwar wichtig ist, genügend Geld für Wohnen, Lebensmittel, Fortbewegung, Urlaub und dergleichen zu haben, dass es uns aber ab einer bestimmten Einkommenshöhe nicht glücklicher macht, noch mehr Geld zu verdienen.[4]

NEHMEN UND LOSLASSEN

Kein Erleuchteter einer der vielen Kulturen, die uns vorausgingen, fiel jemals auf den Irrglauben herein, dass Lebensfreude und Erfolg von der Dicke unseres Geldbeutels abhängig wären. In Wirklichkeit, entdeckten sie, ist der entscheidende Faktor für Lebensfreude und Erfolg, dass wir im Fluss sind.

Wenn wir die Natur betrachten, die um uns herum am Werk ist, dann sehen wir eine Welt, die auf natürliche Weise ununterbrochen gibt und empfängt, nimmt und loslässt. Wir befinden uns nur dann im harmonischen Gleichklang mit diesem universellen Strom, wenn wir das Gleiche tun – wenn wir begreifen, dass wir das, was uns gegeben wurde, mit anderen teilen sollen. *Dazu* ist es uns gegeben worden. Voller Weisheit schrieb Glückel von Hameln, als sie im Deutschland des siebzehnten Jahrhunderts für ihre Kinder ihre Memoiren verfasste: »Nichts gehört uns, alles ist uns nur geliehen.« Was wir mit diesen »Leihgaben« des Lebens anfangen, bestimmt darüber, wie viel wir in Zukunft bekommen werden.

Das Leben hat Sie mit gewissen Ressourcen versehen, egal ob in Form von Gelegenheiten, Geld, Beziehungen, Begabungen oder materiellem Reichtum. Diese Geschenke sind Ihnen anvertraut worden. Wenn Sie das, was Sie haben, mit anderen teilen und guten Gebrauch davon machen, dann kommt dadurch automatisch mehr in Ihr Leben.

Warum ist das so? Einfach ausgedrückt: Wenn Sie beweisen, dass Sie vertrauenswürdig und weise mit Ihren inneren und äußeren Ressourcen umgehen, wird das Universum Ihnen noch mehr leihen. Es ist, als brächte man die Bank dazu, einem ein größeres Darlehen zu gewähren, weil man seine Kreditwürdigkeit bewiesen hat, oder als bewiese man seinem Chef, dass man ein großes Projekt leiten kann, weil man bereits mit Erfolg kleinere Projekte geleitet hat.

Um dasselbe Prinzip geht es in der geheimnisvollen Parabel von den Talenten, in der Jesus das Schicksal von drei verschiedenen Dienern miteinander vergleicht. Jedem von ihnen wurden »Talente« ausgehändigt, die sie gut verwalten sollten, während ihr Herr auf Reisen war (ein Talent war zu Jesu Lebzeiten ein Geldstück). Als der Herr zurückkehrt, stellt er fest, dass zwei der Diener (dem einen hatte er fünf und dem anderen zwei Talente gegeben) das ihnen anvertraute Geld verdoppelt haben. »Gut gemacht«, sagt der Herr zu ihnen. »Ihr habt euch mit Wenigem als treu erwiesen, darum werde ich euch nun Vieles anvertrauen.«

Der dritte Diener jedoch, der nur ein Talent erhalten hatte, gesteht, dass er es aus Angst eingegraben hat, um es in Sicherheit zu wissen. Der Herr schilt ihn, dass er das Geld nicht

besser verwendet und auf die Bank gebracht hat, wo er zumindest Zinsen bekommen hätte. Dann befiehlt er, dass das
Geld dieses Mannes dem Diener ausgehändigt wird, der am
meisten verdient hat, und sagt: »Wer viel hat, dem wird
noch mehr gegeben werden, so dass er eine Überfülle besitzt.«
Diese bedeutungsvolle, wenn auch etwas verschlüsselte Parabel
ist gar nicht so schwierig zu verstehen, wenn Sie sie als Lektion für die innere Kunst des Gebens und Annehmens betrachten. Sie fordert uns alle dazu auf, unser Herz genauer
zu betrachten und uns zu fragen: Was fange ich mit meinen
»Talenten« an? Verstecke ich sie oder verwende ich sie sinnvoll,
so dass sie innerhalb meines Einflussbereiches Früchte tragen? Behalte ich die Gaben, die man mir geliehen hat, selbstsüchtig für mich, oder gebe ich freimütig und erhalte dafür
sogar noch mehr?

Wenn wir weise und sinnvoll geben, befinden wir uns demnach im Einklang mit einem fundamentalen Gesetz, nach dem
die ganze Welt funktioniert. Natürlich ist dies ein weiteres
Paradoxon: *Je mehr wir hergeben, desto mehr bekommen wir.* Je
machtvoller der Fluss des Gebens und Annehmens in unserem
Leben strömt, desto mehr fließt darin mit. Es ist, als würde man
eine Pumpe vorpumpen. Wie Anne Morrow Lindbergh einmal
sagte: »Je mehr man gibt, desto mehr hat man zu geben – das
ist genau wie bei der Muttermilch.«

Nach dieser Definition geht Überfluss Hand in Hand mit
dem Bedürfnis, zu geben. Man könnte also sagen, dass wahrer
»Erfolg« sich aus dem Fluss beziehungsweise Überfluss definiert, der unser Leben durchströmt, weil wir bereit sind, das
Empfangene zu teilen: unsere Ressourcen, unsere Begabung,
unsere Zeit und sogar die Lektionen, die wir bereits gelernt
haben. Wir bekommen immer und immer mehr, weil wir ständig an andere weitergeben, was wir bekommen haben.

IRRGLAUBE
Je mehr ich für mich behalte, desto mehr werde ich haben.

MAGIE
Je mehr ich hergebe, desto mehr werde ich bekommen.

Tatsache ist, dass laut der eindeutigen Fakten einer interessanten statistischen Untersuchung Geben Wohlstand stimuliert – und zwar nicht nur im Fall von Einzelpersonen, sondern auch von Ländern. Arthur C. Brooks ist Experte für Ökonomie und Öffentlichkeitsarbeit, und als er diese Ergebnisse auswertete, stellte er fest, dass diejenigen, die mehr geben, *de facto* mehr verdienen, und zwar *als direkte Folge ihres Gebens*. Er sagte: »Mehr Geben hat nicht nur verschwommen mit höherem Einkommen zu tun – es bewirkt höheres Einkommen. Und zwar viel höheres.« Außerdem wies er auf Untersuchungsergebnisse hin, laut denen Menschen, deren wohltätiges Verhalten bekannt wurde, Führungspositionen erhielten.[5]

TRAINING DES HERZMUSKELS

Je öfter Sie Ihren Herzmuskel durch Geben und Nehmen trainieren, desto besser arbeitet er. Wenn Ihr Herz gesund ist, dann werden Geben und Nehmen für Sie genauso natürlich sein wie Ihr Atemrhythmus – ein und aus, immer und immer wieder. Ein wundervoller Freund von mir war ein lebendes Beispiel dafür, dass wir gerade dadurch, dass wir unser Herz dem uneingeschränkten Geben und Nehmen öffnen, unsere Fähigkeit erhöhen, dies noch häufiger und extremer zu tun.

Als ich Richard kennen lernte, war er Mitte fünfzig und hatte bereits drei Operationen am offenen Herzen, neun Bypass-

Operationen und zwanzig weitere Eingriffe am Herzen hinter sich. Die Ärzte nannten ihn »das lebende Wunder«. Richard war eine heitere Seele, und man wäre nie auf die Idee gekommen, dass sein Leben buchstäblich an einem Faden hing. Er wusste nie, ob sein Herz am nächsten Tag noch mitmachen würde. Dennoch war er weder bedürftig noch nervös. Er gehörte zu den aufrechtesten, herzlichsten, friedlichsten und großzügigsten Menschen, die ich je gekannt habe. Die Herausforderungen, mit denen ihn sein körperliches Herz konfrontierte, machten ihm umso deutlicher bewusst, wozu sein inneres Herz fähig war. Er liebte seine täglichen spirituellen Herzmeditationen und war immer dankbar für jede Gelegenheit, seine Liebe in die Tat umzusetzen. Als Gegenleistung wurde er so sehr gesegnet.

Richard war der Besitzer eines Öko-Lebensmittelgeschäfts. Dem Laden haftete irgendein Zauber an. Er gedieh unverhältnismäßig gut und sprengte bald jeden Rahmen. Richard war der Erste, der zugab, dass keinerlei geschäftliches Know-how der Grund für dieses Wachstum war. »Ich kenne mich im Geschäftsleben überhaupt nicht aus«, gestand er mir. Dennoch erkannte jeder, der ihn in Aktion sah, dass er eine Grundvoraussetzung des geschäftlichen Erfolges sehr wohl beherrschte: Dienstleistung. Sein Laden war so erfolgreich, weil er den Leuten, die zu ihm kamen, so gern dabei half, Möglichkeiten zu finden, um sich gesund zu erhalten. Sein Laden war *seine* Methode des Verschenkens.

Wenn ich Richard anrief, erwischte ich ihn oft spät abends noch am Schreibtisch im hinteren Teil seines Geschäfts, wo er sich um all die Kleinigkeiten kümmerte, die für einen reibungslosen Ablauf notwendig waren. In unseren Gesprächen erzählte er mir unweigerlich von irgendeiner liebevollen Episode, die er mit seiner kleinen Enkelin erlebt hatte, oder mit einem anderen Familienmitglied, einem Angestellten, einem Kunden oder mit jemandem, dem er zufällig auf seinem Lebens-

weg begegnet war. Er genoss die unsichtbare, aber sehr spür-
bare Herzensverbindung, die er zu anderen hatte.

Jeden Tag lebte Richard in der Gewissheit, vor der die meisten
von uns um jeden Preis davonrennen wollen – der Gewissheit,
dass unsere Tage gezählt sind. Er hatte eine Menge Übung darin,
über die Dinge nachzudenken, die für ihn genauso wichtig waren
wie für uns alle: *Vielleicht ist heute der letzte Tag, an dem ich in
dieser Umgebung, auf diese Weise und diesen bestimmten Menschen etwas
geben und von ihnen etwas annehmen kann. Was werde ich ihnen geben?*
Für Richard war jeder Tag eine neue Gelegenheit, in sein Herz
zu greifen und ein liebevolles Geschenk herauszuziehen. Jeder
Tag war für ihn eine Gelegenheit, seine Fähigkeit des Gebens
zu vergrößern. Ich glaube, dass ihn dies so lange am Leben erhalten hat und dass ihm daraus so viel Freude erwuchs.

IRRGLAUBE
*Meine Lebensfreude und mein Erfolg hängen davon ab,
wie viel ich bekommen kann.*

MAGIE
*Wahres Lebensglück und Erfolg hängen nicht von
meiner Fähigkeit ab, mehr zu bekommen, sondern von meiner
Fähigkeit, mehr zu geben – von meiner Fähigkeit,
ein Fließen zu erzeugen.*

Für mich war Richard die Verkörperung dessen, was der weise
Laotse, der König des Paradoxen, über das Geben sagte: »Der
Weise muss nichts anhäufen. Wenn er sein Letztes verbraucht
hat, um anderen zu helfen, dann besitzt er mehr als vorher. Je
mehr er anderen gibt, desto mehr nennt er sein Eigen.«[6] Du
fehlst mir, lieber Freund. Danke, dass du mich die Wege des
Herzens gelehrt hast.

MONETÄRE MISSVERSTÄNDNISSE

Man kann die Parabeln der Weisen, die mit Geld zu tun haben, zwar als Metaphern verstehen, aber es gibt keinen Grund, sie nicht wörtlich zu nehmen. Die universelle Wahrheit »Je mehr wir weggeben, desto mehr bekommen wir« bezieht sich auch auf unsere Finanzen. Die Ansicht, dass die Erleuchteten den Überfluss verachten, ist falsch. Sie warnen uns lediglich vor den Gefahren der Habgier – davor, uns Reichtum zu wünschen, weil er uns so vieles bringen kann. Aber man kann Geld auch als Werkzeug dafür auffassen, Gutes zu tun und anderen zu helfen. Das Problem ist nicht das Geld selbst, sagen sie, sondern unsere *Einstellung* zum Geld. Die oft zitierte Bibelstelle besagt gar nicht, dass Geld die Wurzel allen Übels ist. Sie besagt, dass »die Liebe zum Geld die Wurzel allen Übels« ist – dass es also das Begehren des Geldes ist, das uns großes Unheil bringen kann.[7]

Die falsche Auffassung, dass Geld an sich etwas Schlechtes ist, hat mit einem anderen subtilen Irrglauben zu tun, der vielleicht auch bei Ihnen knapp unterhalb der Oberfläche lauert und Sie stillschweigend hemmt: dem Aberglauben, dass alles Physische oder Materielle »schlecht« ist und nur das Spirituelle »gut«. Doch die Weisen sagen uns, dass der spirituelle und der materielle Aspekt des Lebens Hand in Hand gehen. Sie sind innig miteinander verknüpft, ineinander integriert und hängen voneinander ab.

Sie können es sich folgendermaßen vorstellen: Sehen Sie die materielle Welt als Flöte und den Geist als den Atem, der die Flöte zum Klingen bringt (das Wort *spirituell* kommt sogar vom lateinischen *spiritus*, was »Atem« oder »Inspiration« bedeutet). Die Flöte ist lediglich ein hohles Stück Holz oder Metall – bis der kreative Geist sie dazu benutzt, sein Lied darauf zu spielen. Ebenso wichtig ist jedoch, dass der Geist das physische Instrument braucht, um seine schönen Melodien ausdrücken zu können. Der ungreifbare Geist kann nur in dieser Welt und nur durch uns sinnlich erfassbar werden und sich ausdrücken. Die innere und die äußere Welt brauchen einander, um ihr Potenzial zu erfüllen.

Wenn man es so betrachtet, warum sollten dann materielle Dinge an und für sich schlecht sein? Es ist völlig natürlich, dass wir unsere körperlichen Ressourcen dazu benutzen, unsere spirituelle Natur auszudrücken und unsere inneren Gaben mit anderen zu teilen. Die Magie des Fließens entsteht, wenn man die Möglichkeiten des physischen Ausgangspunkts, den man geschenkt bekommen hat, vollkommen ausschöpft, um seine Liebe in die Tat umzusetzen – und es gibt nichts Spirituelleres.

Manchmal meinen wir, spirituell zu sein sei nur etwas fürs Wochenende und man müsste dazu in die Kirche gehen, oder dass wir nur durch Gebet oder Meditation etwas von unserem spirituellen Selbst weitergeben können. Selbstverständlich helfen uns derartige Rituale dabei, unser inneres Feuer zum Lodern zu bringen und uns wieder mit ihm zu verbinden. Die Weisen sagen jedoch, dass wir uns empfindlich einengen, wenn wir glauben, Spiritualität sei nicht Teil des Alltags, oder man müsse sich aus der Welt zurückziehen (oder gar ein Einsiedler auf einem Berggipfel werden), um spirituell zu werden oder auf spiritueller Ebene zu geben. Dabei ist der spirituelle Teil unseres Selbst immer bei uns, und wir können ihn jederzeit ausdrücken – ganz egal, wo wir gerade sind und was wir gerade tun.

Ihr Alltagsleben ist das Instrument, durch das Sie Ihre wahre Natur und Spiritualität zum Ausdruck bringen. Wenn man spirituell ist, dann flüchtet man deshalb nicht aus dem Wahnsinn der Welt und seilt sich ins Nirwana ab, sondern man integriert sich in die physische Welt, um den Wahnsinn zu transformieren. Das, was Sie in den normalsten Augenblicken Ihres Alltags zu tun beschließen, definiert, welche Art von Geber Sie sind.

Aus diesem Blickwinkel betrachtet sind Geld und materielle Dinge nichts Negatives, sondern Werkzeuge. Immerhin brauchen wir Geld, um uns am Leben zu erhalten – um ein Dach über dem Kopf, Kleidung und Essen zu haben. Man braucht Geld, um Waisenhäuser, Schulen und Krankenhäuser zu bauen und um Menschen zu helfen, die weniger vom Glück begünstigt wurden als man selbst. Wir können mit unserem Überfluss viele gute Werke tun, wenn wir ihn mit dem Herzen nutzen. Wenn wir aber bewusst oder unbewusst glauben, Geld sei »schlecht« oder »schmutzig«, dann könnte es sein, dass wir unwissentlich den Überfluss daran hindern, in unser Leben zu strömen.

Es ist Ihre Bestimmung, genau die Fülle von Ressourcen zu haben, die Sie brauchen, um Ihre Lebensrolle zu erfüllen. Freuen Sie sich über diese Ressourcen. Wünschen Sie sich, dass noch mehr in Ihr Leben kommen. Setzen Sie dem, was Sie empfangen, und dem, wie Sie geben können, keine Grenzen. Wenn Sie sich weise selbst verschenken und Ihr Herz respektieren und achten, dann werden die Ressourcen weiterhin fließen.

WER BEKOMMT DAS, WAS SIE GEBEN?

Die Traditionen der ganzen Welt weisen uns auf das Ideal der Wohltätigkeit hin, und zwar nicht nur, weil dadurch den Bedürftigen geholfen wird. Der Akt des Gebens ist für den Geber ebenso lebenswichtig wie für den Empfänger. Wenn wir unser Herz öffnen und uns verschenken, dann gewinnen wir. Der Mahayana-Buddhismus, ein bestimmter Zweig des Buddhismus, ermuntert uns beispielsweise zur Großzügigkeit, weil durch sie im Gebenden die Fähigkeit wächst, Mitgefühl zu empfinden. In dieser Tradition ist Geben (*dana* im Sanskrit) die erste von sechs *Paramitas* oder Vollkommenheiten, in denen man sich auf dem spirituellen Weg üben soll.

Ebenso ist *zakat*, das Geben eines Teils des eigenen Reichtums für wohltätige Zwecke, eine der fünf Säulen des Islam, zumindest in einigen Zweigen dieser Tradition. Im Judentum gilt *tzedakah* (Wohltätigkeit im Sinne der Unterstützung anderer oder in Form von Geld für Bedürftige oder einen guten Zweck) als Pflicht jedes Einzelnen. In der christlichen Tradition pries der Apostel Paulus die Nächstenliebe sogar höher als den Glauben und die Hoffnung und sagte »Die Liebe versagt nie«, und das berühmte Gebet des heiligen Franziskus bestätigt: »Im Geben empfangen wir.«

Überdies ist das Prinzip des Gebens in der jüdisch-christlichen Tradition in der Zahlung des Zehnten verankert (das englische Verb »tithing« entstammt der Wortwurzel »tenth«, ein Zehntel.) Wenn man den Zehnten zahlt, dann gibt man Gott ein Zehntel seines Einkommens zurück. Der Zehnte ist eine praktische Methode, mit der Sie sich bei der Quelle Ihrer spirituellen Ernährung bedanken können. Er beruht auf einem einfachen Prinzip: *Wenn man dem Leben etwas zurückgibt, dann wirkt das lebensspendend.* Die Bhagavad Gita der hinduistischen Tradition stimmt dem zu: »Ernähre die Götter, dann werden die Götter dich ernähren«, heißt es darin. »Wer sich an dem erfreut, was sie ihm geben, ohne ihnen etwas zurückzugeben, der ist wahrlich ein Dieb.«[8]

Diese Prinzipien sind nichts Theoretisches, sondern äußerst pragmatisch, und es ist ganz einfach, sie auf die Probe zu stellen. Sie haben das wahrscheinlich selbst schon getan, ohne es zu merken. Haben Sie je Ihren Schrank ausgemistet und alles hergeschenkt, was Sie nicht mehr brauchten – und dann tauchte plötzlich etwas Neues, das Sie sehr wohl brauchten, in Ihrem Leben auf? Es ist egal, ob man alte Kleider herschenkt, freiwillig anderen hilft oder eine ungesunde Beziehung beendet. Die Natur meidet »von Natur aus« das Vakuum. Sobald wir ein Vakuum erzeugen, wird es gefüllt. Wir bekommen vielleicht nicht immer das zurück, was wir erwartet haben, aber die Energie, die wir durch unsere Gabe hergeben, kommt *immer* zu uns zurück, oft sogar vervielfacht.

Während einer entscheidenden Lebensphase, als ich gerade meine Arbeitsstelle verloren hatte und eine Zeit extremer Herausforderungen und Prüfungen erlebte, stellte ich fest, dass ich mich in einem Zyklus des Einschränkens, Aufgebens und Verschenkens befand. Ich sortierte meine Schränke durch und spendete der Heilsarmee ganze Säcke voll Kleidung. Ich schnitt energisch die verwilderten Büsche und Sträucher in meinem Garten zurück. Ich lag auf den Knien und jätete gnadenlos das Unkraut in meinen Beeten und in meinem Rasen. Ich schnitt sogar mein Haar kürzer. Ich verbrachte mehr Zeit damit, für nicht profitorientierte Organisationen zu arbeiten.

Es war eine schwierige Zeit für mich, aber sie war sehr heilsam. Sie signalisierte mir, dass eine Lebensphase zu Ende war und eine neue begann. Diese körperlichen Tätigkeiten waren nur äußerliche Manifestationen dessen, was sich in meinem Inneren abspielte: Es ging darum, das Alte auszumerzen und Ballast abzuwerfen, um deutlicher sehen zu können und Platz für neues Wachstum zu schaffen. Langsam aber sicher schuf ich einen Freiraum, der es erlaubte, dass wundervolle Möglichkeiten, neue Freundschaften und dringend benötigte Veränderungen in meinem Leben auftauchten.

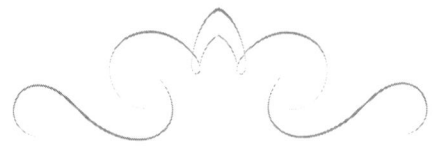

SCHLÜSSEL ZUM GLEICHGEWICHT

Sechs Werkzeuge, um Ihr Herz durch Geben zu achten und zu respektieren

Sie achten Ihren Daseinsgrund, wenn Sie es Ihrem Herzen erlauben, so zu geben, dass die Herzen anderer dadurch berührt werden. Sie brauchen nicht viel Geld auszugeben, um ein guter Geber zu sein. Es sind Ihre inneren Gaben, die andere wirklich von Herz zu Herz berühren, und sie sind Ihre kostbarsten Geschenke. Hier folgen sechs Werkzeuge, die Ihnen dabei helfen sollen, authentischere und innigere Verbindungen zu knüpfen, indem Sie kreativ, weise und von Herzen geben.

❶ **Stellen Sie andere Fragen.** Wenn jemand in Ihrem Leben jähzornig, mürrisch oder hochnäsig ist, dann bremsen Sie sich, bevor Sie ihn oder sie kritisieren, Rückschlüsse ziehen oder herablassend fragen: »Was ist denn mit dir los?« Stellen Sie vielmehr hilfreichere Fragen, wie beispielsweise: »*Warum bist du so verletzt und was kann ich im Moment tun, um dir zu helfen?*« Sie können die Probleme anderer nicht für sie lösen, aber Sie können ihnen dabei helfen, sich ihre Gefühle bewusst zu machen, und Sie können sie ermutigen, ihre Bedürfnisse auszudrücken. Öffnen Sie Ihr Herz und geben Sie, indem Sie die Gelegenheiten, die sich Ihnen bieten, beim Schopf ergreifen und den Menschen in Ihrem Leben dabei helfen, ihre verborgenen Bedürfnisse zu entdecken.

❷ **Machen Sie Nichtgeburtstagsgeschenke.** Denken Sie nur bei besonderen Anlässen und wenn man es von Ihnen erwartet ans Schenken? Versuchen Sie doch mal, mit spontanen Nichtgeburtstagsgeschenken aufzuwarten, um andere wissen zu lassen, wie sehr Sie sie zu schätzen wissen, oder um den Schmerz von jemandem zu lindern, dem es schlecht geht. Wenn Sie einfache, spontane Geschenke machen, die von Herzen kommen, dann wird Ihnen das auch dabei helfen, Ihr eigenes Herz weit zu öffnen und Ihre Fähigkeit zu geben und zu empfangen noch weiter zu erhöhen.

❸ **Seien Sie mit Ihren Gaben kreativ.** Anstatt jemandem in letzter Minute ein Geschenk zu kaufen, planen Sie voraus und lassen Sie sich inspirieren. Gehen Sie in Ihr Herz und fragen Sie sich, was das Herz der zu beschenkenden Person wirklich berühren würde. (Tipp: Wenn Ihnen nichts einfällt, dann fragen Sie denjenigen doch einfach, worüber er sich freuen würde!) Vergessen Sie nicht, dass die besten Geschenke nicht die größten und teuersten sind. Überlegen Sie, ob Sie nicht anstelle eines Geschenks lieber Zeit mit jemandem verbringen möchten. Falls Sie mehr als ein Kind oder mehr als einen Verwandten in der Familie haben, dann überlegen Sie, ob sie ihm oder ihr eine Verabredung schenken wollen, die nur für Sie beide gilt. Es gibt endlose Möglichkeiten.

❹ **Schenken Sie anderen Ihre volle Aufmerksamkeit.** Widmen Sie sich denjenigen, die Sie gerade brauchen, oder machen Sie immer gleichzeitig andere Dinge – ans Telefon gehen, eine SMS-Nachricht schicken, die Fernsehkanäle durchzappen – wenn Ihr Kollege, Freund, Partner oder Kind versucht, mit Ihnen zu sprechen? Wenn Sie jemandem Ihre ungeteilte Aufmerksamkeit widmen, dann ist das ein unvergleichliches Geschenk, mit dem Sie den Menschen in Ihrem Leben sagen, dass Sie sie respektieren und achten. Ziehen Sie einen schützenden

Kreis um Ihre Gespräche. Tun Sie alles, was nötig ist, um den Energiefluss zwischen Ihnen und Ihrem Gegenüber im Fluss zu halten. Einfach den Fernseher, das Telefon oder den Blackberry abzuschalten und dem anderen in die Augen zu sehen, während Sie zuhören oder etwas mitteilen, kann eine Situation völlig verwandeln. Damit zeigen Sie, dass Sie den anderen Ihrer vollen Anwesenheit für würdig erachten.

⑤ **Teilen Sie Ihre Lebensweisheit mit anderen.** Jeder von uns hat eine ganz spezielle Weisheit, die wir aufgrund unserer Lebenserfahrungen angesammelt haben. Wenn Sie aus Ihrem Weisheitsquell schöpfen, um anderen zu helfen, dann ist das so, als würden Sie jemandem, der lange Zeit brennenden Durst leiden musste, ein Glas kühles Wasser anbieten. Geben Sie Ihre Weisheit mit Bedacht weiter? Wenn Sie nicht wissen, wo Sie anfangen sollen, dann denken Sie an eine schwierige Erfahrung, bei der Sie etwas Wichtiges gelernt haben, oder an eine Einsicht, die Sie gewonnen haben, als Sie einen Artikel lasen oder eine Fernsehsendung sahen oder die Sie vielleicht sogar in diesem Buch entdeckt haben – irgendetwas, das für Sie eine Verwandlung herbeigeführt hat. Teilen Sie diese Einsicht jemandem mit, von dem sie glauben, dass er oder sie aus Ihrer Erfahrung Nutzen ziehen könnte.

⑥ **Loslassen und fließen lassen.** Falls die Magie des Fließens in Ihrem Leben nicht so stark ist, wie Sie das gern hätten, dann erinnern Sie sich an diese einfache Formel: »Ich zwinge etwas Neues dazu, in mein Leben zu kommen, indem ich etwas hergebe.« Schaffen Sie beispielsweise Ordnung in Ihrem Schrank und spenden Sie der Heilsarmee alte Kleider. Statt Zeit mit fruchtlosen Beziehungen, Verpflichtungen oder Angewohnheiten zu vergeuden (wie zum Beispiel zu viel fernzusehen), finden Sie heraus, wie Sie jemandem helfen können, der Unterstützung braucht. Überlegen Sie, ob Sie Ihre fachmännische

Hilfe kostenlos für einen guten Zweck zur Verfügung stellen wollen. Bringen Sie Ihre Kinder auf die Idee, alte Spielsachen und Bücher zusammenzutragen, und helfen Sie ihnen dabei, diese Dinge einer örtlichen Wohltätigkeitsorganisation zu spenden. Achten Sie darauf, was passiert, wenn Sie überzähligen Kram ausmisten und so einen Freiraum schaffen, den Sie bewusst dem Fluss des Gebens und Annehmens der Dinge, die Sie sich in Ihrem Leben wünschen, widmen. Großzügigkeit des Herzens bleibt niemals unbelohnt.

TEIL 3

BEFREIEN SIE SICH SELBST *und*
AKZEPTIEREN SIE ES,
WENN ETWAS ZU ENDE GEHT

*Der Anfang und das Ende strecken die Hände
nacheinander aus.*

Chinesisches Sprichwort

»Nehmen Sie alles, was auf Sie zukommt, mit Offenheit an«, ist ein Mantra unserer Zeit geworden. Weise, Psychologen und sogar unsere besten Freunde zitieren es. Nimm die Scheuklappen von den Augen und heiße alles willkommen, was in deine Welt eintritt, sagen sie. Widerstehe der Versuchung, wegzurennen oder dich zu verstecken. Ehre alles und jeden in deinem Leben als Botschaft oder als Boten. Es stimmt zwar, dass wir von sämtlichen Ereignissen, Begegnungen und Emotionen lernen sollen, die nach der Reihe durch unser Leben schleichen oder trampeln. Aber heißt das, dass wir alles, was vor unserer Tür auftaucht, bejahen müssen – ganz egal, wie es aussieht, sich anfühlt und riecht? Darin liegt das Paradoxon – und wo ein Paradoxon ist, da kann die Magie nicht weit sein.

KAPITEL 8

WEIT GEÖFFNETE AUGEN

Ehrlichkeit ist die beste Taktik.
An die halte ich mich.
– SANCHO PANSA IN DON QUIXOTE

»*Ich muss alles, was mir entgegenkommt, mit offenen Armen empfangen.*« Irrglaube oder Magie?

Jeder von uns hat es irgendwann einmal mit Menschen oder Umständen zu tun, die uns glatt überrennen würden, wenn man sie ließe. Bedeutet unsere Entschlossenheit, freundlich und liebevoll zu sein, dass wir das zulassen sollen? Die Weisen dieser Welt ermutigen uns zwar, uns jedem zu öffnen, dessen Spur unseren Pfad kreuzt, aber dies ist nur ein Teil der Wahrheit. Paradoxerweise geben sie uns außerdem folgenden überraschenden Rat: Öffnen Sie Ihre Tür nicht jedem, der anklopft.

Wenn Sie alles akzeptieren, was auf Sie zukommt, dann ist das, als würden Sie durch Ihr Schlafzimmerfenster Einbrecher entdecken und diese einladen, zur Vordertür hereinzukommen und das Haus zu durchwühlen. Das würden Sie nicht tun – warum sollten

Sie also Plünderern erlauben, nach Belieben mit Ihren Energien und Emotionen zu verfahren?

Allerdings bemerken wir nicht immer, wann sich ein Räuber nähert. Möglicherweise lassen wir uns auf eine Beziehung ein oder ergreifen eine Chance und denken, dass wir dadurch endlich finden werden, wonach wir suchen, aber hinterher fühlen wir uns geprellt, betrogen und verwirrt. Solche Beziehungen oder Chancen haben jedoch ihren Sinn, auch wenn sie uns tief enttäuschen. Sie zwingen uns dazu, uns selbst besser kennen zu lernen. Sie helfen uns zu definieren, was wir in unserem Leben tun möchten und was nicht. Egal, wie oft dies geschehen muss: Sie zeigen uns, dass wir die Augen weit geöffnet halten müssen, wenn wir uns selbst achten und respektieren wollen.

DER BALANCEAKT

Offen und freundlich zu sein bedeutet nicht, dass wir uns Gefahren aussetzen sollen. Es gibt einen Unterschied zwischen Offenheit und Torheit, und die Weisen ermahnen uns, sorgfältig darauf zu achten, dass wir die Linie zwischen beiden nicht überschreiten. Als der große Friedenslehrer Jesus seine Jünger in die Welt schickte »wie Schafe unter die Wölfe«, da wies er sie paradoxerweise an, »harmlos wie die Tauben« und zugleich »klug wie die Schlangen« zu sein. Wie wir wissen, hat er gelehrt, auch die andere Wange hinzuhalten, wenn uns jemand auf die eine Wange geschlagen hat. Aber vergessen Sie nicht, dass er uns auch gewarnt hat, uns zu hüten und uns selbst zu beschützen. »Hütet euch vor den Menschen«, lehrte er. »Gebt nicht das, was heilig ist, den Hunden, und werft eure Perlen nicht den Schweinen vor, sonst werden sie sie unter den Füßen zertrampeln und euch in Fetzen reißen.«

Wann man weiterhin geben und wann man eine schmerzhafte Situation beenden soll, ist folglich keine einfache Formel, die man in jeder Situation auf dieselbe Weise anwenden kann. Man braucht Einsicht, um zu wissen, woraus das Beste entstehen wird. Eine Geschichte aus der östlichen Überlieferung illustriert diesen Augenblick der Entscheidung auf ungewöhnliche Weise. Eine junge Frau studierte bei einem Meditationslehrer, um zu lernen, wie man liebevolle Freundlichkeit herausbildet. Nachdem sie zuhause ihre tägliche Meditationsübung beendet hatte, ging sie zum Markt, wo einer der Händler ihr jeden Tag unschickliche Avancen machte. Obwohl sie sich mit aller Kraft bemühte, in ihrem Herzen Liebe für alle Lebewesen zu bewahren, verlor sie bei diesem unverschämten Mann allmählich die Geduld.

Eines Tages regte sich die junge Frau so sehr über den Flegel auf, dass sie ihn die Straße hinunterjagte und dabei ihren Schirm drohend über seinem Kopf kreisen ließ. Aus dem Augenwinkel entdeckte sie ihren Meditationslehrer, der auf der anderen Straßenseite unterwegs war und die Szene schweigend beobachtete. Beschämt ging sie zu ihm hinüber und erklärte ihm, was geschehen war. Sie sagte, dass sie das Gefühl habe, versagt zu haben. In der sanften, freundlichen Art, für die er berühmt war, antwortete ihr Lehrer, dass sie sich das nächste Mal, wenn so etwas geschehe, nach innen wenden und eine ungewöhnlich große Menge Liebe in ihrem Herzen ansammeln sollte – und dann sollte sie ihren Schirm nehmen und damit auf den Kopf des Flegels einprügeln![1]

Wenn wir liebevoll sein wollen, bedeutet das nicht, zuzulassen, dass andere sich an uns die Schuhe abwischen können. Der Meditationslehrer wusste das ganz genau. Er wusste, dass seine junge Schülerin die Charaktereigenschaften der liebevollen Freundlichkeit nicht kultivieren konnte, wenn sie sich nicht zugleich selbst respektierte und achtete. Und sie respektierte sich selbst ganz sicher nicht, wenn sie es diesem Rüpel erlaubte, in Bereiche vorzustoßen, in denen er nichts zu suchen hatte. Nicht nur das: Indem sie diesem Mann gestattete, gewisse Grenzen zu überschreiten, ließ sie es zu, dass in ihrem Herzen Abneigung gegen ihn und sogar Hass auf ihn entstanden – also genau das Gegenteil der liebevollen Freundlichkeit, um deren Verwirklichung sie sich so sehr bemühte. Auf der pragmatischen Ebene würde sie der Händler, solange sie seine Avancen nicht aktiv zurückwies, weiterhin unanständig behandeln.

Obendrein tat diese junge Frau auch dem Händler keinen Gefallen, wenn sie sein anstößiges Verhalten duldete. Indem sie ihm erlaubte, seine Unverschämtheiten fortzusetzen, bewirkte sie, dass sein Ego sich aufblähte und er fälschlicherweise glaubte, ein Recht auf sein Verhalten zu haben. Sie duldete, dass seine schlechten Gewohnheiten noch schlimmer wurden, was sowohl ihm selbst als auch der jungen Frau schadete.

Wie ich vorhin bereits kurz erwähnte, helfen wir weder anderen noch uns selbst, wenn wir ihr inakzeptables Verhalten passiv akzeptieren – ganz egal, ob es sich dabei um emotionalen Missbrauch, körperliche Aggression, verletzende Kritik, subtile Beleidigungen oder irgendwelche anderen Handlungen oder Interaktionen handelt, die unseren wahren Wert gering schätzen. Manchmal besteht die höchste Form des Gebens (oder Liebens) darin, sich von dem zu befreien, was einem Schmerz zufügt, indem man Nein sagt und sich aus dem Staub macht.

EHRLICHKEIT, IN LIEBE GEÄUSSERT

Es besteht kein Zweifel, dass wir im eigenen Interesse handeln, wenn wir nach dem Goldkörnchen Wahrheit suchen, das in einer schmerzlichen Situation verborgen liegt. Die Worte oder Handlungen anderer können uns, auch wenn sie grob oder gemein sind, einen Aspekt unseres eigenen Verhaltens bewusst machen, den wir bisher konsequent verdrängt haben. Vergessen Sie aber nicht: Nicht alles, was bei Ihnen ankommt, bezieht sich auch auf Sie. Manchmal geht es dabei gar nicht um Sie. Vielleicht trägt der andere gerade einen inneren Kampf aus, der nach außen durchsickert und sich auch auf Ihr Leben auswirkt.

In solchen Fällen können Sie sich selbst am besten achten und respektieren, wenn Sie einen Angriff nicht persönlich nehmen oder sich nicht die Schuld für die unangebrachten Handlungen eines anderen geben. Wenn Ihnen der Schuh passt, ziehen Sie ihn an – aber wenn es gar nicht Ihr Schuh ist, der Ihnen da vor die Füße geworfen wird, dann müssen Sie nicht so tun, als würde er Ihnen passen. Die Etiketten, mit denen andere Sie versehen, sind nicht Ihr wahres Selbst. Solche Etiketten definieren Sie nur dann, wenn Sie sie annehmen. Ein afrikanisches Sprichwort fasst dies treffend zusammen: »Es geht nicht darum, wie du mich nennst, sondern darum, worauf ich antworte.« Sie können dieser Wahrheit auch nachgehen, indem Sie sich fragen: Kann irgendjemand mir wirklich meine Ehre wegnehmen, solange ich mich selbst ehre?

Eine Szene aus dem Leben Buddhas illustriert diese Frage mit wundervoller Deutlichkeit. Einst hörte ein Skeptiker vom Buddha und dachte bei sich: »Ich frage mich, ob es wirklich stimmt, dass er diejenigen, die ihn schlecht behandeln, immer noch liebt, und Böses stets mit Gutem vergilt. Ich will hinreisen und mir das selbst ansehen.« Als der Mann an dem Ort angekommen war, an dem sich der Buddha aufhielt, ging er auf ihn zu und fing gleich an, ihn mit Worten zu schmähen, indem er ihm grobe Kritik und Unflat ins Gesicht schrie. Der Buddha hörte ruhig zu, und als sein Ankläger seine Tirade endlich beendet hatte, stellte er ihm eine einfache Frage.

»Wenn jemand ein Geschenk nicht annimmt, das ihm angeboten wird, wem gehört das Geschenk dann?«, fragte er.

»Es gehört demjenigen, der das Geschenk machen wollte«, antwortete der Mann.

»Mein Sohn«, sagte der Buddha, »du hast mich beschimpft, aber ich weigere mich, deine Beleidigungen anzunehmen, und bitte dich, sie zu behalten. Werden Sie dir nicht zum Quell des

Elends werden? So, wie das Echo zum Klang gehört und der Schatten zu der Substanz, die ihn wirft, so wird auch das Elend den Übeltäter unweigerlich einholen.«

Dann führte er seine Lehre mit zwei passenden Analogien weiter: »Ein gemeiner Mensch, der einen tugendhaften Menschen beschimpft, gleicht jemandem, der aufsieht und gen Himmel spuckt: Der Speichel beschmutzt den Himmel nicht, sondern kommt zurück und beschmutzt ihn selbst. Wer anderen Übles nachsagt, gleicht jemandem, der andere gegen den Wind mit Schmutz bewirft: Der Schmutz kommt zu demjenigen zurück, der ihn geworfen hat. Der tugendhafte Mensch kann nicht verletzt werden, und das Elend, das der andere ihm zufügen wollte, fällt auf ihn selbst zurück.« Als der Mann diese Worte hörte, begriff er, wie töricht er gewesen war, und ging fort. Später kehrte er zurück, um mehr zu lernen, und trat der Gemeinschaft des Buddha bei.[2]

Man könnte meinen, dass es in dieser Geschichte um den Ankläger geht und darum, dass er sich wandelt, nachdem er die Worte des Weisen gehört hat. In Wirklichkeit ist sie aber auch eine profunde Belehrung darüber, wie man am besten mit Beleidigungen umgeht. Hätte der Buddha der Kritik seines Angreifers geglaubt, dann hätte er vielleicht angefangen, an sich selbst zu zweifeln. Womöglich hätte er alles geglaubt, was der Mann zu sagen hatte, und dadurch seinem Angreifer praktisch die Erlaubnis erteilt, ihn zu definieren. Er hätte wütend werden und seinen Angreifer anfauchen können, was diesen nur noch mehr verärgert und den Konflikt verschärft hätte. In jedem Fall hätte der Buddha durch eine solche Überreaktion seine Perspektive verloren und damit seine Fähigkeit, die Wahrheit zu erkennen. Stattdessen ergriff er die Gelegenheit, sich selbst treu zu bleiben, in sein Herz zu gehen und die Wahrheit, die dieser Mann hören musste, liebevoll weiterzugeben. Indem er das tat, respektierte und achtete er sich selbst und erlöste seinen Angreifer.

IRRGLAUBE
*Wenn ich Liebe geben will, muss ich alles, was mir entgegenkommt,
mit offenen Armen empfangen.*

MAGIE
*Manchmal äußert sich meine Liebe am besten darin, Nein zu sagen
und mich aus dem Staub zu machen.*

In dieser Geschichte steckt noch eine weitere wertvolle Lektion für uns. Sie macht deutlich, dass Liebe weder Wischiwaschi noch passiv ist. Selbst wenn wir einen Schlussstrich ziehen und eine ungesunde Situation beenden, können wir dies auf eine Weise tun, die sowohl aufrichtig und sachlich als auch liebevoll und mitfühlend ist. *Was* wir tun, ist keineswegs wichtiger als die Art, *wie* wir es tun. Der Buddha tappte nicht in die Falle und beschuldigte seinen Angreifer nicht, ein übler Mensch zu sein, aber er stellte klar, dass er sich nicht beleidigen lassen würde. Weil er sich weigerte, die Kritik des Mannes anzunehmen und seine Worte persönlich zu nehmen, blieben die Beleidigungen nicht an ihm haften. Indem er seine Antwort ehrlich und liebevoll gab, entzog sich der Buddha faktisch der Situation und hielt dem Mann einen Spiegel vor, in dem er die Wahrheit erblicken konnte – nämlich, dass sein beleidigendes Benehmen seinem Angriffsziel nicht schaden, sondern ihn letzten Endes selbst verletzen würde.

Wenn wir uns selbst und andere auf diese Weise achten und respektieren, gibt uns dies eine gewaltige Kraft, denn das, was wir sagen, entstammt nicht einem sich verteidigenden Ego, sondern einem Herzen voller Liebe und gutem Willen. Wie der Buddha es ausdrückte: »Wenn ein Mann mir törichterweise Schaden zufügt, dann werde ich ihm mit dem Schutz meiner großzügigen Liebe antworten.« Wenn Ehrlichkeit einem liebevoll entgegengebracht wird, ist sie ein Geschenk. Wenn wir ehrlich und liebevoll einen Schlussstrich ziehen, oder wenn wir uns dafür entscheiden, das schädliche Verhalten eines anderen nicht zu akzeptieren, dann respektieren und achten wir uns selbst, aber zugleich fördern wir auch das Beste im anderen und appellieren an sein höchstes Potenzial. Shakespeares vertraute Zeilen waren nie stimmiger: »Dies über allem: Sei dir selber treu, und daraus folgt wie die Nacht auf den Tag, dass du auch keinem anderen Menschen untreu sein kannst.«

KAPITEL 9

EHRLICH MIT DEN EIGENEN GEFÜHLEN UMGEHEN

Wenn wir uns zu Gefühlen zwingen,
sind wir tief im Denken verstrickt.
                – MARY WOLLSTONECRAFT

Ehre und *Ehrlichkeit.* Beide Worte – *honor* und *honesty* –
gehen im Englischen auf das lateinische Wort *honos*
zurück, was Ehre oder Würde bedeutet. Auf den ersten Blick scheinen sie nicht viel miteinander zu tun
zu haben, aber wenn Sie etwas tiefer schürfen, werden
Sie feststellen, dass dieser Schein trügt.

Wir können uns selbst gar nicht *ehren*, wenn wir
nicht zuerst *ehrlich* mit uns selbst sind – wir können
uns nicht selbst *achten*, wenn wir uns nicht zuvor
beachten.

Ehrlichkeit entstammt einer tiefen Vertrautheit mit
sich selbst, einem Wissen, das dem Herzen, der Seele
und dem Bauch entspringt. Manche von uns wuchsen
mit einem Panzer von Geboten und Verboten auf, die
sich mit dem, was unser Herz und unsere Intuition
uns sagen wollen, im offenen Krieg befinden. Vielleicht hat man Ihnen in Ihren Entwicklungsjahren

beigebracht, dass es ein Zeichen von Schwäche ist, die eigenen Gefühle auszudrücken, oder dass Gefühle keinen Wert besitzen oder dass nur Babys heulen. Vielleicht haben sich Ihre Gefühle in ein Versteck zurückgezogen, weil Sie ständig Sätze zu hören bekamen wie: »Hör auf zu jammern«, »Sei still« oder »Stell dich nicht so an, du hast keinen Grund zu weinen«. Vielleicht hat man Ihnen beigebracht, sich stoisch zu verhalten: Beachten Sie Ihre Gefühle nicht, denn die Bedürfnisse anderer sind wichtiger als die Ihren.

Alle diese Botschaften erzeugen Spannung und Verwirrung und machen es schwierig zu akzeptieren, dass beide Seiten des Paradoxons – anderen zu geben *und* sich selbst zu geben – gleichermaßen notwendig sind. Das Ergebnis eines Lebens in solcher Verwirrung ist vielleicht, dass es Ihnen schwerfällt, mit sich selbst ehrlich zu sein, wenn irgendjemand oder irgendetwas in Ihrem Leben ungesund für Sie ist. Vielleicht lassen Sie zu, dass Ihre Gefühle und Intuitionen (»Das tut weh« oder »Das fühlt sich irgendwie nicht richtig an«) sofort von dem erstickt werden, was Ihrer Meinung nach von Ihnen erwartet wird (»Sei stark«, »Zuck nicht mit der Wimper« oder »Na los, stell dich nicht so an«). Das kann gefährlich sein.

Um ein einfaches Beispiel anzuführen: Wenn Sie Ihre Hand zu nahe an einen heißen Herd halten, dann spüren Sie Schmerz und reißen Ihre Finger weg. Wenn Sie die Hitze nicht spüren könnten, dann wüssten Sie gar nicht, dass Sie in Gefahr sind, sich böse zu verbrennen. In Situationen, in denen es wesentlich mehr Graustufen gibt, sind Ihre Gefühle die Sinnesorgane Ihrer Seele: Sie warnen Sie vor mehr als nur körperlichen Gefahren. Wenn Sie mit Ihren Gefühlen keinen Kontakt haben, wie wollen Sie dann erfahren, ob Sie in Gefahr sind, sich in einer einseitigen Beziehung böse zu verbrennen? Wenn Sie nicht zulassen, dass Sie sich kummervoll oder ausgenutzt fühlen, woher wollen Sie dann wissen, wann es an der Zeit ist, Grenzen zu ziehen? Wenn Sie kein Mitgefühl für andere empfinden, woher wollen Sie dann wissen, wann es an der Zeit ist, aktiv zu werden und helfend einzugreifen?

Ihre Gefühle sind ein unverzichtbarer Teil Ihres inneren Steuerungssystems. Es stimmt schon: Wenn wir unbeherrscht schreien und mit den Füßen aufstampfen, dann läuft das manchmal aus dem Ruder. Und ja, es gibt Situationen, in denen Sie sich über Ihre Gefühle erheben und auf heldenhafte Weise geben müssen, selbst wenn Sie innerlich überkochen. Das bedeutet aber nicht, dass Sie die Flammen Ihrer Gefühle mit einem nassen Handtuch ersticken sollen, sobald diese versuchen, an die Oberfläche zu lodern. Es ist lebenswichtig, dass Sie Ihre Gefühle genau so überprüfen wie jede andere Information, die Sie gesammelt haben, damit Sie in jeder Situation eine emotional intelligente Entscheidung treffen können. Logik allein ermöglicht dies nicht. In den Worten des bengalischen Dichters Rabindranath Tagore: »Ein Verstand, der nur aus Logik besteht, ist wie ein Messer, das nur aus einer Schneide besteht. Er bringt die Hand, die er führt, zum Bluten.«[1]

ERLAUBEN SIE SICH, ZU SEHEN

Swami Vivekananda, ein berühmter spiritueller Führer und Reformer des neunzehnten Jahrhunderts, der viele östliche Konzepte in den Westen brachte, sagte einmal: »Wodurch sind wir unwissend? Durch uns selbst. Wir bedecken die Augen mit den Händen und weinen, weil es dunkel ist.«[2] Wenn Sie sich selbst erlauben, zu fühlen, dann nehmen Sie die Hände von den Augen weg und erlauben sich, zu sehen.

Eines Tages lernte ich eine wichtige Lektion über die Rolle meiner Gefühle, und zwar auf die Weise, die uns allen das Lernen am leichtesten macht - nämlich, indem ich unmittelbar erlebte, was geschieht, wenn ich sie verdränge. Ich hatte mehr als zwei Jahre lang mit jemandem an einem Projekt gearbeitet.

Das Ganze war mir damals wie eine großartige Gelegenheit erschienen, und ich hatte mich dem Projekt mit Haut und Haaren verschrieben, ohne viele Fragen zu stellen und ohne in Erfahrung zu bringen, ob wir auch finanziell die gleichen Erwartungen hegten. Ich war damals freiberuflich tätig und beschloss, weniger Arbeit anzunehmen, um diesem Vorhaben mehr Zeit widmen zu können.

Im Laufe der Monate stellte ich fest, dass ich den Löwenanteil der Arbeit erledigte, obwohl ich davon ausgegangen war, dass wir von Anfang an gleich viel Verantwortung übernehmen würden. Manchmal erschien mein Partner nicht zu unseren vereinbarten Treffen und informierte mich nicht einmal vorher, dass er nicht kommen würde. Als ich ihm sagte, dass das so für mich nicht funktionierte, versprach er, sich zu ändern – und zwar mit demselben Enthusiasmus, mit dem er mich schon anfangs für das Projekt begeistert hatte. Ich wusste, dass er ein gutes Herz hatte und dass uns beide dieselbe Leidenschaft für dieses Projekt erfüllte, und deshalb machte ich weiter. Außerdem hatte ich ja bereits sehr viel Zeit darin investiert. Also unterdrückte ich meine Zweifel und schlug meiner Unsicherheit jedes Mal, wenn Sie mir etwas zuflüsterte, mir zuwinkte oder auch nur den kleinen Finger hob, die Tür vor der Nase zu. Immer wieder sagte ich mir: »Das Gefühl, das ich da im Bauch habe, irrt sich. Dies ist eine großartige Gelegenheit. Sei still!«

Als mein Partner anfing, Entscheidungen zu treffen, die sich auch auf mich auswirkten, ohne die möglichen Folgen vorher klar und deutlich mit mir zu besprechen, fühlte ich mich immer unbehaglicher. Schließlich entstand aufgrund einer dieser Entscheidungen ein solcher Termindruck, dass ich meine bezahlten Jobs aufgeben musste, um das Projekt rechtzeitig abschließen zu können, und dabei hatte ich keinerlei finanziellen Rückhalt. Ein angespanntes Angstgefühl breitete sich in meiner Magengrube aus. Die ganze Zeit über hatte ich

mir eingeredet, dass Logik vertrauenswürdiger war als Bauch-
schmerzen - aber nun war ich verwirrt.

In dieser Zeit brachte mich ein unwahrscheinlicher Vorfall
wieder zu Sinnen. Ich ging mit einer Freundin und ihren jungen
Hunden spazieren. Irgendwann einmal wickelte sich die Leine
sowohl um die Beine der Hunde als auch um die unseren. Als
wir uns bemühten, alle zwölf Beine zu befreien, trat ich aus
Versehen auf eine der Hundepfoten. Augenblicklich jaulte der
Welpe auf, so dass wir alle zusammenfuhren. »Es tut mir so
leid«, sagte ich zu ihm und beugte mich hinunter, um ihn zu
trösten. Und dann war es, als hätte ich soeben in einen riesigen
Spiegel geblickt, und ich sagte laut: »Zumindest jault er, wenn
man ihm auf die Pfoten tritt. Aber ich sage kein Wort!« Und
ich fing an zu weinen. Meine unterdrückten Gefühle hatten es
endlich geschafft, am Torwächter meines rationalen Verstan-
des vorbeizukommen. Die Wahrheit kam aus meinem Mund,
bevor ich sie aufhalten konnte. Sie stammte aus einem tiefen
Ort des Wissens, von dem ich vergessen hatte, dass er überhaupt existierte: Ich fühlte, dass man mich »mit Füßen trat«.
Und dennoch verteidigte ich meinen Standpunkt nicht, zog
keine Grenzlinie und unternahm auch nichts Praktisches, um
die Situation wieder ins Gleichgewicht zu bringen.

Als ich nach so langer Zeit endlich wieder ehrlich zu mir
selbst war, kam es mir vor, als hätte ich mir erlaubt, einen
Blick durch die Augen meiner Seele zu tun. Ich sah, dass ich
weit davon entfernt war, mich zu achten und zu respektieren,
wenn ich meine Impulse ignorierte. Ich war dem Erfolgsrezept
anderer Leute mit Bravour gefolgt - aber war dieses Schema
wirklich das Richtige für mich? Meine beunruhigten Gefühle
hatten versucht, mich aufzurütteln und mir die Antwort zu
geben, aber ich hatte ihre Botschaft nie empfangen, weil ich
sie immer übertönt hatte. Ich benutzte meine Gefühle nicht
als Hilfsmittel, um herauszufinden, was ich wollte. Nun konfrontierte mich meine Ehrlichkeit mir selbst gegenüber auch

mit der brutalen Tatsache, dass niemand mich dazu gezwungen hatte, auf dieser Linie weiterzumachen – es war mein eigener Entschluss gewesen. Meine eigene Entscheidung war der wahre Grund meines Unglücklichseins – und es lag an mir, eine neue Entscheidung zu treffen.

IRRGLAUBE
Wenn ich meinen Gefühlen nachgebe, bedeutet das,
dass ich schwach bin.

MAGIE
Meine Gefühle haben einen Sinn und können mir helfen,
mich zu orientieren,
wenn ich mich dazu entscheide, ihnen zuzuhören.

Nachdem ich mich selbst einer eingehenden Gewissensprüfung unterzogen hatte, konnte ich endlich für mich formulieren, wie die richtige Partnerschaft für mich aussehen musste, und dann gab ich mir selbst noch eine weitere Hilfestellung, indem ich meine Bedürfnisse und Prioritäten aufschrieb. Als ich dies alles dem Partner mitteilte, mit dem ich zusammengearbeitet hatte, stellte sich heraus, dass wir in vielem verschiedener Meinung waren und keinen Kompromiss schließen konnten, mit dem wir beide leben konnten. Letztlich musste ich eine neue Entscheidung treffen – eine Entscheidung, die die wahren Sehnsüchte meines Herzens achtete und respektierte. Ich beschloss, einen Schlussstrich zu ziehen und mich aus einer Situation zu befreien, die vielleicht für jemand anderen gestimmt hätte, aber nicht für mich.

Für jemanden wie mich, dem es schwerfällt, Nein zu sagen, weil er Angst hat, andere im Stich zu lassen, war dies ein extrem schmerzhafter Prozess – umso mehr, weil ich ja so viel Zeit und

Geld in das Vorhaben investiert hatte. Aber wie viel war eine Lektion wert, die mir für den Rest meines Lebens dabei helfen würde, mir selbst treu zu bleiben? Tatsächlich war dies ein wichtiger Wendepunkt für mich, und ich werde meinem damaligen Partner und allen anderen, die mit der Situation zu tun hatten, ewig dankbar sein. In gewissem Sinne traten sie alle freiwillig in meinem Lebensdrama auf, damit ich diese wichtigen Lektionen lernen durfte, und alle spielten ihre Rollen ausgezeichnet.

Was für eine unvergessliche Methode, durch die ich lernte, dass es letzten Endes absolut unverzichtbar ist, auf *mich* zu hören. Und dass es mich letzten Endes furchtbar unglücklich machen und in tausend Fesseln verstricken wird, wenn ich meine Gefühle ignoriere und meine Instinkte unterdrücke. Und dass die Welt nicht untergeht, wenn ich meine Bedürfnisse ausdrücke oder sage: »Es tut mir leid, aber ich kann nicht.«

Ich stellte fest, dass das Anerkennen der eigenen Gefühle Hand in Hand mit Ehrlichkeit geht. Beides sind Grundvoraussetzungen dafür, uns selbst zu achten und zu respektieren. Wenn wir ohne sie leben, sind wir in völliger Dunkelheit gefangen.

WIE MAN SEIN INNERES STEUERUNGSSYSTEM AKKURAT ABLIEST

Als sollten mir all die Lektionen, die ich damals lernte, noch nachdrücklicher eingepaukt werden, sprach ich bald darauf mit drei anderen Menschen, die mir, wie ich feststellte, genau die gleichen Themen widerspiegelten. Anscheinend hatten wir alle dieselben Hausaufgaben auf und verglichen unsere Schularbeiten. Es geschieht durchaus häufig, dass wir Menschen anziehen, die gerade an denselben Problemen arbeiten wie wir. Auf diese Weise lässt das Leben uns wissen, dass wir nicht allein sind, und ermöglicht es uns, anderen zu helfen, indem wir das, was wir gelernt haben, mit ihnen teilen.

Zuerst begegnete ich Bill, einem Freund, mit dem ich einige Jahre zuvor zusammengearbeitet hatte. Im Laufe unseres Gesprächs fragte ich ihn nach seiner Schwester Sharon. Er erzählte, dass dieser Sommer für sie sehr schwierig gewesen sei. Sie beklagte sich ständig über ihren Chef in dem Restaurant, in dem sie arbeitete. »Er ist der schlechteste Manager der Welt«, sagte sie immer. »Er beseitigt nie Probleme, so dass alle anderen aus einer Krise in die andere fallen. Ich habe ihm gesagt, dass ich an drei Tagen pro Woche arbeiten möchte, aber er setzt mich immer auch an anderen Tagen ein, weil es wieder irgendeine Krise gibt. Und so geht es jede Woche.«

Bill schüttelte den Kopf und sagte: »Sharon vertritt einfach nie ihren Standpunkt, aber sie will auch nicht kündigen. Ich habe ihr immer und immer wieder gesagt: Sag einfach Nein. Zieh deine Grenzen.« Es war sonnenklar, dass Sharon sehr unglücklich war und sich ausgenutzt fühlte, aber es war ebenso klar, dass sie nichts tat, um ihre Situation zu verbessern. Sie wartete darauf, dass ihr Chef das Problem löste, da sie selbst offenbar unfähig dazu war. Und in der Zwischenzeit wurde ihr immer elender und sie wurde wütender. Aber wer machte sie eigentlich letzten Endes unglücklich?

Ein paar Tage später eröffnete mir eine Geschäftspartnerin, dass sie mit der Frau, die sie angeheuert hatte, um ihrer neuen Firma einen guten Start zu geben, nicht mehr zusammenarbeiten würde. Ursprünglich hatte sie gedacht, dass sie ohne die Fachkenntnisse dieser Frau keinen Erfolg haben würde, doch ein Jahr später begriff sie, dass sie die Arbeit besser allein verrichten konnte. Dann, kurz nach diesem Gespräch, aß ich mit einer alten Freundin zu Mittag, die ich seit Jahren nicht gesehen hatte. Sie beschrieb eine ganz ähnliche Situation. Sie machte sich zunehmend Sorgen, weil sie einen Großteil der Arbeit in einer Geschäftspartnerschaft erledigte, die angeblich auf der Prämisse einer ausgewogenen Arbeitsteilung beruhte. Obwohl meine Freundin den meisten Wertzuwachs erwirkte, wurde sie weder persönlich noch finanziell entsprechend entlohnt.

In allen diesen Fällen, einschließlich meinem eigenen, musste ich mich fragen: Wenn sie nicht glücklich war, warum unternahm sie dann nichts, um ihre Situation zu ändern? Warum vertrat sie ihren Standpunkt nicht? Warum brauchte sie so lange, um zu begreifen, was vorging?

Eines der Dinge, die uns daran hindern, solche verqueren Situationen in unserem Leben wieder ins rechte Lot zu rücken, ist unser rationaler Verstand, der behauptet, wir hätten keine andere Wahl und müssten das Unerträgliche ertragen. Wir verzichten darauf, uns aus unbequemen oder gar schädlichen Situationen zurückzuziehen, weil wir unbewusst befürchten, dass wir nie etwas Besseres finden werden, wenn wir diesen Job oder diese Beziehung verlieren. Vielleicht glauben wir in Wirklichkeit nicht daran, dass das Universum unser gutes Gedeihen möchte und uns unterstützen wird, wenn wir loslassen und uns weiterentwickeln. Wenn Sie noch tiefer schürfen, werden Sie feststellen, dass manche von uns ausgesprochen gefährliche Situationen in Kauf nehmen, weil sie glauben, dass sie nichts Besseres verdient haben. Fälschlicherweise meinen wir, die Unterstützung, das Lob oder die Liebe ausgerechnet jenes Menschen oder jener Umstände zu brauchen, die uns so viel Schmerz verursachen.

Wenn wir uns an solch schädliche Prämissen halten, dann stumpfen wir unseren wahren Gefühlen gegenüber ab und können dadurch keine akkuraten inneren Schlüsse aus der Situation ziehen. Also stecken wir fest, obwohl unsere falsche Entscheidung uns tagaus, tagein genau die Energie kostet, die wir bräuchten, um das zu verwirklichen, was wir eigentlich tun sollten. Dieses Dilemma hat jedoch nicht nur mit den Emotionen zu tun. Seine Wurzel ist ein spirituelles Leiden, und seine Symptome entstammen der Tatsache, dass wir unser wahres Selbst nicht achten und respektieren – jenen inneren

Funken, der von uns übrig bleibt, wenn alle anderen Schichten abgetragen wurden.

Das Feuer, das in uns brennt, ist die Flamme, die uns ernährt und uns dazu antreibt, unseren Daseinsgrund zu erfüllen. Immer, wenn wir unsere Gefühle ignorieren und uns weigern, eine ungesunde Allianz zu beenden, weil wir meinen, keine andere Wahl zu haben, und jedes Mal, wenn wir mit irgendetwas weitermachen, weil wir glauben, dass wir nichts Besseres verdient haben, ist es, als würden wir diese Flamme ein klein bisschen mehr auslöschen.

DAS ANNEHMEN, WAS IST

Wenn Sie ständig Ihre Gefühle in irgendeine dunkle Ecke schieben, wo man sie nicht sehen und hören kann, dann verlieren Sie den Kontakt zu einer Ihrer wertvollsten Ressourcen. Natürlich rate ich Ihnen nicht, jedem Impuls oder Wutanfall nachzugeben, der Sie überkommt, als würden Sie ständig einem ungezogenen Kind willfahren, das meint, alles müsse nach seinem Kopf gehen. Unsere Gefühle können wahrhaftig ausufern und uns hinunterziehen, wenn wir das innere Gleichgewicht verloren haben.

So wichtig unsere Emotionen auch sind – im Gefühlsbereich gibt es ein Paradox, das wir beachten müssen: Unsere Gefühle können uns leiten, *und* sie können uns auch in die Irre führen, wenn wir zulassen, dass sie außer Kontrolle geraten (darauf werden wir gleich näher eingehen).

Zwischen den beiden Extremen, unsere Gefühle völlig zu ignorieren oder zuzulassen, dass sie uns völlig überfluten, gibt es einen Mittelweg. Wir können lernen, unsere Gefühle mit offenem Herzen zu empfangen und Anteil an ihnen zu nehmen. Wir können unsere Gefühle anerkennen, ohne ihnen zu erlauben, uns zu beherrschen.

Wenn man ein Gefühl akzeptiert, heißt das nicht, dass man auch die Gründe für dieses Gefühl bejaht, sondern lediglich, dass man das akzeptiert, was ist. Von Natur aus neigen wir nicht dazu. Häufig widersetzen wir uns der augenblicklichen Situation, als könnten wir die Uhr zurückdrehen und ändern, was bereits geschehen ist. Ob es nun eine E-Mail ist, von der wir wünschten, wir hätten sie nicht abgeschickt, oder Worte, die wir gern zurücknähmen, oder eine unerwartete Neuigkeit, die wir soeben erfahren haben – die Folgen der Vergangenheit sind bereits eingetreten.

Wenn wir unsere Arme verschränken und Nein zu dem sagen, was direkt vor unserer Nase geschieht, ist das schlichtweg fruchtlos. Aufgrund dieser Haltung stecken wir dann fest und müssen überdies noch darunter leiden.

Auch wenn es paradox erscheint: Wenn wir uns einer unangenehmen Erfahrung öffnen und das akzeptieren, was ist, fällt es uns viel leichter, den nächsten Entwicklungsschritt zu tun. Das liegt daran, dass wir dadurch die ganze Energie sparen, die wir sonst verbrauchen würden, um uns dem zu widersetzen, was bereits geschehen ist – oder dazu, es anzugreifen, uns davor zu verstecken oder es zu verdrängen. Stattdessen können wir unsere Energie dazu benutzen, eine Lösung herbeizuführen. Sobald Sie Ihre Gefühle akzeptieren, sind Sie dem Respektieren und Achten Ihres Selbst einen Riesenschritt näher gekommen. Wenn Sie Ihren Widerstand aufgeben, sind Sie frei und können die praktischen Maßnahmen ergreifen, die nötig sind, um sich selbst und anderen zu helfen. Wenn Sie Ihre Gefühle jedoch ausklammern, haben Sie sowohl den Boten als auch die Botschaft abgewiesen.

Sich dem zu öffnen, »was ist«, und zwar voller Anteilnahme und ohne ein Urteil zu fällen, ist eine Grundvoraussetzung des anhaltenden Gewahrseins, einer Methode, die man in vielen Traditionen auf der ganzen Welt findet, etwa im Taoismus, im Buddhismus, bei den nordamerikanischen Indianern und bei den kontemplativen Denkern des Christentums, um nur einige zu nennen. Anhaltendes Gewahrsein ist eine Lebensweise, die uns auffordert, Gedanken und Gefühle zu beachten, statt sie zu ignorieren oder abzuurteilen. Wenn wir wach und gewahr sind, dann achten wir auf das, was im jeweiligen Augenblick geschieht.

Wir alle wissen, wie es ist, wenn unsere Gefühle uns aus dem Hier und Jetzt entführen. Sie können eine Sicherung überladen, so dass die fliegenden Funken eine Explosion der schmerzhaften Erinnerungen oder der Zukunftsängste auslösen – und bevor wir merken, was geschieht, sind wir zu Zeitreisenden geworden. Wieder einmal haben wir uns innerhalb einer Geschichte verirrt.

Die langen und oft quälenden Geschichten, die in unseren Köpfen herumspuken, geben sich zwar den Anschein, wirklich zu sein – aber die Vergangenheit ist längst vorbei und die Zukunft noch nicht da. Beides ist unwirklich. Wenn unsere Gedanken irgendwo anders sind als im Hier und Jetzt, jagen wir lediglich einem Phantom nach.

Wie viel Zeit verbringen Sie damit, im Jetzt zu sein und den augenblicklichen Geschehnissen Ihre volle Aufmerksamkeit zu widmen? Und wie viel Zeit verbringen Sie jeden Tag (oder jede Nacht) damit, voller Reue oder Sehnsucht an ein vergangenes Ereignis zu denken? Wie oft verlieren Sie sich in unruhigen Gedanken darüber, was in der nächsten halben Stunde, in der nächsten Woche oder im nächsten Jahr geschehen könnte?

Die Weisen sagen uns, dass wir niemals Frieden finden werden, wenn wir die Vergangenheit beklagen oder uns über die Zukunft Sorgen machen. Die Antworten, nach denen wir suchen, befinden sich immer im Jetzt, aber wir können das Geschenk, das im Jetzt verborgen liegt, nicht entdecken, wenn wir anderswo herumrennen.

STILLE IM KOPF

Es liegt auf der Hand, warum es so vielen von uns schwerfällt, das »Was ist« und unsere diesbezüglichen Gefühle zu akzeptieren. Wenn wir merken, dass etwas Unbequemes, Schmerzhaftes oder Stressiges auf uns zukommt, haben wir den Impuls, es entweder zu verdrängen oder zu flüchten – oder wir bemühen uns verzweifelt, an der Situation herumzudoktern, damit es weggeht. Unser Verstand zieht übereilte Schlüsse, ohne zu verstehen, was eigentlich vorgeht, und löst dadurch den Instinkt aus, entweder anzugreifen oder zu fliehen.

Diese Reaktionen erzeugen eine wahre Flut negativer Gefühle, die einander gegenseitig noch verstärken, so dass noch mehr Aufruhr entsteht und wir uns gegen noch mehr Unangenehmes zur Wehr setzen müssen.

Wo Aufruhr herrscht, kann es weder Frieden noch Klarheit geben, und auch keine echten Lösungen. Stellen Sie sich vor, Sie würden etwas Kostbares suchen, das auf den Grund eines stillen, klaren Teichs gefallen ist. Wenn Sie auf der Suche ungestüm herumplanschen, wühlen Sie nur die Sedimente vom Teichgrund auf. Je schlammiger das Wasser wird, desto weniger können Sie sehen. Tatsächlich handeln wir in der Realität unseres Lebens oft genau so. Wir haben den Impuls, schneller voranzukommen und uns mehr anzustrengen und meinen, dass uns dies unserem Ziel näherbringen wird – dabei ist genau das Gegenteil wahr. Wir müssen still sein, um im Wasser unseres Daseins den Schatz zu finden. Sie können die Wirklichkeit nicht erkennen, wenn in Ihrem Verstand nicht Stille herrscht.

IRRGLAUBE
Je schneller ich bin und je mehr ich mich anstrenge, desto eher finde ich, was ich suche.

MAGIE

Wenn in meinem Verstand Stille herrscht, kann ich das sehen, was wirklich ist.

Statt zu versuchen, durch aufgewühlte Gewässer zu steuern, empfiehlt die Tradition des anhaltenden Gewahrseins eine effektivere Methode. Wenn wir es mit stürmischen Gefühlen zu tun haben, rät sie uns, aus dem inneren Kampf hinauszutreten und an dem, was geschieht, im gegenwärtigen Moment großzügig Anteil zu nehmen. Sie empfiehlt uns, empfänglich statt widerspenstig zu sein und unsere Gefühle zu beobachten, statt in ihrem Strudel unterzugehen. »Wenden Sie sich der Erfahrung ruhig und mit konzentrierter Aufmerksamkeit zu«, rät Dr. Jeffrey Brantley, Gründer und Direktor des auf Gewahrsein beruhenden Stressabbau-Programms am Zentrum für Ganzheitliche Medizin der Duke University. »Erkennen und akzeptieren Sie, dass die Dinge so und nicht anders sind – hier und jetzt. Und anschließend kümmern Sie sich auf pragmatische Weise um sich und trösten sich selbst, genau wie Sie es mit Ihrem Kind oder mit einem Freund in Not täten.«[3]

Warum ist es so leicht, sich von unseren Gedanken und Gefühlen derart überwältigen zu lassen, dass wir handlungsunfähig werden? Zunächst einmal: Wenn wir intensive Gefühle haben wie beispielsweise Sorge oder Angst, fangen wir an, uns mit ihnen zu identifizieren. Und sobald das geschieht, ist es schwierig, unsere Gefühle von dem zu trennen, was in Wahrheit geschieht. Dann müssen Sie sich ins Gedächtnis rufen, sagt Dr. Brantley, dass die Sorge oder Panik, die Sie empfinden, *nicht Sie selber sind*. »In Wahrheit sind das nur Zustände, die in den jetzigen Augenblick hineingehen und wieder aus ihm herausfließen«, sagt er.

Wenn es uns gelingt, einen ruhigen, aufmerksamen Bewusstseinszustand zu erzeugen, dann fällt es uns leichter, unsere

Gedanken und Eindrücke aufsteigen zu lassen, »ohne uns in ihnen zu verlieren«.[4]

Eine der klassischen Techniken, die uns helfen, wieder in unser Zentrum der Stille zurückzukehren und in unseren Erfahrungen gegenwärtig zu sein, ist bewusstes Atmen. Wir sind still und konzentrieren uns auf die Empfindung unseres Atems, der in unseren Körper eindringt und unsere Aufmerksamkeit sanft wieder zu dem Punkt zurückführt, an dem wir unsere Konzentration verloren haben.

Die spirituellen Traditionen der ganzen Welt bieten uns außerdem noch viele andere Techniken an, die uns helfen, innezuhalten, uns zu konzentrieren und ablenkende Gedanken loszuwerden – vom zentrierenden Gebet der christlichen kontemplativen Tradition bis zu bewussten Bewegungsmethoden wie Yoga, Tai Chi, Labyrinthlaufen oder Wandermeditation, eine Form des anhaltenden Gewahrseins, bei dem man jede Einzelphase jedes Schrittes, den man macht, voll und ganz wahrnimmt. Sie können auch üben, mit anhaltendem Gewahrsein zu essen, indem Sie Ihre Eile bremsen und bei jedem Bissen die Gerüche, Geschmäcker und Empfindungen voll auskosten.

Eigentlich, sagen die Weisen, können Sie jedwede Tätigkeit in Ihrem Leben auf eine Weise ausüben, die es Ihnen erlaubt, sich aller Dinge, die Sie in dem Moment erleben und fühlen, vollkommen bewusst zu sein. Und genau darum geht es. Die Rituale und Techniken sind Lehrmethoden, mit deren Hilfe wir lernen sollen, mit weit geöffneten Herzens- und Seelenaugen unser Leben zu leben und die Dinge so zu sehen, wie sie sind. Wenn unsere Augen offen sind und unser Denken still ist, dann können wir antworten, statt blind zu reagieren. Es ist ein gewaltiger Unterschied, ob man antwortet oder ob man reagiert, und das Antworten zu erlernen ist ein edles Ziel. Wenn wir antworten, respektieren und achten wir uns selbst, denn wir halten inne und hören auf die Botschaft, die ein Gefühl uns bringt. Wenn wir reagieren, dann halten wir uns weder mit Zuhören noch mit Respektieren auf, sondern stürzen kopfüber in die eingefahrenen Gleise eines abgedroschenen Reflexes.

Ich weiß nur allzu gut, wie schlammig das Wasser werden kann, wenn man sich in den eigenen Reaktionen verliert, statt ruhig auf eine Situation zu antworten – und wie viel Zeit man dadurch vergeudet. Wenn ich nicht aufpasse, kann mein Grundreflex, nämlich Besorgnis, die nebensächlichste Kleinigkeit in eine alles verschlingende Phantomjagd verwandeln. Sobald ich diese frenetische Zone betreten habe, verliere ich die Fähigkeit, klar zu denken. Um diese Reaktion umzuwandeln, muss ich mir ins Gedächtnis rufen, dass ich zu mir zurückkommen und still werden muss. Ich muss einen Freiraum der Stille einschieben, der der Eigendynamik entgegenwirkt.

Erst neulich Abend erlebte ich wieder eine diesbezügliche Übungsstunde, als ich das Ladegerät für die Batterie meiner Kamera nicht fand, obwohl ich buchstäblich das Unterste zuoberst gekehrt hatte. Ich brauchte es in diesem Augenblick gar nicht unbedingt, aber es ärgerte mich, dass ich es nicht fand – und zwar sehr. Dann beunruhigte es mich – und zwar sehr. Und dann entwickelten die Emotionen ein Eigenleben. Wenn ich jetzt auf den Dialog zurückblicke, der in meinem Kopf stattfand, und auf meine reflexartige Reaktion (»Wenn du das jetzt nicht geregelt kriegst, dann setzt es aber was!«), muss ich lachen – aber während ich diese Dinge erlebe, erscheinen sie mir überhaupt nicht komisch.

Das Ladegerät war auf der Reise, von der ich gerade zurückgekommen war, in meinem Koffer gewesen, und ich war ganz sicher, es ausgepackt zu haben, als ich zu Hause ankam. Nachdem ich mich umgesehen und es an den üblichen Plätzen nicht entdeckt hatte, begann ich mir Sorgen zu machen. Was, wenn ich es verloren hatte? Ich rannte hinunter, kroch in den niedrigen Stauraum unter der Treppe und durchsuchte auf Händen und Knien nochmals meinen Koffer. Als ich feststellte, dass das Ladegerät nicht da war, legte meine Besorgnis einen höheren Gang ein, wurde zur Befürchtung und entzog mich einfach dem gegenwärtigen Augenblick. »Was wird es wohl kosten, dieses Ladegerät zu ersetzen? Ich wette, das blöde Teil ist viel zu teuer«, haderte ich. »Vielleicht habe ich es im Hotelzimmer liegen lassen. Wie blöd von mir! Mein Mann wird *gar* nicht erfreut sein, wenn er davon erfährt ...«

Zehn Minuten später rannte ich immer noch überall herum, suchte unter Kleiderstapeln und riss die Bettlaken herunter, weil ich dachte, das Ladegerät sei vielleicht ins Bett gefallen, als ich meinen Koffer auspackte. In Gedanken prügelte ich auf mich ein – und das alles wegen eines winzig kleinen schwarzen Batterie-Ladegeräts. Schließlich fiel mir auf, wie schnell mein Herz schlug, und es gelang mir, mich zu bremsen. »Das ist es nicht wert«, sagte ich zu mir. »Ich respektiere meine Zeit nicht. Ich bin wieder in diesem frenetischen Verhaltensmuster gefangen, und es hindert mich daran, das zu finden, was ich suche. Entweder taucht es wieder auf, oder ich kaufe ein neues.« Ich atmete tief durch und fand mich mit dem ab, »was war«. Dann kam mir ein Gedanke: Vielleicht hatte mein Mann das Ladegerät ja in seinem Gepäck verstaut! Ich lief hinüber zu seiner Reisetasche, die noch immer auf dem Schlafzimmerboden stand, riss sie auf – und da lag es, ganz oben auf seinen Socken. Ich hatte einen stillen Freiraum in meiner Welt erzeugt und mich dadurch der Antwort geöffnet, die die ganze Zeit über dagewesen war.

SIE SIND MEHR ALS IHRE GEFÜHLE

Diesmal brauchte ich nur zehn Minuten, um die Kettenreaktion zu stoppen (ich werde immer besser), und es ging ja auch nicht um allzu viel. Aber während ich daran arbeite, aufmerksam und im Jetzt zu bleiben, statt einer hirnlosen, vorprogrammierten

Reaktion nachzugeben, wird mir klar, dass dasselbe Prinzip auch gilt, wenn die Sorge oder die Angst viel tiefer reichen, denn das Muster ist dasselbe. Es ist eine Angewohnheit.

Die Art, wie wir gewohnheitsgemäß auf eine schwierige Situation reagieren, wird vielleicht nie völlig spurlos verschwinden, aber wir können lernen, uns deutlicher bewusst zu machen, was in uns vorgeht, bevor unsere Gefühle die Oberhand gewinnen und ihre Taktik des Erschreckens und Paralysierens uns überwältigt. Mit Hilfe dieses Sekundenbruchteils der Bewusstheit können Sie innehalten, einen Freiraum der Stille schaffen und sich ins Gedächtnis rufen: *Ich bin nicht die Sorge oder Panik oder Angst, die ich empfinde. Diese Reaktion ist eine Angewohnheit, ein Verhaltensmuster, aber sie ist nicht ich. Diese Gedanken und Gefühle sind Zustände, die aufsteigen und wieder abflauen. Sie sind nicht stärker als ich. Sie dauern auch nicht ewig – das wahre Ich hingegen schon.*

Sie können sich auch das Paradoxon ins Gedächtnis rufen, mit dem wir uns hier befasst haben: *Obwohl meine Gefühle unschätzbar sind und ich von ihnen lernen kann, bin ich wesentlich mehr als das, was ich fühle.* Sie sind mehr als Ihre Gefühle, weil Gefühle nicht immer auf Wahrheit beruhen. Sie können durch Irrtümer oder Vorurteile ausgelöst werden, die Sie sich selbst oder anderen gegenüber hegen und die Sie dazu bringen, zu richten oder anderen die Schuld zu geben oder sich zu schämen. Sie können lernen, diese falschen Glaubenssätze und irreführenden Gefühle zu stoppen, bevor diese Sie wie eine Geisel gefangen nehmen. Sie können sie im Netz der Gegenwart fangen und zu sich selbst sagen: *Gefühle sind nicht immer Tatsachen.* Anschließend handeln Sie entsprechend der Dinge, die wahr sind, und lassen alles, was nicht wahr ist, einfach an sich vorbeirauschen.

Wenn Sie sich darin üben, Ihre Gefühle zu beobachten, statt sich von ihnen verschlucken zu lassen, werden Sie allmählich besser unterscheiden können, welche eigentlich echte Gefühle sind, die nach konkreten Taten verlangen, und welche lediglich

»Aufblitzer« auf der Leinwand. Diese »Aufblitzer« sind wie Wolken am Himmel: Sie kommen und gehen. Wir brauchen nicht zuzulassen, dass sie uns kontrollieren oder definieren. In Wahrheit tun sie das auch gar nicht – das Problem sind die Geschichten, die wir um sie herum spinnen.

IRRGLAUBE
Meine Gefühle werden mich immer in die richtige Richtung lenken.

MAGIE
Meine Gefühle entsprechen nicht immer der Wahrheit.
Ich bin mehr als meine Gefühle,
und ich kann bestimmen, worauf ich mich konzentriere.

Wir alle haben die Wahl. Wir können damit aufhören, uns dem, was ist, zu widersetzen und unseren Gefühlen ehrlich begegnen, ohne uns von ihnen überwältigen zu lassen. Wir können an uns selbst Anteil nehmen und von dem lernen, was wir fühlen. Vielleicht haben wir keine Kontrolle über die Gedanken und Gefühle, die in uns kreisen – aber wir können kontrollieren, worauf wir uns konzentrieren. Wie die Weisen so gern sagen: »Vielleicht kannst du das Gefühl nicht verändern, das du gerade hast, aber du kannst deine Reaktion darauf verändern.« Wenn Sie nicht auf den Achterbahnwaggon einer wilden Emotion aufspringen, sobald er an Ihnen vorüberjagt, können Ihre Gedanken Sie auch nicht aus der Gegenwart entführen. Indem Sie still bleiben, können Sie in der Gegenwart bleiben, wo Sie hingehören.

SCHLÜSSEL ZUM
GLEICHGEWICHT

Den eigenen Gefühlen begegnen

Nicht nur von Ihrem logischen Verstand, sondern auch von Ihrem Herzen und Bauch empfangen Sie unschätzbare Informationen. Wenn Sie Ihre Gefühle nicht beachten oder sich gegen sie sträuben, stumpfen Sie ab und können die wichtigen Nachrichten, die sie Ihnen bringen wollen, nicht mehr empfangen. Die folgenden sieben Fragen können Ihnen helfen, eine Inventur Ihrer Gefühle vorzunehmen, um sich darüber klar zu werden, worin Ihre Gefühle bestehen, wie Sie üblicherweise mit ihnen umgehen und ob Sie sich selbst treu bleiben.

● Sage ich mir manchmal, dass ich mich selbst hintanstellen muss, weil es meine Pflicht ist, stoisch zu grinsen und alles, was auf mich zukommt, zu ertragen?

● Empfinde ich in gewissen Situationen meines Lebens manchmal Unbehagen oder Zweifel und versuche ich mich dann mit Hilfe von Logik und Fakten davon zu überzeugen, dass meine Gefühle keinen Wert besitzen?

● Wenn ich nervös werde, verdränge ich dann meine Gefühle? Ertränke ich meine Gefühle in ununterbrochener Hektik, oder übertöne ich sie, indem ich etwas tue, was für mich ungesund ist? Welche Fluchtwege benutze ich, um meinen wahren Gefühlen aus dem Weg zu gehen?

● Akzeptiere ich alles, was die Leute mir auftischen, und bin dann später wütend oder verstört, weil ich meinen Standpunkt nicht verteidigt habe?

● Fällt es mir schwer, meine Gefühle auszudrücken und meinen Standpunkt zu vertreten, wenn andere Leute Entscheidungen treffen, die mich betreffen, oder wenn ich das Gefühl habe, dass man mich zu gering schätzt, vergewaltigt oder ausnutzt?

● Gebe ich anderen die Schuld für Lebenssituationen, die mich hemmen, statt mit Hilfe meiner Gefühle herauszufinden, was ich möchte und was ich tun soll, um aus der Klemme herauszukommen?

● Nehme ich mir jeden Tag die Zeit, meine Gefühle zu ergründen, so dass die Augen meiner Seele weit geöffnet sind?

Überprüfen Sie Ihre Vitalzeichen und respektieren Sie das Feedback

Es ist lebenswichtig, sich jeden Tag die Zeit zu nehmen, seine emotionalen Vitalzeichen zu überprüfen und den eigenen instinktiven Gefühlen zuzuhören, statt sie zu verdrängen. Setzen Sie sich in Ruhe irgendwohin, wo niemand Sie stören kann. Entspannen Sie sich und atmen Sie tief. Konzentrieren Sie sich ein paar Augenblicke lang auf die Wahrnehmung Ihres Atems, wie er ein- und ausströmt. Konzentrieren Sie sich nur darauf und auf nichts anderes. Sehen Sie sich selbst, wie Sie in Ihr Herz eintreten und seinen natürlichen Rhythmus harmonisch übernehmen, während Sie den folgenden Schritten folgen.

❶ Gibt es im Moment in Ihrem Leben eine Situation, die Sie beun-ruhigt oder nervös macht? (Sie können entweder eine Situation wählen, die Ihnen spontan einfiel, als Sie die vorangegangenen Phasen durchliefen, oder Sie können bewusst eine problema-tische Situation wählen, die Sie gern lösen möchten.) Wider-stehen Sie der Versuchung, sich selbst für Ihre Gefühle zu ver-urteilen oder anderen die Schuld dafür zu geben, dass diese Gefühle ausgelöst wurden. In uns allen wallen Gefühle auf. Sie sind ein Teil des Lebens. Lassen Sie sie ganz natürlich kommen.

❷ Akzeptieren Sie Ihre Gefühle mit Anteilnahme und sagen Sie ihnen: *Ich höre dich. Ich höre deine Botschaft. Und ich bleibe in der Gegenwart, um entsprechend zu handeln.* Wenn Ihre Gedanken Sie aus der Gegenwart wegzerren wollen, um Schatten aus der Ver-gangenheit oder Phantomen aus der Zukunft nachzujagen – und das passiert uns allen –, dann bestätigen Sie sanft: *Ich achte und respektiere mich, indem ich in die Gegenwart zurückkehre – zu dem, was in diesem Augenblick ansteht. Ich achte und respektiere mich, indem ich in meinem Herzen bleibe.* Wenn Sie in der Gegenwart und in Ihrem Herzen bleiben, statt in Ihrem Kopf von einer Geschichte in die nächste zu springen, werden Sie weise auf das antworten können, was geschieht. In Ihrem Herzen tragen Sie die kreative Lösung jedweden Problems.

❸ Hören Sie auf das, was Ihre Gefühle Ihnen sagen, während Sie die folgenden Fragen beantworten:
- Was für Gefühle habe ich bezüglich dieser Situation?
- Wo in meinem Körper äußern sich diese Gefühle?
- Wie würde ich beschreiben, wie sich das anfühlt?
- Wenn das Gefühl sprechen könnte, was würde es sagen?
- Welche Annahme, welche Angst oder Sorge treibt dieses Gefühl an? Ist die Annahme oder die Angst begründet, oder ziehe ich voreilige Schlüsse?
- Was verlangt das Gefühl von mir?

- Welche neuen Entscheidungen kann ich treffen, um das, was ich entdeckt habe, praktisch umzusetzen und mich weiterzuentwickeln, damit ich in Bezug auf diese Situation Frieden empfinde? (Vielleicht müssen Sie etwas ganz Bestimmtes tun, aber vielleicht brauchen Sie auch nur das Gefühl anzuerkennen und loszulassen, so dass es vorüberzieht wie eine Wolke am Himmel.)

KAPITEL 10

WENN DER WEG ZU ENDE IST

Wenn der Weg zu Ende ist, verändere dich –
wenn du dich verändert hast, kommst du weiter.

— I GING

Sobald Sie mit Ihren wahren Gefühlen in Kontakt stehen und sich für die Erfüllung Ihrer Bedürfnisse einsetzen, werden sich die Ereignisse und die Menschen, die in Ihr Leben treten, dramatisch verändern. Es entstehen unweigerlich neue und bessere Gelegenheiten. Ihre innere Flamme wird stärker und heller.

Diane stellte fest, wie gewaltig sich ihr Leben veränderte, sobald sie ihren Gefühlen entsprechend handelte, als sie ganz unerwartet mit einem Problem konfrontiert wurde, das sowohl ihre Karriere als auch ihren Charakter auf die Probe stellte. Sie dachte, sie hätte endlich einen Arbeitsplatz am richtigen Ort gefunden, der für ihren beruflichen Werdegang genau richtig war. Sie war die Assistentin des Firmenbesitzers und arbeitete direkt mit ihm zusammen. Und eines Tages stellte sie fest, dass ihr Chef auf unethische Weise mit seinen Kunden umging. Sie wusste, dass dies Unrecht war und hoffte, dass irgendetwas passieren würde, um das Problem zu beseitigen, damit sie keinen peinlichen Wirbel veranstalten musste. Aber es änderte sich nichts, und Diane wusste, dass sie die Situation nicht einfach ignorieren konnte. Endlich nahm sie allen Mut zusammen und sprach mit ihrem Chef darüber, aber er nahm ihre Besorgnis nicht ernst. Sie sagte ihm, dass sie kündigen würde, wenn er sein Verhalten nicht innerhalb einer Woche änderte. Sieben Tage später musste Diane tatsächlich mit einem Karton unter dem Arm, der ihre persönlichen Habseligkeiten enthielt, das Firmenbüro verlassen.

In der Eingangshalle des Bürogebäudes blieb sie stehen, um Atem zu schöpfen, und fragte sich, was sie nun anfangen sollte – ohne Job, ohne Abfindung und ohne irgendwelche Aussichten auf eine neue Stellung. Genau in diesem Moment blieb ein älterer, gut gekleideter Herr neben ihr stehen. Er hatte Schwierigkeiten, seine neue Aktentasche zu öffnen. Instinktiv bot Diane ihm ihre Hilfe an und erkannte sofort, was das Problem war. »Sie sind clever«, sagte der Mann und dankte ihr. »Wenn ich so clever bin«, gab sie ohne nachzudenken zurück, »dann sollten Sie mich vielleicht engagieren!« Wie es sich herausstellte, suchte der Mann gerade nach einer guten Führungskraft für das Büro seiner Firma. Diane war ideal für diesen Job.

IRRGLAUBE
Wenn ich diese Beziehung, diesen Arbeitsplatz oder diese Situation aufgebe, bekomme ich vielleicht nie wieder eine bessere Chance.

MAGIE
Wenn ich mich von einer Situation verabschiede, die für mich nicht funktioniert, schaffe ich Platz für ein neues Geschenk, das in mein Leben kommen kann.

»Er hatte solchen Respekt vor mir, und das Gehalt bei dem neuen Job war viel höher als bei dem alten«, erzählte sie mir später. »Eigentlich hätte ich überhaupt keine Angst davor haben müssen, meine Überzeugungen zu vertreten oder den alten Job aufzugeben.« In Wahrheit wartete das Universum nur darauf, dass sie in ihrem Leben einen Freiraum schuf, damit sie dieses Geschenk empfangen konnte. Manchmal ist es richtig, einfach wegzugehen. Dadurch entsteht eine Öffnung, und das Leben kann seinen Zauber wirken lassen.

Wenn etwas zu Ende geht, sind Sie vielleicht versucht, mit Reue, Bitterkeit oder Schuldzuweisungen darauf zu reagieren. Stattdessen sollten Sie in der Gewissheit reagieren, dass Sie aus irgendeinem Grund den Weg, auf dem Sie unterwegs sind, verlassen und eine andere Richtung einschlagen müssen. Stellen Sie das nicht in Frage und lassen Sie nicht den Kopf hängen, als hätten Sie etwas falsch gemacht oder als würden Sie bestraft.

Erwarten Sie, dass Sie das neue Abenteuer mit der Zeit auf ganz besondere Weise belohnen wird und dass diese Veränderung letzten Endes zu Ihrem Besten geschieht. Gründen Sie Ihre neuen Entscheidungen auf diese Tatsachen, denn dadurch achten und respektieren Sie das, was Sie sind, und das, was Sie werden sollen.

DER PHÖNIX IN UNS ALLEN

Warum haben wir den instinktiven Reflex, uns oder anderen die Schuld zu geben, wenn wir erleben, dass etwas zu Ende geht? Erstens hängen wir dem Irrglauben an, dass ein Ende immer falsch sein muss – ja, dass ein Ende unnatürlich ist. Noch mehr verstört uns vielleicht, dass wir keinerlei Kontrolle darüber haben, wie und wann das Ende eintritt. Aber wie sollten wir das schon kontrollieren? Das Einzige, worüber wir jemals die Kontrolle haben, sind wir selbst und nicht die Dinge, die um uns herumwirbeln.

Benjamin Franklin hat einmal geschrieben: »Nichts auf dieser Welt ist gewiss, außer dem Tod und den Steuern.« Aber es gibt noch etwas, auf das wir uns verlassen können – nämlich darauf, dass sich die Dinge ändern. Alles verändert sich. Ein Ende ist keine Ausnahme, sondern die Regel. Jeder Tag endet und gibt dadurch einer neuen Morgendämmerung Raum. Jede Jahreszeit wandelt sich in die nächste um. Der Neumond wird bald zum Vollmond und umgekehrt. Unser Leben und die Ereignisse, die es durchziehen, werden vom selben universellen Kreislauf bestimmt: Geburt, Wachstum, Reife, Verfall, Ruhen und dann wieder die Erneuerung.

Der altgriechische Philosoph Heraklit sagte: »Die einzige Konstante ist die Veränderung.« Auf der ganzen Welt verkünden uns Geschichten und Traditionen diese Wahrheit. Beispielsweise benutzen die nordamerikanischen Indianer den Kreis als Symbol für die unvermeidlichen Lebenszyklen der Veränderung und Transformation. »Die Macht der Welt arbeitet stets zyklisch ... Und so ist es überall, wo sich Macht äußert.« Im mystischen Buch der Offenbarung steht: »Ich bin das Alpha und das Omega, der Anfang *und* das Ende.« Anfang und Ende jedes Lebens spiegeln sich auch in der heiligen Dreieinigkeit der Hindu: Brahma, Wischnu und Schiwa, die den Schöpfer, den Erhalter und den Zerstörer repräsentieren.

In der Hindutradition werden die Transformationen des Lebens auch in der Ikonographie der Kali dargestellt – der Göttin des Lebens und des Todes, der Transformation und der Auflösung. Um den Symbolismus zu verstehen, der sich in den Göttern und Göttinnen der Hindu äußert, müssen Sie sich klarmachen, dass sie alle eine bestimmte Funktion des Göttlichen ausdrücken.

Ihre Eigenschaften und ihr Charakter repräsentieren Lebensvorgänge, die auch wir erleben werden.

Kali ist eine paradoxe Figur. Wie die Kräfte der Veränderung, die uns heimsuchen, ist sie zugleich grimmig und liebevoll, furchterregend und freundlich. Sie wird mit vier Armen, zerzaustem Haar und einer Halskette aus Schädeln dargestellt. In ihren beiden rechten Händen hält sie mütterliche Segenssymbole für uns bereit, die für die schöpferische Seite des Lebens mit seinen neuen Anfängen stehen. In den anderen Händen (in diesem Fall in den linken) schwingt sie ein Schwert der Weisheit und einen abgeschlagenen Kopf. Diese symbolisieren ihre Fähigkeit, Menschen von allen Fesseln zu befreien, die sie an das Trügerische binden, und ihre Unwissenheit zu beenden. Wenn im Leben etwas zu Ende geht, bedeutet dies oft ein Ende der Unwissenheit, denn wir begreifen eine Wahrheit, die wir vorher nicht kannten, und beschließen, dass es Zeit für den nächsten Schritt ist.

Ein anderes tiefes und universelles Symbol der Transformation ist in der uralten Legende des Phönix überliefert. Man findet diese Legende in der einen oder anderen Form in vielen Ländern, darunter in Ägypten, Persien, Griechenland, China und Irland. Sie berichtet von einem erstaunlichen Vogel, der sich im hohen Alter ein Nest baut, dieses anzündet und in den Flammen verbrennt. Aus der Asche seines eigenen Endes erhebt sich ein neuer Phönix.

IRRGLAUBE
Wenn ich mich genügend anstrenge, kann ich kontrollieren, was in meinem Leben geschieht.

MAGIE
Ein Ende ist ein natürlicher Bestandteil des Lebenszyklus. Ich achte und respektiere mich, indem ich jedes Ende und die Transformation, die es bringt, akzeptiere.

Alle diese Traditionen und noch viele andere mehr sollen uns daran erinnern, dass auch wir uns in einem fortwährenden Tanz der Veränderung befinden, wobei unsere abgenutzten Auffassungen, Besitztümer, Gewohnheiten, Beziehungen und sogar Daseinsformen Platz für Neues schaffen. Wenn ein Ende anklopft, brauchen Sie keine Angst davor zu haben. Respektieren Sie es, achten Sie es und machen Sie sich klar, dass auch Sie den Phönix in sich tragen.

DIE WÄNDE HOCHGEHEN

Zwar misst die moderne Gesellschaft den Meilensteinen unserer inneren Reise nicht viel Bedeutung bei, aber auch heute kann man noch Gleichnissen begegnen, die ein Ende und seine Verknüpfung mit einem Neuanfang symbolisieren. Denken Sie beispielsweise an Zeremonien wie das jüdische Bar Mitzwah und Bat Mitzwah, mit denen der Eintritt ins Erwachsenenalter gefeiert wird, oder die Abiturfeier, die mehr bedeutet als nur das Ende der Schulzeit. Abschlussfeiern symbolisieren nicht nur das Ende einer Epoche, sondern feiern zugleich den Beginn einer neuen Ära. Darum nennt man sie auch »Vorübungen eines Neubeginns«.

Wenn Sie in irgendeiner Form ein Ende erleben, dann betrachten Sie es als Vorübung eines Neubeginns. Das Leben ist ein Klassenzimmer, und oft bedeutet ein Ende in Wahrheit, dass wir das Klassenziel erreicht haben und versetzt werden, auch wenn es sich anfangs sehr oft völlig gegenteilig anfühlt. Meist tritt ein Ende ein, weil wir eine Lektion gelernt haben und für die nächste bereit sind – oder wir haben alle Möglichkeiten einer Situation ausgeschöpft und brauchen ein neues Umfeld, das uns neue Möglichkeiten bietet. Ein Ende ist nicht nur natürlich, sondern sogar notwendig. Wenn in Ihrem Leben ein Ende auftaucht, können Sie sicher sein, dass es seinen Sinn hat.

Woher wissen wir, wann es Zeit ist, ein Ende zu feiern und den nächsten Schritt zu tun?

Denken Sie an eine Pflanze, die nicht mehr genügend Platz zum Wachsen hat, weil ihre Wurzeln sich nicht weiter ausbreiten können. Wenn das geschieht, dann drängen die Wurzeln nach Nahrung und klettern buchstäblich an den Wänden des Blumentopfes empor. Die Pflanze wächst immer langsamer und hat auch nicht so viele Blüten, wie sie haben sollte. Um zu überleben und zu gedeihen, braucht sie einen größeren Behälter, der mit neuer, nahrhafter Erde gefüllt ist.

Dasselbe gilt für uns. Wenn wir nicht genügend Platz zum Wachsen haben, dann fangen auch wir an, »die Wände hinaufzugehen«. Wir werden immer langsamer und deprimierter. Wir fühlen uns nicht mehr vital und lebendig. Wenn wir nicht selbst aktiv werden und das Übel beseitigen, tut uns oft das Leben selbst diesen Gefallen. Wir stellen plötzlich fest, dass wir entwurzelt und umgepflanzt werden, ohne dass wir begreifen warum. Wenn wir aber aufmerksam sind, werden wir merken, dass diese Veränderung genau das ist, was wir gebraucht haben. Tatsächlich hat sie uns gerettet: Sie hat uns neues Leben gegeben.

Es ist nicht immer leicht, selbst Veränderungen herbeizuführen, und deshalb hat das Leben seine Methoden, einzuschreiten und uns diese Arbeit abzunehmen. Ich habe eine jüngere Freundin, die sich nach sechs Jahren von ihrem Freund trennte. Als ihre gemeinsame Zeit dem Ende zuging, behandelte er sie schlecht und betrog sie. Er war unreif, und sie merkte, dass sie beide weder emotional noch spirituell auf der gleichen Stufe standen. Sie wusste zwar, dass die Trennung gut für sie war, aber trotzdem hatte sie hinterher noch monatelang nagende Zweifel. Ein Teil von ihr dachte, dass sie vielleicht dazu bestimmt gewesen waren, zusammen zu sein – aber ein anderer Teil von ihr wusste instinktiv, dass sie in dieser Beziehung keinen Platz mehr zum Wachsen gehabt hatte. Ihre Wurzeln waren eingeengt gewesen.

Sie brauchte lange, bis sie endlich darauf vertrauen konnte, dass ihr Instinkt recht gehabt hatte und das unreife Verhalten des jungen Mannes lediglich der Katalysator gewesen war, mit dessen Hilfe das Leben ihre Befreiung ermöglichte. Letzten Endes hatte das Universum ihn aus der Beziehung gefeuert, und sie war befördert worden. So einfach war das.

Genau wie meine Freundin haben viele von uns Schwierigkeiten, etwas loszulassen und ein Ende zu akzeptieren. Vielleicht sorgt das Leben deshalb dafür, dass wir so oft Gelegenheit haben, uns darin zu üben. Selbst Kleinigkeiten können uns daran erinnern, im Strom der Veränderungen mitzufließen und zu bejahen, wenn etwas endet. Das ist mir passiert, als vor nicht allzu langer Zeit mein Telefon plötzlich nicht mehr funktionierte. Ich weigerte mich zu glauben, dass mein Telefon kaputt gegangen war, und gab eine Menge Geld für eine spezielle, neue Batterie aus. Dadurch wurde das Problem aber nicht behoben, denn das eigentliche Problem war ich selbst. Ich weigerte mich, das Unausweichliche zu akzeptieren. So albern das auch klingen mag – ich hing geradezu an meinem Telefon. Ich hatte alle meine wichtigen Telefonnummern einprogrammiert. Mir gefiel seine weiße Farbe. Keines der neuen Telefone, die ich überall sah, gefiel mir so gut wie mein alter Freund.

Als mir klar wurde, dass ich ein neues Telefon kaufen musste, jammerte ich und rechnete mit dem Schlimmsten. Doch dann stellte sich heraus, dass das neue Telefon einige Funktionen besaß, die ich sehr nützlich fand – und bald fragte ich mich, wie ich je ohne sie zurechtgekommen war.

Letzten Endes musste ich zugeben, dass das Kaputtgehen meines Telefons gar keine lästige Unannehmlichkeit gewesen war und auch kein gemeiner Streich der bösen Kobolde. Es hatte seinen Sinn gehabt. Und es lehrte mich, dass ich eine Menge Zeit, Energie und Geld hätte sparen können, wenn ich früher bereit gewesen wäre, loszulassen.

DIE VERGANGENHEIT IST IMMER EIN VORSPIEL

Die folgende, berührende Geschichte aus dem alten Indien beweist, dass es der Menschheit schon immer schwerfiel, mit dem Erleben eines Endes umzugehen. Als der einzige Sohn einer jungen Frau stirbt, ist sie so unglücklich, dass sie den Verlust nicht akzeptieren will. Sie nimmt den toten Sohn in die Arme, trägt ihn zu all ihren Nachbarn und bettelt überall um Medizin, die ihn von seiner Krankheit heilen soll. Schließlich rät ihr einer der Nachbarn, mit dem Buddha zu sprechen. Die verzweifelte junge Frau sucht ihn auf und bittet wieder um Medizin, um ihren Sohn zu heilen. Obwohl er von Mitgefühl für die arme Frau erfüllt ist, geht er nicht auf ihre Floskeln ein. Stattdessen sagt der Buddha: »Zunächst brauche ich eine Handvoll Senfsamen, aber sie müssen aus einem Haus kommen, in dem niemand je ein Kind, einen Ehepartner, ein Elternteil oder einen Freund verloren hat.«

Die junge Frau eilt von Haus zu Haus und klopft eifrig an jede Tür, aber sie findet niemanden, der dieses Kriterium erfüllt. In jedem Haus wohnt jemand, der einen geliebten Menschen verloren hat. Endlich, spät in der Nacht, setzt sie sich an den Straßenrand und beobachtet, wie die Lichter in der Stadt eines nach dem anderen ausgehen – genau wie die Leben all derer, die hinübergehen, und genau wie das Leben ihres Sohnes. »Wie selbstsüchtig von mir, derart zu trauern«, sagt sie sich. »Der Tod kommt zu allen. Es gibt nur ein Gesetz, und dieses Gesetz besagt, dass alles vergänglich ist. Alles verändert sich.« Als sie dies begriffen hat, kann sie sich endlich gebührend von ihrem Sohn verabschieden und in die nächste Lebensphase eintreten.

Die Abschlüsse und Veränderungen in unserem Leben können zweifellos schmerzhaft sein, aber wir verstärken den Schmerz nur, wenn wir sie als »schlimm« oder »falsch« oder als »Scheitern« betrachten und stur an den Dingen festhalten. Der

Film *E-Mail für dich* ist hierfür ein weiteres gutes Beispiel. Kathleen, die Besitzerin eines kleinen Kinderbuchladens (gespielt von Meg Ryan) wird aus dem Geschäft gedrängt, als in der Nähe ein großer Buchladen aufmacht, der zu einer landesweiten Kette gehört. Die ganze Situation scheint äußerst unfair zu sein. Kathleen klammert sich an den gewohnten Zustand und appelliert sogar an die Öffentlichkeit, sie in ihrer gerechten Sache zu unterstützen, aber es nützt alles nichts. Als ihr Geschäft schließlich eingeht und sie gezwungen ist, alles zusammenzupacken und ihren Laden zu schließen, bekommt sie unerwartet eine großartige Chance, die sie sich nie hätte träumen lassen. Man bietet ihr einen Job als Kinderbuchautorin an. Nun kann sie das Leben von viel mehr Kindern berühren, als es ihr mit ihrem kleinen Buchladen je möglich gewesen wäre. Die Arbeit, die sie in den Buchladen investiert hatte, entpuppte sich lediglich als Vorspiel für dieses neue Unterfangen. Sie war die ganze Zeit über im Trainingslager gewesen. Das Ende stellte sich als Beförderung heraus.

Diese Geschichte ist nur allzu typisch für das Verhalten, zu dem wir neigen, wenn wir mit einem unerwarteten Ende konfrontiert werden – sei es nun ein kaputtes Telefon, eine zerbröckelnde Beziehung oder eine drohende Kündigung. Wenn hinter den Kulissen ein Ende wartet und sich bereit macht, auf die Bühne zu treten, dann entwickeln wir möglicherweise das frenetische Bedürfnis, uns an das zu klammern, was uns vertraut ist. Wir wünschen uns verzweifelt, eine Situation zu bereinigen und sie aufrechtzuerhalten, obwohl unser inneres Selbst uns auffordert, dies alles zu transformieren. Wir verlängern lediglich unseren Verdruss und Schmerz, wenn wir uns weigern zu akzeptieren, dass jedes Ende in Wahrheit von unserer eigenen Seele und zu unserem eigenen Besten inszeniert wurde.

Es kann uns Angst einjagen, ins Unbekannte zu springen, aber sobald wir ein Ende akzeptieren und nach vorne schauen, statt ständig zurückzublicken, öffnen sich die Türen zur Transformation weit. Joseph Campbell, ein berühmter amerikanischer Mythenforscher, sprach genau diesen Punkt an, als er schrieb: »Ein Tipp, den ein junger Indianer zur Zeit seiner Einweihung bekommt, lautet: ›Wenn du den Weg des Lebens beschreitest, wirst du einen großen Abgrund sehen. Spring hinüber. Er ist nicht so breit, wie du denkst.‹«[1]

KAPITEL 11

DIE LAST ABLEGEN UND LOSFLIEGEN

»Er hat mich gequält, er hat mich geschlagen, er hat mich besiegt, er hat mich beraubt« – wer solche Gedanken hegt, in dem wird der Hass niemals aufhören.

– DHAMMAPADA

Im Zyklus des Gebens und Annehmens, der Ihr Leben ist, gibt es eine ganz besonders mächtige Form des Gebens – nämlich im Zweifel zugunsten des anderen zu entscheiden. Um das zu tun, müssen Sie Ihre Parteilichkeit ablegen. Sie müssen Ihre reflexartigen Urteile, Ihren Groll und Ihre Missgunst außen vor lassen, um das, was vor Ihnen liegt, als das erkennen zu können, was es ist – ungetrübt von all Ihren Voreingenommenheiten und Vorurteilen.

Eine meiner liebsten Weisheitsgeschichten aus der chassidischen Tradition verdeutlicht, was passieren kann, wenn wir das enge Denken unserer gewohnten Vorurteile loslassen. Ein Rabbi hatte die Angewohnheit, sich manchmal in eine Hütte im Wald zurückzuziehen, um dort eine Zeit lang allein zu sein. Eines Tages klopfte der Abt eines nahen Klosters an die Tür seiner

Waldhütte und bat, mit ihm sprechen zu dürfen. Der Abt erklärte, dass er sich Sorgen machte, weil inzwischen nur noch
fünf Mönche in dem Kloster lebten, die alle über siebzig Jahre
alt waren. Er befürchtete, dass es bald niemanden mehr geben
würde, der ihre Traditionen weiterführte, und wollte wissen,
ob der Rabbi ihm vielleicht einen Rat geben könnte.

Der Rabbi gab zu, dass die Mitgliederzahl in seiner Synagoge
ebenfalls zurückging. »Ich kann dir leider keinen Rat geben«,
sagte er, »aber ich kann dir eins sagen: Einer der Mönche in
deinem Kloster ist der Messias.«

Der Abt teilte den anderen Mönchen diese überraschende
Neuigkeit mit. Es erschien ziemlich unwahrscheinlich, dass
einer von ihnen wirklich der Messias sein sollte, aber sie dach-
ten dennoch unwillkürlich über die Worte des Rabbis nach.
Natürlich hatten sie alle ihre speziellen Eigenheiten – aber
was, wenn der Rabbi die Wahrheit gesagt hatte? Mit diesem
Gedanken im Kopf begannen die Mönche, über die irritieren-
den Angewohnheiten der anderen hinwegzusehen und sich
mehr auf ihre guten Eigenschaften zu konzentrieren. Genauso
wichtig war, dass jeder Mönch anfing, sich über seine eigenen
Tugenden zu freuen, statt sich nur auf die eigenen Fehler zu
konzentrieren. Kurz gesagt: Im Laufe der Wochen kritisierten
die Mönche einander und auch sich selbst immer weniger. Sie
fingen an, sowohl einander als auch sich selbst zu achten und
zu respektieren. Der Same, den der Rabbi gepflanzt hatte, trieb
allmählich Wurzeln.

Jeden Sommer kamen Bewohner der nahen Stadt zu einem
Picknick auf das Grundstück des Klosters. In diesem Jahr fiel
ihnen auf, mit welcher Achtung und Wärme die heiligen Brüder einander und auch ihre Besucher behandelten. Die Mönche
waren äußerst freundlich und respektvoll. Sie strahlten Fried-
fertigkeit und Freude aus. Einige der jungen Männer aus der
Gegend fingen an, den Abt zu fragen, ob sie dem Orden beitreten und an der besonderen Lebensweise der Mönche teilhaben

könnten. Diese jungen Mönche zogen dann ihrerseits wieder andere an. Bald war das Kloster nicht nur von Leben erfüllt, sondern es war auch für alle umliegenden Siedlungen zu einem leuchtenden Beispiel der tätigen Liebe geworden.

Indem sie ihre kleinlichen Vorurteile aufgaben und im Zweifel zugunsten des anderen entschieden, hatten sich die fünf älteren Mönche aus ihrem eingeengten Denken befreit, in dem sie gefangen gewesen waren. Sobald sie sich auf ihre positiven Eigenschaften konzentrierten, blühten diese Eigenschaften auf und trugen weit über ihre eigene Lebensspanne hinaus Früchte.

Diese Geschichte erhebt eine Grundsatzfrage: Ist es der Zweck unseres Lebens oder gar der Spiritualität, Buch über unsere Fehler zu führen und alles auszurotten, was an unserer Persönlichkeit anscheinend den Regeln zuwiderläuft? Oder möchte die innere Kunst des Gebens und Annehmens, ja die Kunst des Lebens selbst, dass wir uns über das Beste in uns selbst und in den anderen freuen – im Wissen, dass diese Eigenschaften dadurch stärker und leuchtender werden?

IRRGLAUBE
Die Welt wird ein besserer Ort, wenn ich mich darauf konzentriere, meine Fehler auszumerzen, und anderen dabei helfe, dies ebenfalls zu tun.

MAGIE
Wenn ich mich auf etwas konzentriere, leite ich meine Energie dorthin. Wenn ich mich also über etwas freue, sei es in mir oder in den anderen, wird dies stärker und gedeiht.

Die Macht der Anerkennung kann gar nicht stark genug betont werden. Anerkennung ist die höchste Motivation und intensiviert das Gute. Mutter Teresa stellte einmal fest: »Wenn man die Leute verurteilt, hat man keine Zeit, sie zu lieben.« Wenn wir lieber anerkennen als kritisieren, dann verlassen wir die mentale, urteilende Ebene und handeln aus dem Herzen – und das, was vom Herzen genährt wird, gedeiht immer prächtig. Natürlich ist es wichtig, dass wir uns selbst verbessern und diejenigen, die unter unserem Schutz stehen, anleiten – aber wir alle machen schneller Fortschritte, wenn man uns anerkennt und lobt. Wie oft am Tag nehmen Sie sich einen Moment Zeit, um in Ihr Herz zu gehen und Ihren Freunden, Familienmitgliedern und Mitarbeitern in spezifischen Worten zu sagen, auf welche Weise ihre Worte, Taten oder Begabungen Ihnen persönlich geholfen haben?

Das Konzept, dass das, was wir anerkennen, besser wächst, ist keineswegs nur ein Klischee. Doch die Art, wie wir andere wahrnehmen und behandeln, hat auch auf uns selbst grundlegende Auswirkungen. Wenn wir über andere urteilen oder uns unbewusst weigern, uns im Zweifel zu ihren Gunsten zu entscheiden, dann schränken wir das ein, was wir selbst empfangen können.

Die spirituelle Autorin Elizabeth Clare Prophet hat dies folgendermaßen auf den Punkt gebracht: »Immer, wenn wir andere begrenzen, begrenzen wir uns selbst.« Der Grund dafür ist einfach. Wenn Ihr Herz nicht groß genug ist, um das strahlendste Bild der anderen aufzunehmen, ganz egal wie diese sich zuvor verhalten haben mögen, dann können Sie sich mit Sicherheit auch nicht vorstellen, was Sie selbst werden können. Wenn Sie Ihr Herz erweitern, um im Zweifel zugunsten der anderen zu entscheiden, dann erschaffen Sie zugleich mehr Wachstumsraum für sich selbst.

WENN WIR NICHT VERZEIHEN

Was ist, wenn wir uns im Zweifelsfall zugunsten eines anderen entschieden haben und der- oder diejenige uns oder andere

daraufhin immer und immer wieder verletzt? Wie können wir
unsere Abneigung überwinden, unser Herz öffnen und weiterhin geben? Es ist nicht leicht. Selbst wenn wir schon längst
Lebewohl gesagt haben und uns weit vom Schauplatz dieses
Schmerzes entfernt haben, kann die Erinnerung daran immer
noch wehtun.

In Wahrheit gibt es nur einen einzigen Grund dafür, dass es
uns nicht viel leichter fällt, zu verzeihen. Und der hat damit zu
tun, dass wir eine falsche Auffassung davon haben, was Vergebung eigentlich ist und was geschieht, wenn wir verzeihen.
Viele von uns nehmen irrtümlich an, dass Vergebung etwas für
Schwächlinge sei. Wir meinen, wenn wir vergeben, dann unterwerfen wir uns dadurch einem Rüpel, der nicht das Recht
hat, uns herumzustoßen. Oder vielleicht denken wir, dass wir
das üble Verhalten des Schuldigen fördern, wenn wir ihm vergeben und ihm dadurch grünes Licht geben, auch künftig so zu
handeln. Dies alles ist jedoch nichts als ein Irrglaube.

Vergebung heißt nicht, dass Sie mit dem unerhörten Benehmen anderer einverstanden sind, oder gar, dass Sie so töricht
sind, sich diesem Benehmen erneut zu unterwerfen. Sie können
vergeben und dennoch Maßnahmen zu Ihrer Verteidigung ergreifen. Sie können vergeben und dennoch ganz genau wissen,
was Sie von nun an in Ihrem Leben nicht mehr hinnehmen
werden. Und außerdem befreit der Vergebungsakt niemanden
von der Verantwortung für seine Vergehen. Unsere Vergebung
löscht nicht die Tatsache aus, dass jemand anders sich verab-
scheuungswürdig verhalten hat.

Rabbi Harold Kushner erklärte dies einer hasserfüllten Frau
in seiner Gemeinde, die darum kämpfte, den Lebensunterhalt
für sich und ihre drei Kinder zu bestreiten, nachdem ihr Mann
sie sitzen gelassen hatte. Als sie Rabbi Kushner fragte, wie sie
diesem Mann jemals verzeihen sollte, sagte er: »Ich fordere Sie
nicht auf, diesem Mann zu verzeihen, weil das, was er getan
hat, akzeptabel gewesen wäre. Das war es keineswegs ... Ich for-

dere Sie auf, ihm zu verzeihen, weil er es nicht verdient hat, solche Macht auszuüben und weiterhin in Ihrem Kopf zu leben und Sie zu einer verbitterten, zornigen Frau zu machen.« Dann erklärte er ihr, dass sie ihrem Mann ja gar keinen Schaden zufügte, wenn Sie an ihrem Groll festhielt, sondern nur sich selbst. Vergebung, schreibt Rabbi Kushner, ist nicht etwas, was wir für andere tun. »Vergebung spielt sich in uns ab«, erklärt er. Es bedeutet nichts anderes als zu sagen: »Ich weigere mich, dir die Macht zu geben, mich als Opfer zu definieren«.[1]

IRRGLAUBE
Wenn ich anderen vergebe, heiße ich dadurch ihr Verhalten gut und nehme ihnen die Verantwortung ab.

MAGIE
Wenn ich vergebe, heiße ich dadurch übles Verhalten nicht gut und entlasse andere auch nicht aus ihrer Eigenverantwortung. Wenn ich vergebe, befreie ich mich selbst.

Wenn Sie jemandem verzeihen und sich »im Zweifel für den Angeklagten« entscheiden, könnten Sie den Betreffenden dadurch sehr wohl befreien und ihm eine weitere Chance geben. Erheblich wichtiger ist jedoch die paradoxe Tatsache, dass Sie *sich selbst befreien*, indem Sie anderen verzeihen. Komischerweise neigen wir zu der Auffassung, dass wir andere aus unserem Leben verbannen und unsere Verbindung mit ihnen beenden, wenn wir uns weigern, ihnen zu verzeihen.

Aber wenn wir an unserem Groll festhalten – mit Betonung auf *festhalten* –, dann beenden wir dadurch überhaupt nichts. Wenn wir Bitterkeit, Groll oder gar Rachsucht aufrechterhalten, bleiben wir mental und emotional an das Geschehene gebunden. Und dadurch erreichen wir lediglich, dass wir in einer

engen Beziehung mit genau den Leuten verstrickt bleiben, von
denen wir uns verabschieden wollen.

Aufmerksamkeit ist Energie. Immer, wenn Sie Ihre Aufmerksamkeit einem Menschen oder einer Sache widmen, erzeugen
Sie einen Energiestrom, der sie miteinander verbindet. Dabei
spielt es keine Rolle, ob Ihre Gedanken liebevoll oder ärger-
lich und wütend sind. In jedem Fall erzeugen Sie eine Energie-
verbindung, die von Ihrer Aufmerksamkeit gespeist wird. Der
Mystiker Saint Germain beschrieb die enorme Kraft unserer
Gedanken, als er sagte: »Aufmerksamkeit ist der Schlüssel. Worauf sich die Aufmerksamkeit des Menschen richtet, dorthin
geht auch seine Energie, und er selbst kann nur noch folgen.«[2]
Sobald Sie diese Energiegleichung verstanden haben, liegt es
auf der Hand, dass Sie sich automatisch an jemanden binden,
wenn Sie ihn fortwährend hassen, ihm grollen oder auf ihn wütend sind. Sie glauben vielleicht, Feindseligkeit sei die richtige
Reaktion, um sich von anderen zu distanzieren, aber auf der
energetischen Stufe bleiben Sie gerade durch Ihre Feindseligkeit an sie gebunden. Sie intensiviert die Verbindung.

Ein anderer Folgeaspekt unserer Nicht-Vergebung ist, dass
unsere Feindseligkeit uns buchstäblich Lebensenergie entzieht.
Sie splittert unsere Aufmerksamkeit auf, so dass uns für die Lebensbereiche, um die wir uns kümmern müssen, keine hundert
Prozent mehr zur Verfügung stehen. Die von uns erschaffene
Situation ist dann so ähnlich, als wollten wir mit dem Schlauch
unseren Garten gießen und stellten fest, dass lediglich ein dün-
nes Rinnsal herauskommt, weil der Schlauch lauter große Löcher hat. Wenn wir die Löcher nicht reparieren, steht uns nur
ein Bruchteil des Wassers zur Verfügung, das normalerweise
durch den Schlauch fließen würde.

Auch wenn wir uns noch so sehr einreden, dass es uns ein
gewisses Maß an Kontrolle verschafft, nicht zu verzeihen – in
Wahrheit sind wir diejenigen, die von all dem kontrolliert werden, denn wir lassen zu, dass unsere wertvolle Energie und

Aufmerksamkeit davon beansprucht wird. Wenn wir nicht verzeihen, sind wir diejenigen, die darunter leiden. Vielleicht kennen Sie das folgende Sprichwort, das dies noch viel klarer ausdrückt: Wenn wir jemandem nicht verzeihen, dann ist das, als würden wir Gift trinken und erwarten, dass der andere daran stirbt.

IRRGLAUBE
Wenn ich mich weigere zu verzeihen, habe ich die Kontrolle.

MAGIE
Das, was ich nicht vergebe, kontrolliert mich.

In dem Film *Die Rückkehr der Jedi-Ritter* aus der Kinoserie *Star Wars* wird sehr plastisch beschrieben, was geschieht, wenn wir an unserer Wut festhalten. In der entscheidenden Szene stehen der böse Imperator und Darth Vader dem Helden Luke Skywalker Auge in Auge gegenüber. Der Imperator hat geduldig auf eine Gelegenheit gewartet, Luke auf die dunkle Seite zu ziehen, genau wie es ihm vor vielen Jahren mit Darth Vader gelang. Im kritischen Moment ködert der alte Mann den Jungen mit den Worten: »Jetzt schwillt der Hass in dir. Nimm deine Jedi-Waffe. Benutze sie ... Töte mich damit!«

Dann fasst der Imperator treffend zusammen, was Wut und Nicht-Vergebung uns antun, indem er zu Luke sagt: »Gib deiner Wut nach. Mit jedem Atemzug unterwirfst du dich meiner Macht mehr.« Der Imperator wusste: Je mehr wir hassen, desto mehr unterwerfen wir uns dem Objekt unseres Hasses. Zum Glück beherrscht sich Luke, bevor es zu spät ist. Indem er seine Aufmerksamkeit wieder auf sich selbst und auf seine Liebe richtet, rettet er nicht nur sich selbst, sondern es gelingt ihm außerdem, Darth Vader wieder auf die Seite des Lichts zurückzubringen.

Falls Sie denken, dass dies alles ein bisschen zu quallig klingt und die Vorteile der Vergebung esoterisches Gewäsch sind, sollten Sie wissen, dass ein blühendes neues Forschungsgebiet das Gegenteil beweist. Untersuchungen haben erwiesen, dass es uns auf sehr greifbare Weise schadet, wenn wir an Schuldzuweisungen, Feindseligkeit und Wut festhalten. Eine Studie erbrachte beispielsweise, dass nachtragende Gedanken deutlich schnellere Herzschläge und veränderten Blutdruck bewirken, während Gedanken der Vergebung von geringeren körperlichen Stressreaktionen begleitet wurden.

Eine Untersuchung von Menschen mit Kreuzschmerzen ergab, dass diejenigen, die verzeihen konnten, unter weniger Schmerzen, weniger Wut und weniger Depressionen litten als diejenigen, die nicht verziehen hatten. Die Hoffnung und Selbstachtung der Teilnehmer eines Experiments mit »Vergebungsstimuli«, die lernten, ihren Beziehungspartnern zu vergeben, waren hinterher wesentlich stärker ausgeprägt als vorher, und ihre Nervosität und Depressivität waren deutlich geringer. In einer anderen Untersuchung hatten Frauen, die den Vätern ihrer Kinder ihre Untugenden vergeben hatten, weniger Angstsymptome und Depressionen als die nachtragenden Frauen, und sie hatten auch einen ausgeprägteren Sinn für Selbstachtung und Zielgerichtetheit in ihrem Leben.[3]

Diese und andere Experimente machen deutlich, dass der Schaden, den wir uns selbst zufügen, wenn wir nicht verzeihen, nicht nur eine emotionale, sondern auch eine physische Belastung ist.

DIE EIGENDYNAMIK ANHALTEN

Wenn Sie Ihre falschen Auffassungen genau betrachten, die Sie eventuell daran hindern, die Kraft der Vergebung freizusetzen, dann entdecken Sie hinter den Spinnweben vielleicht noch ein paar andere abergläubische Grundsätze. Haben Sie je die innere Überzeugung empfunden, dass Sie, um den nächsten Schritt tun zu können, zunächst ganz sicher sein müssen, dass die Gerechtigkeit gesiegt hat? Hatten Sie je das Gefühl, Sie müssten verstehen, warum irgendetwas passiert ist, um darüber Frieden empfinden zu können?

»Warum ist das passiert? Warum mir? Warum jetzt?«, fragen wir uns. Vielleicht finden Sie die Antworten auf diese Fragen heraus. Vielleicht entdecken Sie, welche Lektion irgendein Ereignis Ihnen erteilen sollte, oder welcher Segen darin verborgen war. Möglicherweise hat es Sie aus einer ungesunden Beziehung befreit, Sie gestärkt oder darauf vorbereitet, anderen bei demselben Problem zu helfen. Womöglich hat etwas, das sich wie Verrat anfühlte, Sie sogar aus einer Situation befreit, die sich später zu einer absoluten Katastrophe entwickelt hätte. Vielleicht hat die Wunde, die Sie empfangen haben, dem Verursacher dabei geholfen, endlich die Torheit seiner oder ihrer Handlungen zu erkennen. Dennoch: Die tieferen Gründe und Lektionen werden vielleicht erst viel später ersichtlich. Womöglich werden Sie den Grund für irgendein bestimmtes Ereignis sogar niemals verstehen. Heißt das, dass Sie abwarten sollen, bevor Sie vergeben und Frieden finden?

Eine wunderbare Geschichte aus dem Leben Buddhas trifft den Kern dieser Frage genau. Ein Mönch, der ein Schüler Buddhas war, beschwerte sich bitterlich darüber, dass die Lehren seines Meisters nie die tiefsten metaphysischen Fragen berührten – etwa, ob die Welt unendlich oder endlich, ewig oder nicht ewig ist. Der Mönch war darüber sehr unglücklich und sagte, wenn ihm Buddha die Antworten nicht gab, würde er zu seiner früheren Lebensweise zurückkehren.

Buddha entgegnete, dass wir, wenn wir auf die Antworten auf solche Fragen warten, mit einem Mann vergleichbar sind, der von einem giftigen Pfeil verwundet wurde und zu dem eintreffenden Arzt sagt: »Ich werde nicht zulassen, dass du diesen tödlichen Pfeil herausziehst, bevor ich nicht den Namen des Mannes kenne, der mich verwundet hat, und seine Körpergröße und Hautfarbe, und aus welcher Stadt er stammt, und was für einen Bogen er benutzt hat, und woraus die Bogensehne bestand, und mit was für Federn der Pfeilschaft versehen wurde.« Der Verwundete wird sterben, bevor er die Antworten auf seine Fragen erhält, obwohl weder sein Überleben noch seine Heilung von ihnen abhängen.

Wovon hängt unsere Heilung aber ab? Wir alle werden ab und zu von irgendeinem wahnwitzigen Schicksal durch Steinwürfe oder Pfeile verwundet. Ist es wichtiger zu fragen: »Warum ist das passiert? Wer war dafür verantwortlich? Und wie kann ich es ihnen heimzahlen?« – oder heilen wir schneller und leben wir unbeschwerter, wenn wir den Giftpfeil herausziehen, das Ende akzeptieren und uns selbst befreien?

Selbstverständlich müssen wir alle, wenn wir anderen Schaden zufügen, für unsere Taten geradestehen und die Verantwortung dafür übernehmen, und deshalb haben wir Rechtssysteme – sei es zuhause, in der Schule oder vor Gericht. Aber die Weisen sagen uns, dass wir einem noch höheren Gesetz unterstehen – einem universellen Gesetz, das sich unweigerlich im Leben jedes Einzelnen auswirkt, nämlich dem Gesetz des Kreises.

Wenn wir Wut und Hass verbreiten, dann werden wir diese auch ernten – irgendwann, irgendwo. Wenn wir Liebe und Vergebung weitergeben, dann werden diese zu uns zurückkommen – irgendwann, irgendwo. In den Traditionen dieser Welt besteht daran kein Zweifel. Egal, ob Sie es nun als Karma bezeichnen oder als das Gesetz von Ursache und Wirkung, oder ob Sie sagen: »Was du säst, wirst du auch ernten«, oder einfach: »Wie man in den Wald hineinschreit, so schallt es heraus« – das Prinzip ist das gleiche.

Wir haben vielleicht keinen Einblick in die Auswirkungen dieses Kreislaufs auf das Leben der anderen. Und wir haben nicht unbedingt die Macht darüber, zu entscheiden, wie und wann ihnen Gerechtigkeit widerfährt. Doch wir haben die Macht, unser eigenes Leben wieder ins rechte Lot zu bringen und den Kreislauf des Hasses und der Rache zu beenden, der sich vor unserer eigenen Haustür abspielt. Niemand von uns wünscht sich Hass und Gewalt im Leben, aber wenn wir nicht verzeihen, dann sind wir selbst diejenigen, die diese Dinge am Leben erhalten. Wir beklagen uns über die wachsende Gewalt und den Hass auf unserem Planeten, aber wir spielen selbst eine Rolle dabei, diese Eigendynamiken zu verstärken, indem wir uns dafür entscheiden, uns selbst nicht zu verzeihen oder einen Schaden, der uns zugefügt wurde, mit saftigen Zinsen heimzuzahlen. Unsere eigene Verbitterung nährt das Ungeheuer.

Selbst in den schwierigsten und schmerzlichsten Situationen haben wir die Macht zu sagen: »Die Eigendynamik geht bis hierher und nicht weiter.« Der berühmte buddhistische Klassiker Dhammapada, eine Zusammenstellung der Aussprüche Buddhas, präsentiert uns diese schmerzliche Tatsache mit den Versen: »»Er hat mich gequält, er hat mich geschlagen, er hat mich besiegt, er hat mich beraubt‹ – wer solche Gedanken hegt, in dem wird der Hass niemals aufhören. Denn Hass wird nie durch Hass beendet, sondern allein durch die Liebe geheilt. Dies ist ein uraltes und ewiges Gesetz ... Wir alle werden eines Tages vergehen, und wenn jemand das weiß, werden seine Zerwürfnisse augenblicklich aufhören.«

EINE NEUE GESCHICHTE ERSCHAFFEN

»Er hat mich verletzt, sie hat mich betrogen, er hat mich verraten« – diese Aussagen sind Schnappschüsse eines Ereignisses, das sich möglicherweise zu irgendeinem Zeitpunkt einmal abgespielt hat. Wenn wir an dieser Geschichte festhalten und sie immer wie-

der erzählen und neu durchleben, dann akzeptieren wir das, was sich innerhalb eines winzigen Ausschnitts unseres Lebens ereignet hat, als unsere gesamte Lebensgeschichte. Natürlich ist es sehr wichtig, uns an schlimme Ungerechtigkeiten zu erinnern, egal ob sie Individuen, Rassen oder ganzen Nationen zugefügt wurden, damit wir verhindern können, dass solche Gräueltaten wieder geschehen. Wie der Philosoph George Santayana schrieb: »Wer die Vergangenheit vergisst, ist dazu verdammt, sie zu wiederholen.« Trotzdem: Das, was Ihnen widerfahren ist oder was Ihnen jemand irgendwann einmal angetan hat, muss nicht *die* Geschichte Ihres Lebens werden. Was geschehen ist, muss nicht Ihr Herz verschließen und Sie Ihrer Fähigkeit des Gebens und Annehmens berauben – außer, Sie bestehen darauf.

Das, was jemand anders sagt oder tut, kann Sie nur dann weiterhin bedrücken, wenn Sie die Erinnerung an diese Ereignisse wie einen Sack nutzloser Steine ständig auf dem Rücken mit sich herumschleppen. Welche Befreiung, die Last einfach abzustellen und wegzugehen. Wie viel schneller und weiter Sie reisen können! Ohne diese Last können Sie sogar fliegen.

Letzten Endes ist Vergebung eine weitere Methode, sich selbst zu achten und zu respektieren. Wenn Sie verzeihen, stellen Sie damit klar, dass Sie größer sind als das, was andere von Ihnen denken oder Ihnen antun. Außerdem stellen Sie damit klar, dass auch die Übeltäter potenziell größer sind als ihre Taten – so schwer Ihnen diese Einsicht auch fallen mag. Vielleicht wissen die Übeltäter das noch gar nicht, aber wenn Sie ihnen mit Mitgefühl vergeben, helfen Sie ihnen dabei, es zu erkennen.

IRRGLAUBE

Wenn ich verzeihe, ziehe ich den Kürzeren und trete meine eigene Ehre mit Füßen.

MAGIE

Wenn ich verzeihe, achte und respektiere ich mich selbst.
Ich bestätige damit, dass ich größer bin als alles, was andere von
mir denken oder mir antun.

Die Gelegenheit zum Verzeihen ist demnach genau das: eine großartige Chance *für Sie*. Werden Sie zulassen, dass das unreife Verhalten anderer Sie jetzt und für immer definiert? Werden Sie zulassen, dass der eine Vorfall den Menschen, der Ihnen Schaden zufügte, für immer definiert? Werden Sie sich dafür entscheiden, für immer diese Last zu tragen – oder werden Sie Ihre Last ablegen, das Ende anerkennen und es sich selbst erlauben, zu fliegen?

DEN BRUNNEN IN DER WÜSTE FINDEN

Abgesehen von den verschiedenen Formen des Irrglaubens, die wir in diesem Kapitel bisher untersucht haben, ist im Kern des Leidens oft noch eine weitere Dynamik verborgen: Wir geben uns selbst die Schuld. Und wieder werden wir auf das Syndrom verwiesen, dem wir im achten Kapitel bereits begegneten: Wir klammern uns an den Aberglauben, dass alles Schmerzhafte, das uns widerfährt, nur deshalb geschieht, weil wir irgendetwas falsch gemacht haben.

Wie Kinder, die sich die Schuld geben, wenn ihre Eltern streiten, sich trennen oder sie verlassen, schieben wir uns vielleicht selbst die Schuld in die Schuhe, um den Ereignissen irgendeinen Sinn abzutrotzen. »Warum habe ich das zugelassen?«, fragen wir. »Wie konnte ich nur? Wie konnte ich nur zulassen, dass es so weit gekommen ist?« Vielleicht hätten Sie tatsächlich etwas tun können, um das Geschehene zu verhindern – aber wenn Sie sich selbst achten und respektieren wollen, dann müssen Sie die Situation als Teil ihrer individuellen Lernkurve im Oberstufen-Klassenzimmer Ihres Lebens betrachten.

Selbst in den schmerzhaftesten und fruchtlosesten Phasen ist irgendeine Lektion oder ein Geschenk verborgen. Anstatt sich selbst oder anderen die Schuld zu geben, versuchen Sie doch einmal, sich durch eine schwierige Phase hindurchzuretten, indem Sie nach dem Geschenk suchen. Wie die Hauptfigur in Antoine de Saint-Exupérys wunderschöner Erzählung *Der kleine Prinz* können Sie sich sagen: »Es macht die Wüste schön, dass irgendwo in ihr ein Brunnen verborgen ist.«

Mir hat es enorm geholfen, in den unfruchtbaren Gebieten meines Lebens nach diesem Brunnen zu suchen. Wenn ich merke, dass der alte Spruch »Wie konnte ich nur?« durch meinen Kopf geistert, bemühe ich mich, stattdessen zu fragen: »Was habe ich soeben über mich selbst gelernt, und was habe ich über die Arbeitsmethode des Lebens gelernt?«

Diese Art Fragen war wesentlich ertragreicher. Die Antworten erschienen in vielerlei Gestalt: »Ich kann in meinem Inneren nach Führung suchen, statt davon auszugehen, dass jemand anders alles besser weiß.« »Vergiss nicht zu überlegen, bevor du Ja sagst.« »Ich kann eine bessere Methode finden, um dies oder jenes zu tun, durch die andere nicht verletzt werden.« »Wenn ich meinen Gefühlen vertraue, treffe ich die besten Entscheidungen.« »Das nächste Mal werde ich nicht so extrem auf die Vergangenheit fixiert sein, sondern die Lektion herausfiltern und mich schneller vorwärtsbewegen.«

Zwar haben sich die Lektionen im Laufe der Jahre verändert, aber immer verweisen Sie mich zurück auf das Grundthema: *Was kann ich tun, um mich selbst zu achten und zu respektieren, so dass ich anderen meine Geschenke geben kann?* Und sie erinnern mich mit verblüffender Regelmäßigkeit daran, dass ich genau zu diesem Zweck alle Schuld- und Reuegefühle zurücklassen muss. Sobald ich die Last ablege, bin ich frei, mich in die Lüfte zu erheben.

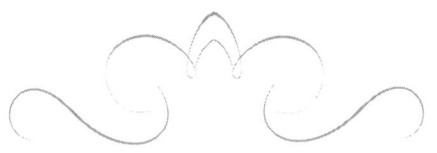

SCHLÜSSEL ZUM
GLEICHGEWICHT

Reue abstreifen

Ist in Ihrem Leben irgendetwas zu Ende gegangen, dessen Abschluss Sie nie ganz akzeptierten, weil Sie immer noch sich oder anderen die Schuld daran geben? Reue ist ein Zeichen dafür, dass ein Teil von uns immer noch in der Vergangenheit herumstreunt, so dass wir in der Gegenwart weniger als hundert Prozent Energie zur Verfügung haben. Es kann schwierig sein, eine solche Situation loszulassen und die eigene Energie wieder zu beanspruchen, und es ist ein schrittweiser Prozess. Aber es ist noch viel schwieriger zu versuchen, mit dem Leben weiterzukommen, während man immer noch an das schwere Gewicht aus der Vergangenheit gekettet ist.

Die folgenden Werkzeuge sollen Ihnen dabei helfen, jedwedes Ende in Ihrem Leben anzuerkennen, damit Sie die neuen Anfänge annehmen können, die stets damit verbunden sind. Sie können diese Werkzeuge auch benutzen, wenn Sie eine neue Situation erleben, in der Sie Schmerz, Abscheu oder Wut empfinden.

● **Decken Sie versteckte Reue auf.** Manchmal ist uns gar nicht bewusst, dass wir immer noch Reue empfinden, die uns belastet. Mit Fragen wie den folgenden können Sie verborgene Reue aufdecken, die Ihnen womöglich Energie raubt. *Welche Ereignisse*

aus der Vergangenheit fallen mir immer noch ab und zu ein und erzeu-
gen in mir ein Gefühl von Wut, Abscheu oder Trauer? Fühle ich mich
als Opfer? Habe ich zugelassen, dass dieses Ereignis meine gesamte
Lebensgeschichte definiert, obwohl mir der Rest meines Lebens noch zu
leben bleibt? Gebe ich mir heimlich selbst die Schuld, das schädliche
Verhalten anderer zugelassen oder gar gefördert zu haben?

● **Nehmen Sie es nicht persönlich.** Untersuchungen haben ergeben, dass wir schneller verzeihen können, wenn wir entweder
unser Einfühlungsvermögen aktivieren oder das Ereignis nicht
persönlich nehmen. Einfühlungsvermögen bedeutet nicht, dass
Sie das schädliche Verhalten anderer gutheißen – aber wenn
Sie sich in die Lage des anderen versetzen, erschließen Sie sich
einen objektiven Blickwinkel und können dadurch effektiver
mit dem fraglichen Thema umgehen. Fragen Sie sich: *Auch wenn*
ich nicht gutheiße, was dieser Mensch mir angetan hat – erkenne
ich, aus welchem Grund er oder sie es getan hat? War ich selbst
schon einmal in einer vergleichbaren Situation und habe ich ähn-
lich reagiert oder war in Versuchung, ähnlich zu reagieren?

● **Suchen Sie nach der Lektion.** Wir alle haben schon erlebt,
dass irgendetwas mit Schrecken endete, was sich später als
Segen entpuppte. Vielleicht wurden Sie dadurch befreit und
konnten nach etwas Besserem streben, oder Sie haben eine unschätzbare Überlebensfähigkeit gelernt, oder Sie kamen Ihrem
Lebenswerk dadurch näher. Egal, wie unangenehm ein Ereignis auch ist: Sie können dadurch etwas gewinnen. Fragen Sie
sich: *Welche Einsicht, Information oder unschätzbare Lektion soll ich*
durch diese Erfahrung gewinnen? Was habe ich über mich und über
die anderen Beteiligten dadurch gelernt? Wie werde ich das Gelernte
in meinem weiteren Leben anwenden?

● **Handeln Sie, um weiterzukommen.** Wenn Sie etwas bereuen,
das Sie in der Vergangenheit getan haben, dann müssen Sie

deshalb nicht zulassen, dass diese Geschehnisse ständig in
Ihrem Kopf herumspuken und Sie belasten. Handeln Sie stattdessen, um das Ganze zu bereinigen. Finden Sie den Menschen,
den Sie verletzt haben, und entschuldigen Sie sich, auch wenn
das Ereignis Jahre zurückliegt. Ersetzen Sie das, was durch Ihre
Handlungen verloren ging oder zerstört wurde. Übernehmen
Sie eine schwierige Aufgabe, um das, was geschehen ist, zumindest ein klein wenig wieder auszugleichen (arbeiten Sie für eine
gemeinnützige Organisation, helfen Sie einem älteren Nachbarn, bringen Sie einem Kind das Lesen bei, kochen Sie in
einer Küche für Armenspeisung). Wenn Sie aktiv werden, statt
sich passiv von Ihrer Reue quälen zu lassen, werden Sie viel
eher einen Abschluss finden und können dann zur nächsten
Phase übergehen.

● **Erfinden Sie Ihr persönliches Loslass-Ritual.** Um ein Ende zu
akzeptieren und loszulassen, kann es hilfreich sein, etwas Greif-
bares zu tun. Dazu gibt es viele Möglichkeiten. Ein Ritual, das
mir im Laufe der Jahre oft geholfen hat, ist, einen Brief an Gott
zu schreiben (wobei Sie sich aussuchen dürfen, wie Sie den
Schöpfergeist des Universums ansprechen möchten). Sie können Ihre Gefühle auf das Papier strömen lassen und um Hilfe
beim Loslassen bitten, damit Sie Frieden finden. Sie können
sagen, dass Sie die ganze Situation in Gottes Hände legen und
Ihre Gebundenheit an alle Beteiligten aufgeben. Anschließend
verbrennen Sie den Brief an einem sicheren Ort, mit einem
Gebet des Nachgebens auf den Lippen. Sie können auch erbitten, dass das, was Sie geschrieben haben, den an der Situation
Beteiligten als innere Botschaft zugetragen wird. Wenn das
Papier im Feuer verzehrt wird, sehen Sie zu und fühlen Sie,
wie die Erinnerungen und Belastungen in den Flammen vergehen. Ein anderes wirkungsvolles Ritual ist, einen Gegenstand
in der Hand zu halten, etwa einen besonderen Stein oder eine
Muschel, und zu visualisieren, dass Ihre mit dem fraglichen

Ereignis zusammenhängenden Gefühle in den Gegenstand transferiert werden. Abschließend unterstreichen Sie den Vorgang mit einer Affirmation oder einem Gebet Ihrer Wahl und werfen den Gegenstand ins Meer oder einen Bergabhang hinunter. Egal wofür Sie sich entscheiden – erschaffen Sie ein Ritual des Loslassens, das Ihnen etwas bedeutet und Ihnen hilft, das Ende zu akzeptieren und sich zu befreien.

TEIL 4

FEIERN SIE SICH SELBST *und* RESPEKTIEREN SIE IHRE EIGENE STIMME

Bestehe darauf, du selbst zu sein, imitiere niemals ...
Tu das, was dir aufgetragen wurde,
dann kannst du niemals zu viel hoffen oder
zu viel wagen.

RALPH WALDO EMERSON

In einer Welt, in der mehr Stimmen auf uns einströmen und wir mehr Entscheidungsmöglichkeiten haben als je zuvor, ist es nicht einfach, die eigene Stimme und die eigene Entscheidung zu achten und zu respektieren. Wir müssen uns dazu gegen den Strom stemmen, der uns mit der Masse der anderen mitreißen möchte. Und um das zu können, müssen wir lernen, uns selbst zu feiern. Obwohl das Leben uns Mentoren und Vorbilder präsentiert, um uns auf unserem Weg zu leiten, müssen wir sie letztlich doch alle hinter uns lassen. Ihr Weg ist nicht unbedingt unser Weg und ihr Endziel ist vielleicht nicht das unsere. Wie uns die Weisen sagen, haben wir nicht die Aufgabe, zu unseren Lehrern, Eltern, Freunden oder Ratgebern zu werden, sondern wir selbst zu werden. Oft ist der schwerste Teil dieser Aufgabe zu lernen, diesem Prozess zu vertrauen, den Moment zu genießen und uns wieder in die oder den zu verlieben, die wir sind.

KAPITEL 12

IHRE GANZ BESONDERE NOTE

Alles auf Erden hat einen Zweck, zu jeder Krankheit
gibt es auch eine Pflanze, die sie heilen kann, und jeder
Mensch hat eine Mission.

— MOURNING DOVE (CHRISTINE QUINTASKET)

»*Es gibt nichts Neues unter der Sonne.*« Irrglaube oder Magie?
Ein Student des Zen sagte einst zu seinem Lehrer: »Das Leuchten Buddhas erleuchtet die ganze Welt.« Noch ehe der Student diesen Satz beendet hatte, sagte der Lehrer: »Du zitierst das Gedicht eines anderen, nicht wahr?« »Ja«, antwortete der Student. »Dann«, erklärte sein Lehrer, »bist du von deinem eigentlichen Weg abgekommen.«

Es ist unausweichlich, dass wir von unserem eigentlichen Weg abkommen, wenn wir beschließen, nicht unserer eigenen Stimme Ausdruck zu verleihen, oder wenn wir Gleichartigkeit und Konformität – jene zwei Feinde der Seele – bequem finden. In seinem kraftvollen Essay »Selbständigkeit« rühmt Ralph Waldo Emerson genau die gegenteiligen Tugenden: *Widersprüchlichkeit* und *Nonkonformismus.* »Warum sollten Sie dauernd nach den anderen schielen?«, fragt er. »Die törichte Vereinheitlichung ist der Spuk der Kleinmütigen ... Eine große Seele hat schlichtweg nichts mit Gleichartigkeit zu tun. Genauso gut könnte sie sich mit ihrem eigenen Schatten an der Wand befassen.« Sobald Sie anfangen, mit Widersprüchlichkeit und Nonkonformismus zu spielen, sich dazu zwingen, das Ungewöhnliche zu erfahren, und sich selbst die Erlaubnis geben, Ihre erst vor zehn Minuten gebildete Meinung wieder zu ändern, wird langsam aber sicher Ihre eigene Stimme zum Vorschein kommen.

Sie haben eine einmalige Stimme, und Sie haben etwas Einmaliges zu sagen. In dieser Beziehung ähneln Sie und ich ein wenig den Pinguinen, diesen adrett wirkenden Geschöpfen, die in ihren identischen schwarzweißen Abendanzügen anscheinend alle Konformisten sind. Aber da, wo es am meisten drauf ankommt, sind sie alles anders als austauschbar. Jeder Pinguin wird mit einer ganz bestimmten »Stimme« geboren, die dieses Tier von allen anderen Pinguinen unterscheidet. Diese Individualität spielt eine große Rolle, wenn die Eltern ihre Jungen aufziehen. Nachdem die Mutter ihr Ei gelegt hat, überlässt sie es dem Vater zum Hüten und begibt sich auf eine lange Reise aufs Meer hinaus, um sich dort üppig zu ernähren, damit sie anschließend zurückkehren und ihr Junges versorgen kann. In der Zwischenzeit hat der Vater die Aufgabe, das Ei warm zu halten – und zwar in einem Klima, in dem die Außentemperatur –62° Celsius erreichen kann. Sobald das Küken aus dem Ei geschlüpft ist, beschützt es der Vater, bis die Mutter etwa zwei Monate später zurückkehrt.

Im Laufe der nächsten Monate reisen die Eltern abwechselnd zum Meer und zurück, um dort zu fressen und dann nach der Rückkehr ihr Junges zu füttern. Immer, wenn sie von dieser strapaziösen Reise zurückkehren, sieht der eisige Brutplatz der Pinguine aus wie ein riesiges Meer identischer schwarzweißer Tiere. Woher wissen die fett gewordenen Mütter und Väter, welcher Pinguin ihr Partner und welches kleine, pelzige Jungtier das ihre ist? Pinguine haben einen individuell einzigartigen Ruf beziehungsweise eine ganz bestimmte Tonfolge und dazu ein eingebautes Erkennungssystem. Dadurch können die Tiere ihre Gefährten erkennen und den Ruf ihrer Sprösslinge beantworten.

Genau wie unsere Pinguinfreunde hat auch jeder von uns einen einzigartigen »Ruf«, den alle, die für uns sorgen und für die wir sorgen sollen, erkennen können.

JEMAND BRAUCHT DEN KLANG IHRER STIMME

Vielleicht hört es sich wie ein Klischee an zu sagen, dass Sie, genau wie eine Schneeflocke (oder wie ein Pinguin), einmalig sind. Aber haben Sie jemals darüber nachgedacht, was diese kosmische Kunst eigentlich bedeutet? Wenn Sie mit etwas Einmaligem ausgestattet wurden, können Sie Gift darauf nehmen, dass es dafür einen guten Grund gibt: Irgendjemand braucht das, was Sie zu geben haben. Wenn Sie Ihre Stimme nicht erheben, dann werden diejenigen, die nach dem hungern, was Sie zu bieten haben, Sie nicht erkennen. So funktioniert die Natur, und so funktionieren auch wir. Ihre Aufgabe ist es, Ihre Stimme zu achten und zu respektieren und sich denjenigen mitzuteilen, die sie hören müssen – unabhängig davon, was diejenigen dazu sagen, die sie nicht hören wollen.

Vielleicht haben Sie damit gezögert, weil Sie denken: »Ich bin nichts Besonderes.« Vielleicht glauben Sie nicht, dass Sie ein Geschenk, eine Begabung oder eine Fähigkeit von besonderem Wert besitzen. Das ist aber eine Fiktion. Jeder von uns hat ein Geschenk zu geben. Wenn Sie nicht wissen, welches Geschenk Sie besitzen, bedeutet das noch lange nicht, dass Sie keins haben. Es bedeutet lediglich, dass Sie es noch nicht entdeckt haben.

IRRGLAUBE
Ich bin nichts Besonderes.

MAGIE
*Ich besitze ein wertvolles Geschenk, das irgendjemand
dringend braucht, und eine einmalige Stimme, die irgendjemand
unbedingt hören muss.*

Vielleicht sind Sie dem Irrglauben »Ich bin nichts Besonderes« deshalb verfallen, weil Sie eine andere Unwahrheit akzeptiert haben – den Aberglauben, dass Sie einen hohen Intelligenzquotienten oder hervorragendes, fachmännisches Können besitzen oder gar eine gefeierte Großtat vollbracht haben müssen, um als »begabt« zu gelten. Manche von uns glauben unbewusst, dass unsere Fähigkeit zu geben und damit auch unser Recht darauf, etwas anzunehmen, von den Buchstaben abhängen, die vor unserem Namen stehen. Aber die Etiketten, mit denen uns andere versehen, egal ob positiv oder negativ, sind niemals die Essenz unseres Wesens.

Ein schöner Nachruf für einen abgearbeiteten, armen Bauern in dem Stück *Peer Gynt* von Henrik Ibsen verdeutlicht dies. In seiner Grabrede spricht ein Pfarrer am offenen Grab über das klaglose Leiden und die Verachtung, die der Bauer sein ganzes Leben lang ertragen musste, weil die Dorfbewohner glaubten, er habe sich als junger Mann selbst seinen Finger abgehackt, um vom Militärdienst befreit zu werden. Der Bauer war weder wohlhabend noch weise, sagt der Geistliche, und »seine Stimme war schwach, seine Haltung unmännlich«. Dennoch besaß dieser Mann ein gutes Herz, und sein ganzes Leben war dem Dienst an seiner Familie gewidmet, obwohl seine drei Söhne ihn später, als sie zu wohlhabenden Herren geworden waren, vergaßen.

Um diesen bescheidenen Mann für seine Treue zu sich selbst zu ehren, sagt der Priester: »Patriot war er keiner. Weder für die Kirche noch für den Staat hat er Früchte getragen. Aber dort oben auf dem Hügel, in dem kleinen Kreis, in dem er seine Berufung gefunden hatte, dort war er groß, denn er war er selbst. Sein ganz eigener Ton, seine besondere Note, erklang treu bis zum Schluss.«[1] Wenn Sie innerhalb Ihres Einflussbereichs Ihren wahren Ton erklingen lassen, egal wie schwach er Ihnen auch erscheinen mag, beschenken Sie die Welt mit Ihrer größten Gabe.

IRRGLAUBE
Um der Gesellschaft etwas Wertvolles zu geben, muss ich einen akademischen Titel, außerordentliche Anerkennung im Beruf oder besondere Fähigkeiten haben.

MAGIE
Die Etiketten, mit denen andere mich versehen, bestimmen meinen Wert nicht.
Ich mache dem Leben mein größtes Geschenk, indem ich ich selbst bin.

Was ist Ihre ganz besondere Note? Einmal begegnete ich im Wartezimmer eines Arztes einer Frau, und wir kamen miteinander ins Gespräch. Sie war so fröhlich, dass ich nicht umhinkonnte, diesen wundervollen Aspekt ihrer Persönlichkeit zu erwähnen. Da wurde ihr Lächeln noch strahlender, und sie sagte, dass Sie diese Fröhlichkeit für ihre eigentliche Bestimmung im Leben hielt. Sie beugte sich zu mir vor und flüsterte aufgeregt: »Ich glaube, dass es meine Aufgabe ist, jeden um mich herum aufzumuntern. Wenn ich morgens an meinem Arbeitsplatz eingetroffen bin, versuche ich jeden, der durch die

Bürotür kommt, ein bisschen aufzuheitern.« Ich war von ihrer Offenheit beeindruckt. Sie war weder egoistisch noch stolz. Sie wusste einfach, wer sie war und warum sie auf der Welt war. Sie hatte ihre eigene Stimme gefunden.

Diese Frau wusste, dass sie keine Buchstaben vor ihrem Namen brauchte, um ein wertvoller Mensch zu sein. Ich habe jedoch Zusammenkünften beigewohnt, bei denen manche Frauen sich eindeutig herabsetzten, indem sie sich selbst als »nur Mutter« bezeichneten, weil sie keine beeindruckenden Berufe noch einen Buchstabensalat vor ihrem Namen hatten. Dabei sind es gerade diese Frauen, die Zärtlichkeit und Kraft ausstrahlen. Sie sind sowohl sensibel als auch stark. Obwohl sie es selbst nicht so sehen, üben sie aufgrund dessen, *wer sie sind*, einen starken Einfluss auf die Welt aus. Schließlich beeinflussen sie die Kinder, die sie so liebevoll erziehen – und diese werden wiederum andere beeinflussen und in einem immer größer werdenden Einflussbereich ein Beispiel geben.

Wer wir *sind*, ist immer wichtiger als die Etiketten, die beschreiben, was wir *tun*. Die spanische Mystikerin Teresa von Avila aus dem sechzehnten Jahrhundert drückte diese Wahrheit aus, als sie schrieb: »Gott interessiert sich nicht so sehr für die Größe unserer Werke, sondern dafür, mit wie viel Liebe wir sie tun.«[2] Eine andere, unserer Zeit nähere Teresa – Mutter Teresa – ist berühmt für ihren Ausspruch, dass die wichtigsten Gelegenheiten, die uns das Leben bietet, nicht in der Vollbringung »großer Dinge« bestehen, sondern darin, »kleine Dinge mit großer Liebe« zu tun.

In der heutigen Welt neigen wir jedoch dazu, uns nicht durch die »kleinen Dinge« zu definieren, durch die wir unsere ganz eigene Note ausdrücken, sondern durch unseren Beruf oder die Liste der glänzenden Referenzen, die wir haben (oder auch nicht). Wir bemessen unseren Wert außerdem nach der Anzahl der Dinge, die wir schon von unserer Aufgabenliste streichen konnten. Wenn wir auf einer Party sind oder sonst irgendwo jemanden kennen lernen, fragen wir dann nicht automatisch: »Was machen Sie beruflich?« Vielleicht ist Ihr Beruf tatsächlich die Form, in der Sie Ihren Daseinsgrund ausdrücken, oder das Medium, durch das Sie Ihre Geschenke an die anderen austeilen. Vielleicht auch nicht. Wie dem auch sei: Das, was Sie tun, ist niemals die Ganzheit dessen, wer Sie sind.

Ungeachtet dessen, was wir »tun«, werden wir alle eines Tages die folgende Frage beantworten müssen, die uns wie ein Zen-Koan dazu zwingt, über die Bilder hinauszugehen, die wir uns von uns selbst gemacht haben, und uns darauf zu besinnen, was unserem Leben seine wahre Bedeutung gibt: *Wenn Sie nichts mehr zu tun haben, wer sind Sie dann?*

NICHT IRGENDWANN, SONDERN JETZT

Uns allen fällt es sehr leicht, unsere Zeit mit Tun und Planen und dem Anlegen des Weges zu verbringen, der uns eines Tages zu dem von uns gesetzten beruflichen Ziel führen soll – dermaßen leicht, dass wir ganz vergessen, zu »sein«. Wir vergessen, uns darüber zu freuen, wer wir *jetzt* sind, weil wir so sehr damit beschäftigt sind, zu werden, was wir sein wollen. Es ist schwer, dafür Wertschätzung aufzubringen, wer wir im Augenblick sind, wenn wir den jetzigen Augenblick als einen Ort irgendwo auf der Rennstrecke eines Wettlaufs zur nächsten Ziellinie betrachten – einer Ziellinie, die wir zwar von Weitem erahnen, der wir uns jedoch anscheinend niemals annähern, ganz egal wie schnell oder wie weit wir rennen.

Unsere Kultur neigt dazu, Erfolg an dieser schwer erreichbaren Ziellinie zu messen. Auch viele aktuelle Selbsthilfe-Gurus raten uns, unser Augenmerk auf die Zukunft zu richten und uns auf das zu konzentrieren, was wir einmal werden wollen, damit wir all das anziehen, was wir in unserem Leben visualisieren.

Die wirklichen Weisen, deren Weisheit das Auf und Ab und die wechselnden Moden der Zeiten überdauert hat, schicken uns in eine andere Richtung. Sie sagen uns, dass die Konzentration auf ein visualisiertes Ziel nur die eine Seite der Medaille ist – nur die Hälfte eines weiteren Paradoxons. Die einzelnen Schritte, die wir unterwegs tun, sind nämlich genauso wichtig oder sogar noch wichtiger als der Gesamtüberblick. Unsere Entschlüsse und Handlungen jedes Augenblicks sind die Fäden, aus denen der Wandteppich gewebt wird, der letzten Endes die Geschichte unseres Lebens erzählen wird.

Den Sinn des Lebens in seinen Einzelteilen zu suchen, die zusammen das Ganze bilden, empfiehlt uns Dr. Viktor Frankl, ein Psychiater, der die Grausamkeiten der Nazi-Todeslager überlebte und später sein eigenes, bahnbrechendes System der Psychiatrie entwickelte. In seinem Grundlagenwerk *Der Mensch auf der Suche nach Sinn* erklärt Frankl, dass wir das Leben als einen Film mit Abertausenden von Einzelbildern auffassen können, wobei jedes Bild eine Bedeutung oder einen Sinn hat. Um den ganzen Film zu verstehen, muss man zunächst jedes Einzelbild berücksichtigen. Frankl ermutigt uns, unser Leben so zu führen, dass wir uns auf den Sinn konzentrieren, der »sowohl offenkundig als auch potenziell in jeder einzelnen Situation enthalten ist«, die wir je erleben. Der Sinn des Lebens unterscheidet sich nicht nur von Mensch zu Mensch, sondern auch »von Tag zu Tag und von Stunde zu Stunde«, sagt er. »Was zählt, ist also nicht der Sinn des Lebens im Allgemeinen, sondern der spezifische Sinn jedes Menschenlebens in jedem einzelnen Augenblick.«[3]

Auch wenn die kleinen Einzelteile, aus denen Ihr Leben besteht, Ihnen unbedeutend erscheinen mögen, sind sie letzten Endes von größter Bedeutung. Anders ausgedrückt könnte man auch sagen, dass man die Antwort auf die Frage »Was ist der Sinn meines Lebens?« am leichtesten durch die Antwort auf eine weitere Frage findet: »Welche Wahl treffe ich im jeweiligen Augenblick?«

Diese Auffassung vom Leben wirkt befreiend – besonders auf diejenigen unter uns, die ununterbrochen auf eine Ziellinie zurennen. Sie fordert uns auf, uns auf die Möglichkeiten direkt vor unserer Nase zu konzentrieren. Sie mindert die Besorgnis, die uns manchmal überkommt, wenn wir uns auf eine Zukunft versteifen, die beklemmend oder unerreichbar erscheint, oder auf ein Ziel, von dem wir nicht wissen, ob wir es je erreichen können. Wenn wir jeweils nur einen einzigen Moment leben, haben wir die Freiheit, voll in diesen Moment einzutauchen und das Beste zu sein, was wir gerade sein können.

Das Leben, könnte man sagen, ist eine Reihe von Entscheidungen, die Sie in jedem Augenblick treffen, und darum erklingt Ihr ganz eigener Ton *jetzt* – und nicht *irgendwann* einmal, wenn Sie sich eine ausreichende Ausbildung, genügend Fertigkeiten, genug Geld, den richtigen Beruf oder eine große Fangemeinde zugelegt haben. Das Austeilen Ihrer Geschenke ist etwas, das Sie *jetzt* tun, in jedem einzelnen Augenblick.

DER GROSSE ÜBERBLICK UND DER AUGENBLICK

Unsere moderne Lebensweise mit ihrem Kommunikationsnetz, in dem Informationen in Sekundenschnelle um die Erde sausen, hetzt uns so schnell von einer Verabredung oder Aktivität zur nächsten, dass es einer enormen Anstrengung bedarf, im Augenblick verankert zu bleiben. Sich auf den aktuellen Moment zu konzentrieren bedeutet natürlich nicht, dass wir keine Pläne machen oder uns keine langfristigen Ziele setzen sollen. Selbstverständlich sind diese Dinge wichtig. Wenn wir jedoch andauernd in die ferne Zukunft blicken, können wir leicht verpassen, was jeder einzelne Moment uns zu bieten hat – und auch das, was *wir* in jedem Moment zu bieten haben.

IRRGLAUBE
*Das Wichtigste ist, dass ich mich auf meine
langfristigen Ziele konzentriere.*

MAGIE
*Der jetzige Moment ist genauso wichtig wie der große Überblick.
Das, was ich in diesem Moment zu tun und zu sein beschließe,
verleiht meinem Leben Antrieb und Sinn.*

Um uns bei unserer Hetze zu bremsen und den Augenblick zu genießen, müssen wir bereit sein, ins Vertrauen zu gehen. Wir müssen darauf vertrauen, dass die Gelegenheiten, die sich uns im Moment bieten, wie die Pinselstriche eines großen Künstlers sind. Jeder Pinselstrich trägt zu dem Meisterwerk bei, auch wenn wir seinen jeweiligen Zweck im Gesamtwerk zunächst nicht erkennen. Wenn wir unsere Rolle *jetzt* erfüllen, wird das Bild allmählich immer deutlicher erkennbar.

Um die Schönheit des jetzigen Augenblicks zu genießen, müssen wir damit aufhören, vor lauter Eile, die Ziellinie zu erreichen, an den einzelnen Momenten vorbeizujagen. Wir müssen stillsitzen. Wir müssen die *Qualität* des Augenblicks zu schätzen lernen und dürfen uns nicht mit der *Quantität* der Eindrücke zufriedengeben, mit denen wir uns vollstopfen. Um einen Vergleich von Thomas Merton zu zitieren, einem Trappistenmönch und Schriftsteller des zwanzigsten Jahrhunderts: Manche von uns rasen durch das Leben wie ein Museumsbesucher mit einem Museumsführer in der Hand – wir beeilen uns, damit wir auch ja alle Höhepunkte zu Gesicht bekommen, bevor unsere Besuchszeit zu Ende geht. Wenn wir das tun, meint Merton, dann kommen wir weniger lebendig heraus, als wir hineingegangen sind, weil wir »alles angeschaut und nichts gesehen haben«.[4]

Um ein konkretes Beispiel zu nennen: Wenn wir unser Augenmerk nur auf ein entferntes Ziel richten, etwa den Abschluss eines bestimmten Projekts oder eine berufliche Beförderung, dann nehmen wir vielleicht die Menschen gar nicht wahr, die unmittelbar vor uns stehen und unsere Liebe brauchen. Möglicherweise walzen wir alles nieder, was zwischen uns und unserem Ziel steht.

Wie viel Befriedigung erfahren wir, wenn wir endlich die Ziellinie erreicht haben und dann auf eine Straße zurückblicken, die gepflastert ist mit Verletzten, die wir gekränkt, zu Fall gebracht, beiseitegestoßen oder im Stich gelassen haben? Wie groß ist unser Erfolg, wenn wir nach jahrelangen unaufhörlichen Strapazen zusammenbrechen und keine Kraft mehr haben, die Früchte unserer Arbeit zu genießen?

Diese Lebensweise ist nur ein »Halbleben«. Es ist, als setzte man eine Brille mit starken Korrekturlinsen für die Fernsicht auf. Wir können weit entfernte Gegenstände ausgezeichnet sehen, aber alles in der Nähe ist verschwommen. Das Gegenteil ist natürlich ebenfalls ein »Halbleben«: so kurzsichtig zu sein, dass wir nur das wahrnehmen, was unmittelbar vor unserer Nase hier und jetzt passiert, keinerlei Gedanke oder Vorsorge an die Zukunft verschwenden und niemals an die möglichen Folgen unserer Handlungen denken.

Wenn wir uns gleichzeitig auf unsere langfristigen Ziele *und* auf unsere Gegenwart konzentrieren, dann erleben wir ein Paradoxon, das uns zu einem völlig anderen Spiel auffordert. Es lädt uns ein, ganz neue Fragen zu stellen, wie beispielsweise: *Was kann ich jetzt geben?* statt: »Was will ich eines Tages erreichen?« Oder: *Was habe ich in diesem Moment zu geben, zu erhalten oder zu lernen?* statt: »Wie kann ich das, was jetzt passiert, beeinflussen oder zu meinem Vorteil nutzen?« *Was kann ich gegenwärtig erleben und genießen?* statt: »Wie viele Anrufe, Projekte oder Erledigungen kann ich heute von meiner Liste abhaken?« *Was für ein Mensch möchte ich sein* statt: »Was will ich tun?«

Wie bei allen Paradoxa schließen sich die Arbeit auf ein langfristiges Ziel hin und der gleichzeitige, ständige Kontakt mit
der Gegenwart keineswegs gegenseitig aus. Das eine nimmt dem
anderen nichts weg. Sie arbeiten im Gegenteil synergetisch
zusammen und helfen uns dabei, unsere ureigene Note voll
erklingen zu lassen. Es sind zwei Teile eines Ganzen, die die
Magie eines erfüllten Lebens erschaffen, wenn sie so gut aufeinander abgestimmt sind wie die Saiten einer Gitarre. Wenn
wir uns nämlich die Zeit nehmen, uns selbst genügend zu achten und zu respektieren, so dass wir uns dem gegenwärtigen
Moment öffnen können, wird es dadurch in Wahrheit einfa-
cher, unsere langfristigen Ziele zu erreichen.

Nehmen wir beispielsweise folgende Geschichte von zwei
spirituell Suchenden, die zu einer Reise aufbrachen, um ihren
Lehrer in seiner Klause hoch oben auf dem Himalaja zu besuchen. Ihre Geschichte unterscheidet sich nicht allzu sehr von
der unseren, denn auch wir sind zu unseren Lebensgipfeln
unterwegs. Als die beiden den steilen Bergpfad hinaufstiegen,
blieb der eine immer wieder stehen, um die Aussicht zu genießen und die schönen Wildblumen zu betrachten, die den Pfad
säumten. Das irritierte seinen Begleiter, der den Zielort so bald
wie möglich erreichen wollte. Schließlich kamen sie auf dem
Berggipfel an, saßen eine Weile zu Füßen ihres Meisters und
wurden durch seine weisen Worten erquickt. Später am Tag
brachen sie zu ihrem langen Heimweg auf.

Nachdem sie zuhause angekommen waren, setzten sie sich
ans Feuer, um sich auszuruhen und sich die Weisheiten, die
ihnen ihr Lehrer mitgeteilt hatte, in Erinnerung zu rufen. Wie
sich jetzt herausstellte, konnte sich derjenige, der unterwegs
öfter angehalten hatte, um die Schönheit ringsum zu genießen,
an viele wertvolle Lehren des Meisters erinnern, während der
andere, der so viel Schweiß und Energie eingesetzt hatte, um
den Berggipfel zu erreichen, dies nicht konnte. Welcher von
beiden hatte das Ziel nun wirklich schneller erreicht?

KAPITEL 13

TRAGEN SIE SCHUHE, DIE IHNEN PASSEN, UND BESTIMMEN SIE IHR TEMPO SELBST

Ich bin vollkommen einmalig, ich bin ich,
ich bin unvergleichlich.
Die Last des gesamten Universums kann meine
Individualität nicht erdrücken.
— RABINDRANATH TAGORE

Der Sufilehrer Nasrudin besuchte eines Tages einen Laden und fragte den Besitzer, ob er Leder hätte. »Ja«, antwortete der Ladenbesitzer. »Und wie steht es mit Nägeln?«, fragte Nasrudin. »Ja«, erwiderte der Ladenbesitzer. »Und hast du auch Färbemittel?«, erkundigte sich der Weise nun. Ein drittes Mal bejahte der Mann die Frage. »Warum«, fragte Nasrudin, »machst du dir dann nicht ein paar Stiefel?«

In den Schriften der Sufi, der Mystiker des Islam, spielt der weise Meister Nasrudin oft den Narren (wie so viele Lehrer es tun), um uns zu verdeutlichen, was eigentlich offensichtlich sein sollte, uns aber häufig dennoch nicht auffällt. In diesem Fall will Nasrudin uns auf eine bedeutende Wahrheit aufmerksam machen: Sie besitzen bereits das innere Rüstzeug, das Sie

benötigen, um auf Ihrem Lebensweg weite Strecken zurückzu-
legen. Sie müssen lediglich die einzelnen Teile so zusammen-
setzen, dass sie zu Ihrer persönlichen Beschaffenheit passen.
Niemand kann Ihr Leben für Sie gestalten oder Ihren kreativen
Geist für Sie zum Ausdruck bringen.

Das Leben hält keine einheitliche Formel für alle parat. Es
wurde nicht als Automat konzipiert, und Sie wurden nicht geschaffen, um passiv zu sein. Sie müssen Ihre eigene Formel
der Selbstfindung entdecken und darüber hinaus Ihre eigene
Methode kreieren, um Ihr Selbst auch auszudrücken. Die
Antworten und selbst die Fragen sind niemals für alle Menschen die gleichen.

Letzten Endes ruft uns das Leben dazu auf, die Hauptrolle in
unserem eigenen Leben zu spielen. Dabei ist es ja so einfach,
in die Rolle des Beobachters zu schlüpfen und es jemand
anderem zu überlassen, uns zu sagen, wie wir uns anziehen, was
wir essen, was wir kaufen, wie wir uns verhalten, welcher Re-
ligion wir angehören und sogar, wie wir glücklich werden
sollen. Dieses tief eingeprägte Gefühl, bei der Navigation unseres Kurses von etwas außerhalb unseres Selbst abhängig zu sein,
ist eines der Hauptprobleme nicht nur unserer Zeit, sondern
aller Zeiten. Die Erleuchteten sämtlicher Epochen haben sich
abgemüht, uns aus dieser Selbstgefälligkeit aufzurütteln. Folgt
nicht blindlings allem, was ihr hört, raten sie uns, sondern
prüft es zuerst. Integriert es in euer Leben. Experimentiert. Euer
Leben ist euer Versuchslabor. Für die unmittelbare Erfahrung
gibt es keinen Ersatz.

Vor Tausenden von Jahren erinnerte beispielsweise Buddha seine Schüler daran, dass ebenso wenig ihr individueller
Fortschritt wie der Erfolg ihrer Gemeinschaft von ihm abhängig waren. Als er im Sterben lag, sagte er ihnen: »Gebt euch
selber Licht ... Sucht in niemandem als in euch selbst Gebor-
genheit.« Das ist nicht nur ein fernöstliches Konzept, sondern
ein universelles.

In einem frühchristlichen Text, wahrscheinlich aus dem ausgehenden zweiten Jahrhundert, hören wir ein Echo auf diese Worte Buddhas, denn er rät uns: »Entzündet das Licht in euch. Löscht es nicht aus! ... Klopft an euch selbst an wie an eine Tür, und geht direkt auf euch selbst zu, wie auf einer geraden Straße. Wenn ihr nämlich auf dieser Straße geht, könnt ihr den Weg nicht verfehlen.«[1] Und davor hatte Jesus die Botschaft verkündet, dass wir in uns selbst nach den Antworten suchen sollen, denn er sagte, dass das Königreich Gottes in uns *und* außerhalb von uns ist.[2] »Wenn ihr das ans Licht bringt, was in euch ist«, zitiert ihn ein anderer Text, »dann wird es euch retten.«[3]

In ähnlicher Weise lehrte der berühmte Moslemphilosoph Abu Hamid al-Ghazali die Wichtigkeit, uns auf uns selbst zu verlassen, als er schrieb: »Nichts ist dir näher als du selbst, und wenn du dich selber nicht kennst, wie kannst du dann irgendetwas anderes wissen?«[4] Vor nicht ganz so langer Zeit sagte Mohandas Gandhi schlicht: »Der einzige Tyrann dieser Welt, den ich akzeptiere, ist die kleine, leise Stimme in meinem Inneren.« Diese und viele andere Lehren der Weisen aus aller Welt unterstreichen die Wahrheit, dass sowohl Ihr Glück als auch Ihr spiritueller Fortschritt das Ergebnis Ihrer eigenen Entscheidungen sind – und nicht das, was andere für Sie aussuchen.

IRRGLAUBE

Ich kann mich für das gleiche entscheiden wie andere vor mir,
und ich kann die gleichen Schritte tun,
die für andere funktioniert haben.

MAGIE

Ich schätze meine Mentoren, aber ich stelle auch
meine eigenen Fragen, suche meine eigenen Antworten
und gestalte mein eigenes Leben.

Vielleicht denken Sie jetzt, dass es zwar gut und schön sein mag, sich auf sich selbst zu verlassen – aber brauchen wir nicht auch die Hilfe anderer, die uns bei der Hand nehmen und uns den Weg weisen können? Besteht nicht darin die Aufgabe der Weisen? Das ist wahr – und genau das ist das Paradoxon, das *hier* ins Spiel kommt. Natürlich brauchen wir Lehrer und Menschen, die uns unterstützen, und diese können auf vielfältige Weise und in vielerlei Gestalt auftreten (wie wir zum Teil im vierten Kapitel untersucht haben). Wie der Sufi-Mystiker Rumi ohne Umschweife erklärte: »Wer ohne Führer reist, braucht zweihundert Jahre für eine Reise von zwei Tagen.«

Ob Sie eine angehende Balletttänzerin, ein werdendes Finanzgenie, ein frisch gebackener Elternteil oder ein spirituell Suchender sind – Sie brauchen einen Führer, der den Weg bereits kennt und Sie anleiten kann, *und* Sie müssen sich außerdem auf sich selbst verlassen. Sucht den Rat der Erleuchteten, raten die Weisen, aber erkennt, dass ihre Rolle darin besteht, euch zu dem Weisen zurückzuführen, der in euch wohnt.

Ihre Mentoren sollen Sie inspirieren, in Ihr Herz zu sehen, Ihre Stärken zu entdecken und Ihre eigene Version der Größe zu erfahren. Wie Nasrudin werden die besten Lehrer Sie auf das Leder, die Nägel und den Farbstoff aufmerksam machen, die sich schon in Ihrer Werkstatt befinden. Sie werden Ihnen zeigen, welche Arbeit getan werden muss. Aber sie werden von Ihnen erwarten, dass Sie Ihre Stiefel selbst anfertigen. Der Lehrer ist lediglich der Ausgangspunkt: Den Weg müssen Sie selbst gehen.

ACHTEN UND RESPEKTIEREN SIE IHREN EIGENEN STIL

Wenn Sie Ihre Gaben entwickeln und weiter verschenken wollen, müssen Sie achten und respektieren, wer *Sie* sind, und Ihre eigene Stimme feiern. Wenn man sich einzig und allein auf an-

dere verlässt, dann ist das, als würde man einen langen Spazier-
gang in geliehenen Schuhen machen. Falls Sie jemals in den
Schuhen eines anderen oder in neuen Schuhen, die nicht so
richtig passten, eine Wanderung gemacht haben, dann wissen
Sie, was ich damit meine. Wenn die Schuhe nur ein bisschen
zu groß oder zu klein sind, können sie äußerst unbequem sein.
Wenn Sie zu lange darin gehen, bekommen Sie Blasen an den
Füßen. Früher oder später werden die Schmerzen so stark sein,
dass Sie nicht mehr weitergehen können. Genau das geschieht,
wenn Sie sich in eine Gussform zwingen, die nicht Ihre ist. Die
Lösung lautet: *Gehen Sie in Ihrem eigenen Tempo, und tragen Sie
Ihre eigenen Schuhe.*

Ich gebe zu, dass ich in diesem Punkt etwas störrisch bin, und
das Leben hat mir großzügigerweise viele Lektionen erteilt, um mir
beizubringen, ich selbst zu sein und mir selbst zu vertrauen. Eine
sehr dramatische Lektion erhielt ich in einer ebenso dramatischen
Landschaft. Ich war mit zwei Freundinnen auf einer Wanderung
in der wunderschönen Berglandschaft des Teton Range nahe
Jackson Hole im Bundesstaat Wyoming. Beide sind größer als ich,
und sie gingen zügig, deshalb legten sie schneller eine größere
Strecke zurück als ich. Ich bedachte gar nicht, dass die Natur diese
Frauen mit langen, starken Beinen ausgestattet hatte, mit denen
sie die steilen Pfade erklimmen konnten wie Bergziegen. Vielmehr gab ich mir die Schuld, dass ich nicht mit ihnen Schritt
halten konnte. »Irgendetwas stimmt mit mir nicht«, dachte ich bei
mir. »Ich muss sehr schlecht in Form sein. Wenn ich mich ein
bisschen mehr anstrenge, kann ich mit ihnen gleichhalten.«

Und genau das tat ich. Ich strengte mich an, und dann
strengte ich mich noch viel mehr an. Diese Strategie funktionierte zwar, aber nach ungefähr der halben Wanderstrecke
fing ich an, die Folgen zu spüren. Ich zerrte mir einen Muskel
in meiner Hüfte, ohne es gleich zu merken. Der Schmerz, den
ich spürte, war zunächst erträglich - bis wir den langen Ab-
stieg vom Berg begannen. Zu diesem Zeitpunkt hatte ich bei

jedem Schritt Schmerzen. Es tat so weh, dass ich nicht einmal das geringe Gewicht meines kleinen Rücksacks tragen konnte. Meine Freundinnen mussten ihn für mich tragen. Zu allem Überfluss bekam ich eine Magenverstimmung, und mir war auf dem ganzen Rückweg übel.

Ich habe nicht viele Erinnerungen an die Ausblicke, Gerüche oder Klänge dieses Wandertages. Ich kann mich an kaum etwas erinnern, außer an die Schmerzen. Ich hatte mich selbst um den Genuss der Wanderung gebracht, indem ich mich bemühte, mit den anderen Schritt zu halten. Aber ich lernte eine unschätzbare Lektion: *Wenn du nicht in deinem eigenen Tempo gehst, wirst du dir letzten Endes nur wehtun.*

In all den Jahren danach habe ich jedes Mal, wenn ich in Versuchung geriet, etwas zu tun, was meinen eigenen Stil, meine Geschwindigkeit oder mein Ziel außer Acht ließ, an diese Wanderung gedacht. In einigen Situationen habe ich mir sogar gewünscht, ich hätte mir diese Episode viel früher ins Gedächtnis gerufen. Dann hätte ich mir vielleicht die seelische Qual erspart, eine weitere lange Trainingsübung in Selbständigkeit durchmachen zu müssen.

WESSEN ROLLE WOLLEN SIE SPIELEN?

Wenn Sie Schuhe tragen, die Ihnen nicht passen, oder das Tempo eines anderen übernehmen oder den Weg eines anderen gehen, dann achten und respektieren Sie Ihr wahres Selbst nicht. Und wenn Sie nicht Sie selbst sind, können Sie auch keinen Frieden empfinden. Das kann eine schwere Lektion für diejenigen von uns sein, die sich dabei ertappen, das Leben zu leben, das uns unsere Eltern, Ehepartner, Freunde, Freundinnen, Vorbilder, Vorgesetzten oder Geschäftspartner zugewiesen haben – um dann eines Tages aufzuwachen und nicht zu verstehen, warum wir uns so elend fühlen.

Wenn Sie Ihren eigenen Weg gehen und »in Frieden« leben, heißt das noch lange nicht, dass Sie keine Herausforderungen erleben werden. Das werden Sie trotzdem. Das Leben wird Sie wie ein weiser, anspruchsvoller Trainer immer wieder zwingen, Ihre augenblicklichen Grenzen zu überwinden, damit Sie Ihre Fähigkeit zu geben und zu nehmen weiterentwickeln. Wenn Sie sich jedoch verpflichten, auf Ihre eigene Weise zu leben und zu schenken, dann werden die Herausforderungen, denen Sie begegnen, zumindest Ihrem eigenen, inneren Entwurf entstammen – und nicht dem eines anderen.

Die uralte Bhagavad Gita (wörtlich »Gottesgesang«) befasst sich in einem Dialog zwischen dem Weisen Krishna und dem Kriegerprinzen Arjuna mit unserem Auftrag des authentischen Lebens. Das Gespräch findet auf einem Schlachtfeld statt, auf dem Arjuna und seine Brüder sich darauf vorbereiten, ihr rechtmäßig ererbtes Reich von Thronräubern zurückzuerobern. Paradoxerweise bietet Krishna an, beiden Parteien in der Schlacht zu helfen: Er stellt seine Armeen den Feinden Arjunas zur Verfügung, während er selbst Arjuna als persönlicher Kampfwagenführer, Beschützer und Berater dient.

Kurz vor Beginn der Schlacht studiert Arjuna die gegnerische Armee. Unter den feindlichen Kriegern entdeckt er auch seine eigenen Klangenossen und alte Freunde. Obwohl er weiß, dass seine Sache gerecht ist, betrübt ihn der Gedanke an das, was er dafür tun muss. Von Trauer und Verzweiflung übermannt, lässt er seinen Bogen fallen und sinkt auf den Boden seines Kampfwagens. Dort, mitten auf dem Schlachtfeld zwischen zwei verfeindeten Armeen, erklärt Krishna wortgewandt, dass Arjuna zum Krieger geboren wurde. Das ist seine Rolle, und er muss kämpfen.

Die in der Bhagavad Gita beschriebene Schlacht war möglicherweise ein historisches Ereignis, aber vor allem ist sie ein Symbol des Kampfes, der jedem von uns bevorsteht – des Kampfes um die Macht über unser eigenes, inneres Reich, um die Herrschaft über unser eigenes Leben und um die Fähigkeit, getreu unserer inneren Natur zu leben. Krishna erklärt Arjuna, dass sich das wahre Schlachtfeld im Innern befindet. Was wir töten müssen, sind Zweifel und selbstsüchtige Wünsche. Tu auf dem Schlachtfeld des Lebens das, wozu du geboren wurdest, sagt er – aber nicht aus Habgier, Hass, Egoismus oder dem Wunsch nach persönlichem Erfolg. Tu es aus Liebe. Tu es selbstlos, unabhängig und zum Wohl aller, dann wirst du Frieden finden. Krishna befiehlt dem bekümmerten Krieger: »Tu deine Pflicht, sei sie auch noch so bescheiden (oder unvollkommen), und nicht die eines anderen, und sei diese auch noch so großartig. In der Ausübung der eigenen Pflicht zu sterben, ist das Leben – in der Ausübung der Pflicht eines anderen zu leben, ist der Tod.«[5]

Das sind inhaltsschwere Worte – Worte, die dazu gemacht wurden, durch alle Epochen zu erklingen und allen, die sie hören wollen, eine klare Botschaft zu vermitteln. Seit weit über zweitausend Jahren hat die Bhagavad Gita Millionen von Menschen dazu inspiriert, in den Herausforderungen Arjunas ihre eigenen Herausforderungen zu erkennen und in der Gita selbst den Aufruf zu hören, sich selbst gegenüber treu zu bleiben.

Auf die eine oder andere Weise werden wir alle die Fragen beantworten müssen, die Krishna dem Arjuna stellte: Werde ich meiner eigenen Berufung folgen, oder werde ich einen leichteren Weg wählen? Werde ich eine Arbeit nur deshalb wählen, weil sie mir Anerkennung und Geld einbringt, oder werde ich die Arbeit wählen, die mir dabei helfen wird, die Geschenke auszuteilen, die zu geben mir bestimmt ist? Wenn ich mit Zweifeln und Angst konfrontiert bin – werde ich aufgeben oder den Mut zum Handeln aufbringen?

DEM DRUCK DER MASSE WIDERSTEHEN

Um seinem wahren Selbst gemäß zu leben, muss man noch eine weitere Verpflichtung einlösen: Man muss sich dem sozialen Druck der Konformität widersetzen. Ralph Waldo Emerson war einer der größten Verfechter dieser Berufung. »Vertraue dir selbst« ist sein Schlachtruf. »Vertraue dir selbst: Jedes Herz vibriert im Einklang mit diesem Ton«, schrieb er. Er verachtete die Neigung, sich dem Willen der Masse zu beugen. »Jetzt sind wir eine Horde«, klagte er und fügte hinzu, dass es schwierig sei, sich selbst treu zu bleiben, »weil Sie immer jemanden finden werden, der meint, er wüsste besser als Sie, was Ihre Pflicht ist«. Emerson wies darauf hin, dass die Herausforderung nicht darin besteht, man selbst zu sein, wenn man allein ist – das ist einfach. Eine wahrhaft große Persönlichkeit kann auch »inmitten der Menge« ihre Unabhängigkeit mit »vollkommener Sanftmut« aufrechterhalten.[6]

Die einzige Möglichkeit, der Dynamik der Menge zu widerstehen, besteht darin, selbst zu denken und dann mit dem, *was* man denkt, ehrlich umzugehen. Wenn »der aufdringliche Pöbel« oder gar die eigenen Familienmitglieder oder Freunde von uns verlangen, uns ihrem Glauben oder ihren Erwartungen zu beugen, schlägt Emerson vor, dass wir unsere eigene Wahrheit, mit der wir uns selbst achten und respektieren, bescheiden aber freimütig bejahen: »Von nun an gehöre ich der Wahrheit ... Ich bitte darum, von euren Gebräuchen befreit zu werden. Ich muss ich selbst sein.« Denn letzten Endes, sagt er, »kann dir nichts anderes Frieden bringen als du selbst«.

Der starke Druck, sich anzupassen, wird in *Zelig*, einem der kunstvollsten Filme Woody Allens, *ad absurdum* geführt. Das Wort Konformität bedeutet wörtlich »geformt« oder sinngemäß »umgestaltet«, und Zelig ist ein Mann, der diese Gabe in erschreckendem Ausmaß besitzt. Befindet er sich in einer Gruppe übergewichtiger Menschen, wird er selber übergewichtig. In einer Gruppe von Ärzten wird er zum Arzt. Er ist dermaßen davon besessen, sich anderen anzupassen, dass er sich wie ein Chamäleon in die Art von Person verwandelt, in deren Gesellschaft er sich gerade befindet. Ich glaube, Emerson hätte diese Parodie sehr zu schätzen gewusst.

Heutzutage konfrontiert uns die enorme Macht der heutigen Medien mit mehr Meinungen denn je darüber, wer wir sein sollen, wie wir uns verhalten sollen und was wir denken sollen. Die Masse ist nun so viel größer und unwiderstehlicher. Diese Horde wird jedoch Ihre Freiheit, Ihr Licht gemäß Ihrer eigenen Veranlagung leuchten zu lassen, keinesfalls unterstützen. Sie wird niemals unterstützen, was Sie sind. Sie wird jeden nur möglichen Trick anwenden, um Sie in ihr eigenes, farbloses Bild zu verwandeln. Eine ihrer Strategien besteht darin, Sie von Ihren inneren Prioritäten wegzulocken und dazu zu bringen, sich auf etwas außerhalb Ihres Selbst zu konzentrieren, das interessanter und aufregender zu sein scheint.

Unsere heutige Prominentenkultur mit ihrer Fixierung auf »Stars« vereinfacht solche Ablenkungsmanöver sehr. Betrachten Sie nur die enorme Beliebtheit von Fernsehsendungen wie die britische Show *Pop Idol* und ihre Entsprechungen in vielen Ländern weltweit, wie *American Idol* und *Deutschland sucht den Superstar*. Verstehen Sie mich bitte nicht falsch! Es ist sehr wichtig, sich mit guter Unterhaltung zu entspannen, und es ist durchaus gesund, das Talent und den Erfolg anderer Menschen anzuerkennen. Wenn wir zu Vorbildern aufsehen, werden wir oft dazu veranlasst und inspiriert, selbst mehr zu erreichen.

Werden wir jedoch vom Kommen und Gehen anderer besessen, sind wir die Verlierer, denn dann konzentrieren wir unsere Energie auf unser Lieblingsidol, statt unsere wertvollen Ressourcen in uns selbst zu investieren. Schließlich können Sie nicht Ihr eigenes Lied singen, wenn Sie immer nur die Melodie eines anderen anstimmen.

»WENNS« UND IDOLE

Per Definition ist ein Idol ein falscher Gott oder etwas, was wir blindlings oder übermäßig lieben. Normalerweise bezeichnen wir Menschen als Idole, aber wir können alles Mögliche zum Idol machen. Ein Idol kann alles außerhalb Ihres Selbst sein, dem Sie die Macht und die Verantwortung übertragen haben, Sie glücklich zu machen – sei es nun ein Mensch, eine Gruppe, eine Organisation, materieller Besitz oder ein Glaubenssystem.

Nach dieser Definition kann ein Idol die Gestalt eines goldenen Schusses, einer oberflächlichen Lösung oder des »magischen Wenns« annehmen, wie ich es nenne. *Wenn* ich doch nur diese Beförderung bekäme. *Wenn* ich doch nur irgendwo leben könnte, wo das Wetter immer angenehm ist. *Wenn* doch meine Kinder, meine Eltern oder mein Partner aufhören würden, sich so falsch zu verhalten. *Wenn* ich doch nur etwas Ruhe und Frieden hätte. *Wenn* doch mein Chef meine Arbeit besser zu schätzen wüsste. *Wenn* doch nur dieses gesundheitliche Problem verschwinden würde. *Wenn* doch nur ein wundervoller Mann oder eine wundervolle Frau in mein Leben käme. *Wenn* ich doch nur im Lotto gewinnen würde ... *dann* wäre mein Leben vollkommen, und ich könnte alle meine Träume erfüllen.

Wenn Sie darauf warten, dass jemand auftaucht oder dass etwas geschieht, bevor Sie Ihren nächsten Schritt tun, haben Sie höchstwahrscheinlich ein Idol, und Ihr Glaube an dieses Idol hemmt Sie. Warum? Ein Zen-Sprichwort erklärt es ganz einfach: »Wenn Sie die Wahrheit außerhalb Ihrer selber suchen, entfernt sie sich mehr und mehr.«

Nur sehr wenige unter uns haben keine Idole und keine »magischen Wenns«. Sie sind in unserem Leben so fest etabliert, dass wir ihr Vorhandensein vielleicht nicht einmal bemerken – geschweige denn wissen, wie viele es sind. Es gab Phasen in meinem Leben, in denen ich passiv blieb und auf jemanden oder etwas wartete, damit diese Person oder dieses Geschehnis die idealen Voraussetzungen dafür schafften, meine Gaben zu aktivieren. Ich habe gelernt, dass es leider nicht so funktioniert.

Wir müssen einen Weg finden, unsere Gaben zu verschenken, egal was die Menschen in unserem Leben tun oder nicht tun. Wenn wir uns selbst in unserer gegenwärtigen Situation oder Beziehung nicht treu sein können, dann wird es Zeit, diese Situation oder Beziehung zu verändern. Die einzige wahre Macht, die unsere Idole besitzen, ist die, mit der wir sie ausstatten – und das ist eigentlich unsere eigene Macht. Wenn wir diese Macht zurücknehmen, befreien wir unseren inneren Geist.

IRRGLAUBE

Jemand oder etwas außerhalb meines Selbst kann mich retten und mein Leben vollkommen machen.

MAGIE

Wenn ich meine Idole loslasse, befreie ich mich und kann meinen kreativen, inneren Geist zum Ausdruck bringen.

Idole, egal welche Form sie annehmen, sind eine gefährliche Ablenkung. Je mehr wir an ihre überlegenen Kräfte glauben, desto weniger glauben wir an unsere eigenen angeborenen Kräfte. Das folgende berühmte Zen-Koan trifft den Nagel auf den Kopf: »Wenn du auf der Straße Buddha begegnest, töte ihn.«

Dieses Sprichwort ist zugleich paradox und schockierend, und es überfordert unseren Verstand. Das liegt daran, dass die Aufgabe eines Koans darin besteht, unsere konventionelle Denkweise zu durchbrechen. Im Prinzip will das eben erwähnte Koan sagen: Lass deine Idole los. Akzeptiere nichts blindlings als die Wahrheit, nur weil es von den Lippen einer Person stammt, die du respektierst oder sogar verehrst. Verwirf die Vorstellung, dass ein bestimmter Mensch oder eine bestimmte

Auffassungsweise oder Institution automatisch weiß, was für dich am besten ist. Lass nicht zu, dass deine Gebundenheit an etwas außerhalb deines Selbst dich daran hindert zu erreichen, was du im Inneren hast. Respektiere den Beitrag anderer Menschen, aber finde deine Wahrheit selbst. Fühle deine Wahrheit selbst. Achte und respektiere dich selbst.

SCHLÜSSEL ZUM
GLEICHGEWICHT

Die eigene Stimme achten und respektieren

Sie haben eine besondere Gabe, die Sie mit anderen teilen
sollen – eine einmalige Stimme, die jemand anders dringend
hören muss. Nehmen Sie sich einen Moment Zeit, um über
die folgenden Fragen nachzudenken. Benutzen Sie sie, um
herauszufinden, wie Sie über Ihre Gaben denken und ob Sie
Ihre eigene Stimme achten und respektieren. Vergessen Sie
beim Beantworten der Fragen nicht, dass Sie Ihre Gaben nicht
nur durch das weitergeben, was Sie tun, sondern auch durch
das, was Sie sind.

● **Weiß ich meine besonderen Gaben zu schätzen?** Welche besonderen Eigenschaften oder Begabungen haben Sie, mit denen Sie
anderen helfen können? Vielleicht Ihre Lebensfreude, Ihr Mitgefühl oder Ihre Geduld? Ihre Liebe zum Detail oder Ihre Fähigkeit, Menschen zu vereinen, um eine Arbeit zu vollenden? Ihr
Talent als Musiker, Heiler, Lehrer, Koch, Elternteil oder Trainer? Ist es Ihre Art, andere dabei zu unterstützen, ihre besten
Talente auszudrücken? (Hinweis: Falls Sie nicht wissen, was Sie
besonders auszeichnet, dann fragen Sie sich: Was sagen andere
darüber, warum sie mich schätzen? Bitten Sie einen engen
Freund, Partner oder Mitarbeiter, Ihnen offen zu sagen, welche
Eigenschaften er oder sie am meisten an Ihnen schätzt.)

● **Freue ich mich über meine Stärken?** Die meisten von uns
sind es gewohnt, sich auf ihre Schwächen zu konzentrieren,
statt ihre positiven Eigenschaften anzuerkennen. Um sich
selbst dabei zu unterstützen, sich über das, was Sie *wirklich*
sind, zu freuen, sammeln Sie alle Karten, E-Mails und Briefe,
die andere Ihnen geschickt haben, um Ihnen zu danken oder
um das, was Sie an Ihnen schätzen oder lieben, zum Ausdruck zu bringen. Sammeln Sie auch andere Andenken, die
Ihnen helfen, sich an Ihre Stärken, Ihre Erfolge und die Freu-
den, die Sie anderen bereitet haben, zu erinnern. Bringen Sie
sie in einer eigens dafür gedachten Schachtel oder in einem
speziellen Aktenordner unter. Eine meiner Bekannten nennt
dies ihre »Wohlfühlakte«. Wenn Sie gestresst oder genervt
sind oder nicht wissen, wo Ihr Lächeln geblieben ist, dann nehmen Sie diese Sammlung zur Hand. Stöbern Sie darin herum
und rufen Sie sich ins Gedächtnis, dass die Dramen oder Trau-
mata, die sich um Sie herum abspielen, nichts damit zu tun
haben, wer Sie sind.

● **Warte ich darauf, dass etwas von außen alles in Ordnung bringt?**
Wir alle wünschen uns, dass irgendetwas oder irgendjemand
wie eine strahlend schöne, gute Fee erscheint, mit einem Zau-
berstab wedelt und alles perfekt für uns regelt. Die Weisen
belehren uns immer wieder, dass unsere eigenen Gedanken,
Taten und Entscheidungen den Sinn unseres Lebens erschaffen – und nicht die einer Fee, eines Idols oder sogar eines verehrten Mentors. Nehmen Sie ein Blatt Papier und schreiben
Sie die folgende Erklärung darauf: »*Wenn doch nur* .... ,
dann könnte ich weiterkommen und glücklich sein.« Und dann schreiben Sie alles, was Ihnen dazu einfällt, in die leere Zeile. Anschließend fragen Sie sich: »*Welchen signifikanten Schritt kann ich
tun, damit die Veränderung, auf die ich warte, eintritt?*« Verwerfen
Sie beim Beantworten dieser Frage keine einzige der Ideen, die
Ihnen in den Sinn kommen. Schränken Sie sich nicht ein.

Seien Sie kreativ, und Sie werden staunen, wie viel Kontrolle Sie über Ihr Leben haben – wenn Sie willens sind, diese Kontrolle zu akzeptieren.

● **Was steht auf meiner »Das-will-ich-sein-Liste«?** Das, worauf wir uns konzentrieren, wird zur Wirklichkeit. Deshalb machen wir wöchentlich und täglich Listen von Dingen, die wir erledigen müssen. Sie helfen uns dabei, uns nicht zu verzetteln. Aber das, was Sie *sind*, ist genauso wichtig wie das, was Sie *tun*. Erstellen Sie doch neben Ihrer wöchentlichen Aufgabenliste auch eine wöchentliche »Sein-Liste« – als Gedächtnisstütze, damit Sie sich auch darauf konzentrieren, was für ein Mensch Sie gern werden möchten. Fragen Sie sich: *»Wie möchte ich diese Woche sein? Welche Charaktereigenschaften möchte ich bewusst zum Ausdruck bringen (wie Geduld, Ehrlichkeit, Dankbarkeit, Vertrauen, Selbstwertgefühl oder auch, jeden Augenblick, den ich mit geliebten Menschen verbringe, bewusst zu erleben, und so weiter)?* Fordern Sie sich während der Woche bewusst auf, die Charaktereigenschaften zum Ausdruck zu bringen, die auf Ihrer Liste stehen.

● **Wer sind Sie?** Sie sind größer als Ihre Aufgabenliste. Sie sind mehr als das, was Sie sagen, als der Beruf, den Sie ausüben, oder als das, was Sie besitzen oder nicht besitzen. Gönnen Sie sich eine ruhige Stunde ganz mit sich allein und schreiben Sie die Antwort auf folgende Frage auf: *Wenn ich nichts mehr zu tun habe, wer bin ich dann?*

KAPITEL 14

IMMER WUNDERVOLLER

Reise von Selbst zu Selbst und finde die Goldmine.

– JELALUDDIN RUMI

Man braucht Mut, Geduld und Durchhaltevermögen, um sein eigenes Leben zu gestalten. Manchmal haben Sie vielleicht das Gefühl, Sie müssten einen Fluss mit einer starken Strömung durchqueren, die Sie mitzureißen droht, wenn Sie nur einen Augenblick aufhören, sich dagegen zu stemmen. Diese unerbittliche Strömung, sei sie nun der Zwang zur Anpassung oder der Widerstand gegen Ihre Träume, ist jedoch gar nicht die eigentliche Gefahr. Die eigentliche Gefahr ist der Zweifel. Der Zweifel bringt uns dazu, mitten im Fluss anzuhalten. Der Zweifel führt dazu, dass die Strömung uns mitreißt. Wir stellen uns selbst in Frage und zweifeln daran, dass das Universum uns darin unterstützen wird, wir selbst zu sein. Wenn wir dem Zweifel die Kontrolle überlassen, werden wir empfänglich für die eindringliche Propaganda, die uns rät, im Strom der Massen mitzuschwimmen, denn sie flüstert schlau: »Du bist nicht gut genug, um etwas anderes zu tun.«

Es ist schwierig, seine eigene, wahre Stimme zu feiern, wenn andere Stimmen im Kopf herumgeistern und die Litanei der vergangenen »Fehler« herunterleiern, um einem zu beweisen, dass man aufgeben sollte. Diese Stimmen sind Ihnen vielleicht so vertraut, dass Sie ihnen unwillkürlich glauben. Möglicherweise hören Sie sie bereits, solange Sie sich zurückerinnern. Aber die Stimme, die Sie verurteilt, herabsetzt oder einschränkt, ist niemals die Stimme Ihres wahren Selbst. Es ist die Stimme des falschen Selbst, des inneren Betrügers und Saboteurs, der Sie zu lähmen versucht, indem er beide Gesichtspunkte des Problems gegen Sie wendet. Einerseits sagt sie, dass Sie nicht allzu viel zustande bringen können, weil Sie nicht perfekt sind. Andererseits kritisiert sie Sie, weil Sie nicht mehr geschafft haben!

Wenn wir dieser doppelgesichtigen Harpyie zuhören, diesem betörenden Frauenkopf auf dem Körper eines ewig hungrigen Raumvogels, dann erscheint es uns vielleicht angebrachter, uns schuldig zu fühlen, weil wir so vieles nicht erreicht haben, statt uns über das zu freuen, was wir haben. Wir bezeichnen unsere schwierigen Lernerfahrungen – jene Situationen, durch die wir am meisten wachsen können – als erbärmliche Misserfolge und Zeitvergeudung. Aus Angst, noch einen Fehler zu begehen, zögern wir, überhaupt etwas Neues zu versuchen. All dies verschleiert jedoch die Tatsache, dass es gar nicht möglich ist, Zeit zu vergeuden, solange wir etwas lernen – und dass wir *immer* lernen.

Wir alle haben die Worte von Genies wie Albert Einstein gehört, der sagte: »Jemand, der nie einen Fehler gemacht hat, hat nie irgendetwas Neues versucht«, oder James Joyce, der sagte: »Ein genialer Mensch begeht niemals einen Fehler«, weil seine Fehler »Pforten der Entdeckung« sind. Vom Verstand her wissen wir, dass Fehler etwas Positives sind, weil sie die beste Möglichkeit darstellen, Lebenserfahrungen zu sammeln. Lehren das nicht sämtliche modernen Business-Erfolgsbücher, Selbsthilfegurus und Erfolgsseminare? Trotzdem kann es sein, dass unsere Konditionierung und unsere Gewohnheiten, gestärkt durch unsere Umgebung und unsere Mitmenschen, das Gegenteil behaupten.

Oder haben Sie etwa schon einmal erlebt, dass Ihnen jemand begeistert auf die Schulter klopft und ausruft: »Gratuliere! Das war ja ein toller Fehler! Das müssen wir feiern!« Normalerweise reagiert unser Umfeld anders auf unsere Lernerfahrungen: Wir werden zurückgewiesen oder ausgelacht, unsere Eltern geben uns einen Klaps auf die Finger oder wir werden gefeuert. All dies bestärkt uns in der Auffassung, dass Liebe und Anerkennung immer davon abhängen, ob wir perfekt sind oder nicht. Wenn uns diese Art von Feedback überwältigt, dann bleibt nur noch eins übrig, das wir perfekt können: uns selbst kritisieren. Wir lernen, zu richten und zu verurteilen, und wir tun es ständig.

Wir können alles aufzählen, worin wir mangelhaft sind, statt uns darauf zu besinnen, was wir bisher, während wir gelebt und geliebt haben, alles *gelernt* haben. Wir werden wie der Mann im folgenden Witz, den Fulton Sheen, der bekannte und beliebte ehemalige Erzbischof von Chicago, einmal erzählt hat. Ein Mann kommt mit Kopfschmerzen zum Arzt.

»Spüren Sie einen lästigen Schmerz in der Stirn?«, fragt der Arzt.

»Ja«, antwortet der Patient.

»Und einen klopfenden Schmerz am Hinterkopf?«

»Ja.«

»Und stechende Schmerzen hier an den Schläfen?«

»Ja, genau!«

»Aha!«, ruft der Arzt. »Ihr Heiligenschein sitzt zu eng.«

DAS UNGREIFBARE, BEWEGLICHE ZIEL DER PERFEKTION

Woher wissen wir, dass wir nicht an dem »Nicht gut genug«-Syndrom leiden? Die Lebenshilfetrainerin Brook Montagna half mir, dieses Syndrom bei mir selbst zu diagnostizieren. Ich durchlief eine Lebensphase der Selbstfindung, und sie bat mich, alles aufzulisten, in dem ich mich als »gut genug« empfand, und danach alles, in dem ich mich als »nicht gut genug« betrachtete. Ich versah ein Blatt Papier mit zwei Spalten und stürzte mich sofort auf die »Nicht gut genug«-Spalte. Darüber musste ich nicht lange nachdenken und füllte die Spalte blitzartig aus. Aber die Spalte »gut genug« ... Tja, das war eine ganz andere Sache. Zögernd kritzelte ich ein paar Zeilen, musste aber nach wenigen Minuten aufgeben. Als es Zeit war, Brook die Ergebnisse zu zeigen, fragte Sie mich nach einer Pause ganz sanft: »Ist Ihnen jemals der Gedanke gekommen, dass Sie gut genug sind, so, wie Sie sind?« Ehrlich gesagt, das wäre mir niemals in den Sinn gekommen.

Ihre Bemerkung zwang mich dazu, einen tiefen Blick in mein Inneres zu werfen. Ich fragte mich, nach welchen inneren Maßstäben ich feststellte, welcher Teil von mir »gut genug« und welcher »nicht gut genug« war. Und: gut genug wofür? Brook wies mich darauf hin, dass die Einträge in meiner »Nicht gut genug«-Spalte in Wahrheit Charaktereigenschaften waren. Wir alle haben in unserer Persönlichkeit Eigenschaften und Gewohnheiten, die uns und andere stören, aber das ist kein Grund, uns selbst als beklagenswert ungenügend, unwürdig und im Kern »nicht gut genug« einzustufen.

Als ich Brooks fragte, wie viele ihrer Klienten dieselben Probleme mit dieser Übung hatten wie ich, sagte sie: »Die meisten.« Nicht lange danach bestätigte ein Gespräch, das ich während eines Abendessens mit Freunden hatte, diese traurige Tatsache. Eine meiner Freundinnen beschrieb, wie ihre etwas über zwanzigjährige Nichte die eigenen Eltern schockiert hatte, als sie ihnen sagte, sie hätte sich selbst in all den Jahren ihres Heranwachsens nie als gut genug empfunden – da war diese Formulierung wieder! Die Eltern der jungen Frau waren verständlicherweise sehr verstört gewesen, das zu hören. Aber als meine Freundin ihre Geschichte zu Ende erzählt hatte, fragte ich sie:

»Hast *du* dich für gut genug gehalten, als du aufgewachsen bist?«
»Eigentlich nicht«, gab sie zu. Tatsächlich saß an diesem Abend
in der Tischrunde, die aus Männern und Frauen bestand, nur
eine einzige Glückliche, die sagte, sie hätte während ihrer Ent-
wicklungsjahre nicht unter diesem schrecklichen Gefühl der
Unzulänglichkeit gelitten. Hin und wieder habe ich diese Frage
auch anderen gestellt und bin nur selten jemandem begegnet,
der mit einem hohen Selbstwertgefühl davongekommen ist.

Obwohl die Jahre unserer Pubertät sehr schwierig sein können,
glaube ich einfach nicht, dass Gefühle der Unzulänglichkeit
eine natürliche Begleiterscheinung der verletzlichen Teenager-
jahre sind, also eine Art Phase, die mit der Zeit vorübergeht.
Solche Muster werden uns lange, bevor wir in die Pubertät
kommen, tief eingeprägt und können uns auch lange danach
noch beeinflussen. Obwohl wir oft sehr geschickt darin sind,
dies vor uns und den anderen zu verbergen, kann das Gefühl,
»nicht gut genug« zu sein, immer noch tief in unserem Un-
terbewusstsein fortbestehen und viele unserer Gedanken und
Handlungen bestimmen.

Das eigentliche Problem in dieser Situation ist: Wenn Sie sich
selbst als »nicht gut genug« einstufen, wann sollen Sie sich dann
jemals als erfolgreich betrachten? Wann können Sie es sich erlauben, glücklich zu sein? Wann können Sie anfangen, zu genießen,
wer Sie sind und was Ihr Leben Ihnen *jetzt* alles zu bieten hat?
Wann dürfen Sie endlich aufhören, sich selbst an diesem un-
greifbaren, beweglichen Ziel der Perfektion zu messen?

Der Kern dieses Rätsels ist ein Missverständnis. Viele von
uns wurden dazu verleitet zu glauben, dass alles, was wir tun,
den hohen Maßstab menschlicher Vollkommenheit erfüllen
muss. Die Erleuchteten sowohl der Antike als auch der modernen Zeiten haben da eine viel gefühlsbetonere Sichtweise. Das
Leben ist faktisch ein Wachstumsprozess, sagen uns die Weisen.
Wir sollen ständig wachsen und auf physischer, mentaler, emotionaler und spiritueller Ebene über unser früheres Können

hinausreichen. Als Schüler im Klassenzimmer des Lebens werden wir von diesem Vorgang natürlich am meisten profitieren, wenn wir nach Glanz und Gloria streben, statt passiv zu bleiben. Doch die Weisen betonen, dass das Ziel unserer Lektionen nicht irgendein unerreichbares Ideal mechanischer Vollkommenheit ist. Das Ziel ist, sich selbst zu finden, das wahre Selbst, und es täglich mehr zum Ausdruck zu bringen, indem wir unser Herz öffnen und unsere Fähigkeit, unsere Gaben zu verteilen, weiterentwickeln.

Wir alle sehnen uns danach, unser wahres Selbst auszudrücken und unsere Gaben rückhaltlos und vollständig mit anderen zu teilen. Wie Rabindranath Tagore einst schrieb: »Diese Sehnsucht nach dem vollkommenen Ausdruck des Selbst ist tiefer im Menschen verwurzelt als sein Hunger und Durst nach körperlicher Nahrung und auch als seine Begierde nach Reichtum und Anerkennung.«[1] Thomas Merton weist uns aus christlicher Perspektive auf dieselbe Wahrheit hin. »Ein Heiliger zu sein«, schrieb er, »bedeutet für mich, ich selbst zu sein ... Wir haben die Freiheit, echt oder unecht zu sein. Wir können wahr oder falsch sein, die Entscheidung liegt bei uns.«[2]

Wir treffen diese Wahl nicht nur einmal. Wir treffen sie jeden Tag, manchmal mehrmals am Tag. Wir können uns im Alltag entweder dafür entscheiden, dass sich unser wahres Selbst durch uns ausdrücken darf – oder wir können uns dem selbstkritischen Selbst beugen, das so tut, als wollte es nur unser Bestes, während es in Wahrheit nur das »muss« und »soll« verstärkt, damit wir uns immer als »nicht gut genug« verurteilen.

STIMMEN SIE FÜR SICH SELBST

Wenn Sie immer den Maßstab des falschen Selbst statt den des wahren Selbst wählen, werden Sie immer dem unerreichbaren Ziel der Perfektion nachjagen und nie glücklich, nie mit

sich selbst in Frieden sein. Das Gegenmittel zu diesem stress-
reichen Leben ist das Bejahen beider Seiten des Paradoxons.
Akzeptieren Sie, dass Sie nicht nach menschlichem Ermessen
vollkommen sein müssen, um glücklich zu sein oder Liebe zu
verdienen, *und* dass Sie dennoch ständig wachsen und sich weiterentwickeln dürfen.

Sie sind gut genug *und* Sie werden ständig besser. Wenn
sich die kritischen Stimmen in Ihrem Inneren heimtückisch
anschleichen, dann bringen Sie den Mut auf zu sagen: »*Nein,
ich bin als Mensch nicht vollkommen. Aber wer ist das schon? Es
geht nicht um menschliche Vollkommenheit. Vielmehr besteht das Ziel
darin, mein wahres und bestmögliches Selbst zu sein. Heute werde ich
mich bemühen, mein Bestes zu geben, als Schritt auf dem Weg zu
meiner nächsten Entwicklungsstufe. Ich stimme für mich selbst.*«

Wie geben Sie sich selbst Ihre Stimme? Sie tun es jedes
Mal, wenn Sie der verurteilenden Stimme, die sagt: »Das war
dumm«, befehlen, der Realität ins Auge zu sehen und sich
nicht so melodramatisch aufzuspielen. Sie tun es jedes Mal,
wenn Sie auf Ihr Recht pochen, von Ihren Missgeschicken zu
lernen, ohne diese als Scheitern zu bezeichnen. Sie tun es jedes
Mal, wenn Sie beschließen, sich nicht automatisch selbst die
Schuld zu geben, wenn irgendetwas schief läuft. Sie stimmen
für sich selbst, wenn Sie beschließen, sich mit positiven und
aufbauenden Menschen zu umgeben. Und Sie tun es jedes
Mal, wenn Sie mit einem Lächeln zugeben, dass Sie, wie jeder
andere auch, »ein werdendes Kunstwerk« sind.

Als Mauve, der Lehrer des jungen Vincent van Gogh, mit
ihm unzufrieden war, verteidigte sich Vincent sehr elegant
damit, ein solches »werdendes Kunstwerk« zu sein. In einem
Brief an seinen Bruder schrieb van Gogh: »Mauve akzeptiert
nicht, dass ich gesagt habe: ›Ich bin Künstler.‹ Ich werde das
aber nicht zurücknehmen, weil es ganz offensichtlich ist, was
dieses Wort bedeutet, nämlich: immer nach etwas zu suchen,
ohne es jemals völlig zu finden. Es ist genau das Gegenteil der

Aussage: ›Ich weiß alles darüber, ich habe es bereits gefunden.‹ Was mich angeht, bedeutet das Wort Künstler: ›Ich suche es, ich jage es, ich bin zutiefst beteiligt.‹»

Das ist eine sehr erfrischende Sichtweise. Sie unterstreicht, dass wir nicht vollkommen sein müssen, um unsere selbstgewählten Ziele zu verfolgen. Viel wichtiger ist es, am Vorgang des Lebens selbst »zutiefst beteiligt« zu sein, wodurch wir die Aussage »Wer ich bin und was ich zu bieten habe, entwickelt sich ständig« besiegeln. Es führt zu nichts, wenn Sie sich selbst verurteilen, während Sie sich in diesem Prozess befinden. Und Sie werden sich immer in diesem Prozess befinden. Sie *sind* der Prozess.

IRRGLAUBE
Ob ich Liebe und Anerkennung bekomme, hängt davon ab,
wie vollkommen ich bin.

MAGIE
Das Ziel ist nicht die Vollkommenheit. Das Ziel ist zu lernen,
meinem wahren Selbst immer mehr Ausdruck zu verleihen.

Wir alle sind Künstler unseres eigenen Lebens: Wir malen, wir übermalen, und manchmal beschließen wir, mit einer ganz neuen Leinwand noch einmal von vorn anzufangen. Wir alle suchen das richtige Ausdrucksmittel, die richtige Technik und die richtigen Farben, um das einzufangen, was wir zu diesem Zeitpunkt unseres Lebens ausdrücken wollen. Von Geburt an arbeiten Sie an Ihrem Meisterwerk. Sie verbessern Ihr Können. Auch ein junger Maler fängt nicht als Meister an – und ebenso wenig springen wir mit allen Fähigkeiten eines Erwachsenen aus dem Mutterleib.

Bezeichnen wir es als Scheitern, wenn ein Kleinkind von einer Seite zur anderen Seite wankt und immer wieder auf den Popo fällt, während es lernt, auf eigenen Füßen zu stehen? Empfindet das unermüdliche Kleinkind seine ungeschickten Gehversuche etwa als Scheitern, oder empfinden seine Eltern es so? Natürlich nicht. Warum sollten wir also unduldsam mit uns selbst sein, nur weil wir uns bemühen, gewisse Fertigkeiten des Lebens zu erlernen? Warum sollten wir uns verurteilen, weil wir allmählich – und immer kunstgerechter – lernen, unser Herz zu öffnen, unsere Gaben mit anderen zu teilen und die Gaben anzunehmen, die andere uns geben wollen? Warum sollten wir verzweifeln, nur weil wir immer noch dabei sind, die innere Kunst des Gebens und Annehmens zu erlernen?

Selbst die größten Genies unter uns betrachten sich selbst als lebenslang Lernende. Ein Journalist soll einmal den amerikanischen Erfinder Thomas Edison gefragt haben, wie es sich angefühlt habe, Zigtausende von gescheiterten Experimenten zu erleben, bevor ihm endlich die Erfindung der Glühbirne gelang. Edison hat im Laufe seines Lebens mehr als tausend Erfindungen patentieren lassen, und seine Antwort auf diese Frage verdeutlicht den Grund für seinen Erfolg. »Ich bin nicht gescheitert«, antwortete Edison. »Ich habe lediglich zehntausend Methoden gefunden, die nicht funktionieren.«

Der exzentrische Milliardär Howard Hughes gab uns auf seine typische Weise ein weiteres Beispiel dafür, dass Lernen eine erregende Erfahrung ist. Während seiner Karriere als Filmemacher gab er Millionen von Dollar dafür aus, das Epos *Höllenflieger* zu drehen. Der Film handelt von zwei Brüdern, die im Ersten Weltkrieg der britischen Luftwaffe beitreten und sich freiwillig für eine gefährliche Mission melden. Es war bei Weitem der teuerste Film, der zu jener Zeit entstanden ist. Hughes war besessen davon, den Film immer weiter zu verbessern, und ließ die Aufnahmen ein ums andere Mal wiederholen. Dennoch hat er diesen Prozess weder als Niederlage noch als Scheitern betrachtet. Er nannte es eine Lernerfahrung. Wenn jemand ihn fragte, ob es wirklich sinnvoll sei, sein ganzes Vermögen in einen Film zu stecken, sagte er: »Sie glauben, dass ich nur Zeit vergeude, aber ich lerne eine Menge über das Filmemachen.« Letzten Endes wurde *Höllenflieger* mit Jean Harlow in der Hauptrolle, der 1930 schließlich in Los Angeles seine Premiere hatte, ein Riesenerfolg und für einen Oscar für die beste Kamera nominiert. Hughes produzierte danach noch viele weitere Filme. Manche fielen durch, aber andere gelten heute noch als Klassiker.

»*Ich lerne viel.*« Das ist eine gute Erwiderung – sowohl auf das, was die Stimmen von außen sagen, als auch auf die Stimmen im Inneren, die beharrlich versuchen, Ihre eigene Stimme durch ihre abfälligen Urteile zu ersticken. »*Ich lerne viel darüber, wer ich bin.*«

DAS GOLD UND DER SCHLAMM

Man bräuchte ein ganzes Buch, um zu analysieren, woher die tief eingeprägte Auffassung kommt, dass wir nicht gut genug sind, und wie sie es geschafft hat, so vielen von uns ebenso zäh anzuhaften wie Klebeband einem Stück Papier. Wir müssten alles abklopfen – angefangen mit der Frage, wie und wann das Konzept der »Ursünde« eingeführt wurde (was tatsächlich erst viele Jahrhunderte nach der Geburt des Christentums stattfand), bis hin zu der Frage, was hinter den stereotypen Erfolgskonzepten steckt, die unsere Gesellschaft uns durch jedes nur erdenkliche Medium ununterbrochen einhämmert. Hier wollen wir uns jedoch darauf konzentrieren, Strategien zu erforschen, mit denen wir verurteilende Stimmen abwehren und die Wahrheit fördern können. Alle diese Strategien beginnen mit einer Affirmation dessen, was alle Weisen uns lehren: dass Sie im Grunde genommen ein großartiges Geschöpf sind, das sich zu einem immer großartigeren Geschöpf weiterentwickelt.

IRRGLAUBE
Ich bin nicht gut genug.

MAGIE
Ich bin ein großartiges Geschöpf, das sich zu einem noch großartigeren Geschöpf weiterentwickelt.

Diese uns ermächtigende Wahrheit ist ein roter Faden, der sich durch alle großen Weisheitstraditionen dieser Welt zieht. Wenn Sie die Lehren sämtlicher Gründer und Mystiker dieser Traditionen studieren, werden Sie entdecken, dass sie alle unsere inneren Werte unterstreichen, statt unsere Schwächen zu verstärken. Sie feiern unsere innere Flamme, statt sich auf das drohende Höllenfeuer zu konzentrieren. Sie sagen: Was am meisten zählt, ist nicht, wie gut wir die Erwartungen anderer erfüllen oder die Regeln befolgen, sondern ob wir die großartige Kraft und das Potenzial in unserem Inneren zum Ausdruck bringen.

Mir gefällt sehr, wie poetisch ein frühchristlicher Text namens *Das Evangelium der Wahrheit* dies ausdrückt: »Sag also von ganzem Herzen, dass du der vollkommene Tag bist und dass in dir das Licht wohnt, das niemals erlischt.«[3]

Die Weisen beschreiben den Vorgang, sich mit seiner eigenen wahren Kraft zu verbinden, als »Erwachen«. Wacht auf aus eurem Traum, sagen sie, aus der Illusion dessen, was ihr eurer Meinung nach seid oder als was andere euch bezeichnet haben, und seht euch so, wie ihr in Wahrheit seid. Streift die äußeren Verkleidungen ab und sucht die innere Essenz.

Die Mystiker beschreiben diese innere Essenz auf vielfältige Weise, je nach ihrer eigenen, unverwechselbaren Zeit und Kultur. Christliche Mystiker sprechen vom inneren Menschen oder dem inneren Christus, während die Quäker vom inneren Licht sprechen. Unsere innere Essenz heißt bei den Hindu Atman, bei den Taoisten Tao und bei den Buddhisten die Buddha-Natur. Andere nennen es den göttlichen Funken, das wahre Selbst, das höhere Selbst oder einfach das Selbst.

Egal, welche Terminologie sie benutzen – die Mystiker sagen, dass unser wahres Selbst eins mit dem Göttlichen ist. Auch wenn es den Anschein hat, als würde es mit uns Verstecken spielen, weil wir vergessen, dass es da ist: Unser wahres Selbst ist immer bei uns. Ein buddhistischer Text erklärt beispielsweise: »Allem, was lebt, ist die Essenz Buddhas geschenkt«, und wie in anderen kulturellen Traditionen wird diese Essenz mit Gold verglichen. Gold, heißt es, ist von Natur aus unzerstörbar. Auch wenn man es an einen Ort voller Unreinheiten wirft, bleibt es unverändert, sogar nach Jahrhunderten. Der wahre Teil unseres Selbst ist wie dieses Gold. Auch wenn es unter dem Schlamm und Matsch des Lebens begraben liegt, bleibt es kostbar, rein und unzerstörbar. Der einflussreiche christliche Denker Origenes von Alexandria sprach ein ähnliches Thema an, als er sagte, dass der göttliche »Same« in uns »überdeckt und versteckt, aber dennoch niemals zerstört oder ausgelöscht werden kann. Er glüht und strahlt, er leuchtet und brennt und strebt unaufhörlich zu Gott«.

Auch wenn uns die Weisen ständig auf diese goldene Essenz in uns aufmerksam machen, sind sie dennoch Realisten. Sie leugnen nicht, dass wir schmutzig werden, wenn wir den ausgetretenen Pfad verlassen oder in den Schützengräben des Lebens kämpfen. Stehen wir unter einer Regenwolke, werden wir durchnässt. Akzeptiert das, sagen sie uns, es ist ein Teil des Lebens. Vergesst jedoch trotzdem nicht, dass ihr im tiefsten Inneren aus Gold seid.

Leider ist diese universelle Wahrheit im Laufe der Jahrhunderte und Jahrtausende verschleiert worden. Einige fanatische Anhänger der großen Lehrer bewahrten zwar die ursprüngliche Lehre, aber sie wichen von ihr ab. Diese Jünger beschlossen, sich so sehr auf den Schlamm zu konzentrieren, der der Oberfläche anhaftet, dass sie – und auch wir – nach einer Weile die Existenz des unauslöschlichen göttlichen Funkens, des goldenen Feuers in unserem Inneren, vergaßen. Doch der Schein dieses Feuers sollte durch uns hindurchleuchten, während wir unseren Alltag erleben. Dieses Feuer ist es, das wir in uns selbst achten und respektieren.

Sich selbst zu achten und zu respektieren bedeutet also, sein Selbst zu ehren – wobei das »S« groß geschrieben wird. Wenn Sie *dieses* Selbst achten und respektieren, sind Sie fest entschlossen, Ihre bestmögliche Natur zum Ausdruck zu bringen. Indem Sie Ihr Selbst achten und respektieren, entfachen Sie das innere Feuer. Je heller die Flamme brennt, desto mehr kann sie andere wärmen und ihnen leuchten, so dass auch sie ihr inneres Licht entdecken können.

Kritisieren, sei es nun nach innen oder nach außen, fällt jedermann leicht. Deshalb ist es von essenzieller Bedeutung, dass wir Strategien finden, die uns immer wieder daran erinnern, uns bewusst auf die Sonne in unserem Innern zu konzentrieren, und nicht auf die Wolken, die über unseren Köpfen vorbeiziehen und ihren Glanz vorübergehend verdunkeln.

Eines Abends, als ich mich in einer ziemlich üblen Laune befand, entdeckte ich zufällig eine einfache, aber wirksame Methode. Ich gab mir die Schuld an Problemen, die ich bei der Arbeit hatte. Nicht nur war diese spezielle Situation hoffnungslos, haderte ich mit mir, sondern ich selbst war es ebenfalls. Diese ganze Bredouille war ausschließlich meine Schuld. Warum zog ich solche schmerzhaften Situationen an, was stimmte bloß nicht mit mir?

Ich ging allein spazieren, als die Abenddämmerung hereinbrach. Die Natur begann, mich zu verzaubern, wie sie es immer tut, und unweigerlich sagte ich zu mir: »*Wie schön ist doch alles, was Gott erschaffen hat!*« Und dann hörte ich etwas wie ein Echo in meinem Herzen: »*Also musst du ebenfalls schön sein.*«

Es war, als hätte ein Licht plötzlich die Dunkelheit erhellt, und trotz meiner miserablen Laune erhaschte ich ganz kurz einen Blick auf das Gold in mir. Dieses kleine Körnchen Wahrheit gab mir die Kraft, weiterzumachen. Es erinnerte mich daran, dass an mir nichts grundsätzlich falsch war, auch wenn ich ab und zu stolperte. Es half mir auch einzusehen, dass es weder mir noch jemand anderem etwas nützte, wenn ich mich selbst verurteilte. Es erneuerte meine Hoffnung, dass sich meine Situation durchaus verbessern ließ – und dass ich besser war, als ich dachte.

DIE GROSSE FLUCHT

Auch wenn wir wissen, dass wir die Herrlichkeit in uns tragen und dass es vor allem wichtig ist, selbst die Hauptrolle in unserem Leben zu spielen, kann es trotzdem passieren, dass wir uns irgendwo in der Kulisse wiederfinden statt vorne an der Rampe. Man könnte es die große Flucht nennen: Wir sind so hektisch damit beschäftigt, uns um alle anderen zu kümmern, dass wir uns nicht die Zeit nehmen, uns selbst zu helfen oder unsere eigene Großartigkeit auszudrücken. Es klingt lächerlich, davor fliehen zu wollen. Wer würde schon vor der Gelegenheit, großartig zu sein, weglaufen wollen?

Viele von uns wollen das, meint Abraham Maslow, ein bekannter Psychologe des zwanzigsten Jahrhunderts. Er nennt unseren Zwang, vor unserer eigenen Großartigkeit wegzulaufen, »das Jonas-Syndrom«, nach dem Propheten Jonas, jenem großen Fluchtkünstler, der versuchte, seiner Bestimmung auszuweichen.

Jonas' Geschichte ist folgende: Gott befiehlt Jonas, einem Israeliten, die Bewohner der Stadt Ninive zu ermahnen, sich von ihren bösen Sitten abzuwenden. Jonas ist über diese Aufgabe gar nicht glücklich. Die Niniviten sind mit seinem Volk verfeindet. Warum sollte er dabei helfen, sie zu retten? Er versucht zu fliehen und geht an Bord eines Schiffes, das in die entgegengesetzte Richtung segelt, aber ein gewaltiger Sturm zieht herauf und die Matrosen – die erkennen, dass Gottes Zorn auf Jonas den Sturm verursacht hat – sehen sich gezwungen, ihn über Bord zu werfen, um das Meer zu beruhigen. Ein großer Fisch verschluckt Jonas und speit ihn drei Tage später auf trockenes Land aus, wenn auch erst, nachdem der Prophet bereut und Gott um Gnade gebeten hat. Endlich hat Jonas die Lektion begriffen: Man kann vor seiner Bestimmung fliehen, doch man kann sich vor ihr nicht verstecken. Als Gott ihm abermals befiehlt, den Bewohnern von Ninive zu predigen, gehorcht er und warnt sie, dass ihre Stadt innerhalb von vierzig Tagen zerstört werden würde. Sämtliche Einwohner der Stadt, einschließlich des Königs selbst, nehmen sich Jonas' Botschaft zu Herzen. Sie beschließen zu fasten, beten zu Gott und ändern ihre gewaltbereite Lebensweise. Das Ergebnis ist genau das, was Jonas befürchtet hatte: Die Stadt ist gerettet.

Hinter Jonas' Abenteuern stecken, genau wie hinter den unseren, einige interessante Paradoxa – und diese sind, wie Sie sich denken können, der springende Punkt der ganzen Geschichte. Erstens verlangt Gott von Jonas, Menschen zu retten, die seine sogenannten Feinde sind. Zweitens passt Gott nicht in Jonas' Schema und verhält sich anders, als er es Jonas' Auffassung nach tun sollte. (Damals wie heute stellen sich manche Menschen Gott als einen riesenhaften Richter vor, dessen Aufgabe darin besteht, alle ihre Feinde mit einem Vorschlaghammer zu Brei zu schlagen. Aber in dieser Episode ist Gott sanfter und mitfühlender als der verurteilende Prophet, der sich das Recht herausnimmt zu entscheiden, wer gerettet werden soll und wer nicht.) Und drittens spielt Jonas sowohl die Rolle eines großen Propheten, der eine wichtige Aufgabe erfüllen soll, als auch die eines rebellischen Deserteurs, der dringend seine Prioritäten untersuchen muss.

Wie sich herausstellt, ähneln viele von uns diesem Jonas – besonders in seiner Eigenschaft als rebellischer Deserteur. Wir haben den gleichen Impuls, vor unseren Lebensaufgaben zu flüchten und unserer wahren Bestimmung zu entkommen. Wir spüren unser Potenzial, aber wir bezweifeln zugleich, dass wir diese großen Erwartungen auch erfüllen können. Wir beginnen, unsere Charakterfehler zusammenzuzählen, und haben nicht genügend Finger und Zehen dafür. Wir befürchten, dass wir unsere Aufgabe nicht erfüllen können.

Das Jonas-Syndrom ist leicht zu identifizieren. Es zeigte sich jedes Mal, wenn Maslow seine Studenten fragte, wer von ihnen hoffte, einen großen Roman zu schreiben oder ein außergewöhnlicher Komponist, ein Senator oder gar Präsident zu werden. Seine Studenten kicherten, erröteten und wanden sich in ihren Stühlen (was hätten Sie getan?) – und Maslow reagierte darauf mit der Frage: »Wenn nicht Sie, wer sonst?«

Um seine Studenten dazu zu bringen, sich höhere Ziele zu setzen und größere Ambitionen zu haben, hielt er ihnen die folgende kleine Rede, in der das Hauptthema dieses Buches widerhallt: »Studieren Sie, um ein stummer oder inaktiver Psychologe zu werden? Wozu soll das gut sein? Das ist kein guter Weg zur Selbsterfüllung. Nein, Sie müssen danach streben, ein erstklassiger Psychologe zu werden, will sagen, der beste, der allerbeste, der Sie nur werden können. Wenn Sie absichtlich planen, weniger zu werden, als Sie sein könnten, dann warne ich Sie: Sie werden für den Rest Ihres Lebens todunglücklich sein.«[4] Die großartige Marianne Williamson beschreibt das gleiche Syndrom des Selbstzweifels in ihrem Buch *Rückkehr zur Liebe*, in dem sie ein für allemal klarstellt: »Wir fragen uns: Wer bin ich denn schon, dass ich brillant, schön, berühmt oder großartig sein sollte? Aber in Wahrheit lautet die Frage: Wer sind Sie, dass Sie dies *nicht* sein sollten? Sie sind ein Kind Gottes. Die Welt hat nichts davon, wenn Sie sich selber klein machen.«[5]

Wenn Sie Ihre Angst davor, Ihr großartiges Potenzial nicht erfüllen zu können, überhandnehmen lassen, dann ertappen Sie sich vielleicht bei einer der folgenden Reaktionen. Sie könnten sich selbst einreden, dass all die genialen Ideen, durch die Sie Ihre Gaben austeilen wollen, lediglich illusorische Träume sind. Vielleicht sagen Sie: »Wer? Ich?«, und rennen stracks in die entgegengesetzte Richtung. Vielleicht machen Sie sich vor anderen nieder oder stellen zu geringe Erwartungen an sich selbst. Vielleicht tun Sie so, als seien Sie schwach oder unfähig, damit Sie Ihren Ängsten nicht ins Auge sehen müssen, keine Risiken einzugehen brauchen und jegliche Enttäuschungen vermeiden können. Sie können ein Chamäleon werden und in ein Leben der Mittelmäßigkeit verschwinden, damit Sie nicht in die Bühnenmitte treten und die Hauptrolle in Ihrem Leben übernehmen müssen.

Ihr Lampenfieber könnte Sie zu dem verleiten, was ich zu Beginn dieses Abschnitts erwähnte – ihre Zeit mit so vielen Verpflichtungen anderer gegenüber vollzustopfen, dass Sie keine Energie oder keinen Antrieb mehr haben, Ihre eigenen Schätze zu heben. Vielleicht setzen Sie sich freiwillig für andere ein und kämpfen für sie, um sich nicht mit der Furcht vor der Erfüllung Ihrer eigenen Lebensaufgabe auseinandersetzen zu müssen.

Aber diese Strategien funktionieren nie. Eine gute Sache kann noch so edel sein – wenn sie nicht Ihre eigene ist, dann ist sie lediglich eine Ablenkung. Weniger zu sein als unser reinstes Selbst bringt uns nur Leere und Leid.

IRRGLAUBE
Wer? Ich? Ich kann keine Größe erlangen, wenn ich Fehler habe.

MAGIE
Ich habe vielleicht Schwächen, aber ich bin auch wundervoll. Zweifel kommen und gehen, aber ich werde nicht zulassen, dass sie mich daran hindern, meine Gabe auszuteilen.

Haben Sie vor Ihrer eigenen Größe Angst? Schätzen Sie sich selbst gering ein, damit Sie nicht das tun müssen, was nötig ist, um Ihre Geschenke auszuteilen? Versuchen Sie vor Ihrer potenziellen Größe zu fliehen, indem Sie sich selbst davon überzeugen, es sei sinnlos, ein Projekt anzufangen, weil Sie es ohnehin nicht zur »Perfektion« bringen können?

Hier rückt wieder einmal die Bhagavad Gita alles ins rechte Licht. In jenem dramatischen Dialog auf dem Schlachtfeld sagt Krishna zu Arjuna: »Handeln ist stärker als Inaktivität, darum erfülle deine Aufgabe im Leben ... Ein Mann sollte seine Arbeit nicht liegen lassen, auch wenn er darin keine Vollkommenheit erreichen kann, denn jede Aufgabe birgt Unvollkommenheit, genau wie jedes Feuer Rauch enthält.«[6]

All dies weist uns auf eines der subtilsten Paradoxa des Lebens hin: Wir sind sowohl schwach als auch wundervoll. Wir haben sowohl menschliche Einschränkungen als auch übermenschliches Potenzial. Wir sind sowohl menschlich *als auch* göttlich – und das verpflichtet uns sowohl zu Demut und Bescheidenheit als auch zu großem Selbstrespekt und zu innerem Stolz auf unsere Gaben.

Wenn Sie beschließen, Ihre gegenwärtigen Beschränkungen zu akzeptieren und sich gleichzeitig zu Ihrer eigenen Großartigkeit zu beglückwünschen, dann ist das eine der weisesten und mutigsten Entscheidungen, die Sie je treffen können. Die Tatsache, dass wir Schwächen haben, ist eine Grundvoraussetzung unseres Daseins, und deshalb ist es ganz natürlich, ab und zu Zweifel zu haben und sich minderwertig zu fühlen. Es ist sogar gesund, diese Gefühle anzuerkennen. Zweifel kommen und gehen, aber lassen Sie sich nicht von ihnen lähmen. Bejahen Sie stattdessen das Paradoxon und tanzen Sie.

MANCHE WERDEN ES VERSTEHEN

In diesem und in den letzten beiden Kapiteln habe ich über verschiedene falsche Glaubenssätze und Hindernisse gesprochen, die Sie daran hindern können, sich an Ihrer eigenen Stimme zu erfreuen und Ihre Geschenke auszuteilen. Es gibt jedoch noch ein weiteres Hindernis, das hier erwähnt werden sollte. Es kann unterhalb unserer Bewusstseinsschwelle lauern, ohne dass wir es jemals wahrnehmen. Es könnte sein, dass wir uns dafür entscheiden, uns selbst nicht zu achten und zu respektieren und unsere Gaben nicht zu verteilen, weil wir Angst davor haben, missverstanden, abgelehnt oder verunglimpft zu werden.

In Wahrheit wurde jeder Mensch missverstanden, der sich dem Strom der Konformität widersetzte und den gegenwärtigen Sollzustand in Frage stellte - egal in welchem Zusammenhang, sei es auf persönlicher oder beruflicher Ebene. Wie Emerson feststellte: »Pythagoras wurde missverstanden und Sokrates und Jesus und Luther und Kopernikus und Galileo und Newton - und ebenso jeder andere reine und weise Geist, der jemals zu Fleisch geworden ist. Groß sein heißt missverstanden zu werden.«

Jedes Mal, wenn wir versuchen, aus der Konvention auszubrechen und unserer authentischen Stimme Ausdruck zu verleihen, müssen wir damit rechnen, dass wir unter Beschuss geraten. Das gehört einfach dazu. Dieser Beschuss dient jedoch einem wichtigen Zweck. Er zwingt uns dazu, unser inneres Feuer zu Hilfe zu rufen, wenn wir uns für etwas einsetzen, von dessen Richtigkeit wir überzeugt sind.

Die Traditionen der ganzen Welt sind voller Geschichten, die uns vor Augen führen, warum ein äußerlicher Widerstand genau die richtige Atmosphäre erzeugen kann, die wir für unseren inneren Durchbruch brauchen. Wie das folgende archetypische Beispiel aus der östlichen Überlieferung zeigt, kann gerade die Herausforderung der Auslöser sein, der uns auf eine neue Ebene katapultiert. (Vielleicht kommt Ihnen diese Szene bekannt vor, denn sie kam in dem Film *Little Buddha* vor, den Bernardo Bertolucci 1993 mit Keanu Reeves in der Rolle des Siddhartha Gautama herausbrachte.)

Im zweiten Kapitel habe ich die Geschichte von Siddharta erzählt, dem indischen Prinzen, der seinen Thron und seine Familie verließ, um Erleuchtung zu suchen. Jahrelang übte er sich in harten Entbehrungen, denn er dachte, dass ihn dies seinem Ziel näherbringen würde, aber er wurde davon so geschwächt, dass er ohnmächtig wurde und fast gestorben wäre. Als ihm ein junges Mädchen eine Schüssel nahrhafter Reismilch zu essen gab, gewann er seine Kraft wieder. Gestärkt von dem einfachen Mahl war Gautama fest entschlossen, so lange unter einem Baum sitzen zu bleiben und zu meditieren, bis er Erleuchtung erlangte.

Sobald sich Gautama unter den Baum gesetzt hatte, wurde er mit einer Herausforderung nach der anderen konfrontiert. Mara, der Versucher, beschwor alle möglichen Verlockungen herauf, um Gautama zu ködern und ihn von seinem Lebensziel abzulenken – ganz ähnlich wie die Versuchungen Jesu in der Wüste. Auf die gleiche Weise wurden viele Heilige verspottet und gepeinigt, wenn sie versuchten zu beten, zu meditieren oder zu schlafen.

Mara sandte seine betörenden Töchter, um Gautama zu verführen. Er belagerte ihn mit schauderhaften Dämonen, Stürmen und grausamen Angriffen. Schlimmer als all dies war jedoch, dass Mara Gautamas Recht in Frage stellte, das zu tun, was er tat, und der zu sein, der er war. Mara besaß sogar die Unverschämtheit zu behaupten, dass eigentlich er und nicht Gautama auf dem Thron der Erleuchtung sitzen sollte. Die Überlieferung berichtet, dass Gautama die ganze Zeit völlig unbewegt blieb. Endlich bewegte er die rechte Hand, senkte sie und berührte mit den Fingerspitzen den Erdboden vor sich, wodurch er die Erde beschwor, zu bezeugen und zu bestätigen, dass er das Recht hatte, seinem eigenen Pfad zu folgen. Zur Antwort brüllte die Erde donnernd: »Ich bin Zeuge.« Mara und sein Heer flohen.

Nachdem er die Nacht allein in tiefer Meditation verbracht hatte, erlangte Gautama endlich sein Ziel: die Erleuchtung. Er war zum Buddha geworden, was »der Erleuchtete« bedeutet, oder buchstäblich »der Erwachte« – zu jemandem, der sich der wahren Natur der Wirklichkeit und der Wirklichkeit seiner inneren Natur vollkommen bewusst ist. Er hatte persönlich und praktisch die Wirklichkeit jener unzerstörbaren goldenen Essenz erlebt, die wir alle in unserem Innern tragen. Aber Mara war noch nicht mit ihm fertig. Er hatte noch einen letzten Trumpf im Ärmel. Er sagte zu Gautama: »Mach dir nicht die Mühe, in die Welt zurückzukehren. Niemand wird deine Lehren oder deine Erfahrung verstehen. Warum lässt du die Welt nicht hinter dir und gleitest für immer ins Nirwana?«

Das muss eine schwere Prüfung gewesen sein. Wer wäre nicht gern für immer von der menschlichen Natur befreit, mit ihrer Kleinlichkeit und ihren unwägbaren Herausforderungen? »Hat Mara recht? Wird es mir gelingen, meine tiefe Erfahrung in Worte zu kleiden? Und wird tatsächlich jemand verstehen, was ich sage?« Bestimmt gingen Gautama diese und noch viel mehr Fragen durch den Kopf. Aber er dachte auch an die Menschen, die zeitgenössischen und die zukünftigen, die weiter in Unwissenheit leiden würden, wenn er nicht von seinem Platz unter dem Baum aufstand und sie lehrte, was er über das Leiden und die Beendigung des Leidens gelernt hatte. Er wusste, dass er seine Einsichten anderen mitteilen musste – selbst wenn es ihm nur gelang, einem oder zwei Menschen zu helfen. Also antwortete Gautama Mara mit den gleichen Worten, die auch wir sämtlichen Spöttern und Versuchern ins Gesicht schleudern müssen, wenn sie versuchen, uns zu verunsichern: *Ein paar werden verstehen.«* Als er diese Worte gesagt hatte, verschwand Mara.

Wir neigen dazu zu glauben, dass die Helden der Menschheitsgeschichte und sogar unsere berühmten und erfolgreichen Zeitgenossen niemals mit denselben Herausforderungen zu kämpfen hatten wie wir. Das stimmt aber nicht. Sie hatten dieselben Zweifel und Ängste, aber sie ließen sich nicht beirren und leisteten trotzdem ihren Beitrag. Sie hörten die zweifelnden und anklagenden Stimmen, aber sie entschieden sich dafür, ihrer eigenen, wahren Stimme zu folgen. Sie entschieden sich dafür, sich selbst zu achten und zu respektieren.

Auch Sie haben vielleicht schon den immer wiederkehrenden Spott des Versuchers vernommen, als Sie überlegten, was Sie unternehmen sollten, um andere mit Ihren Fähigkeiten zu beschenken – sei es nun zuhause, am Arbeitsplatz oder in der Gemeinde. Vielleicht haben Sie sich dann gesagt: »Warum soll ich mir solche Mühe machen und mich so weit aus dem Fenster lehnen? Es gibt so viele Hindernisse. Es ist zu schwierig. Das ist es nicht wert. Meine Familie und meine Freunde verstehen mich sowieso nicht. Niemand wird meine Anstrengungen zu schätzen wissen. Und außerdem glaube ich kaum, dass sich jemand dafür interessiert, was ich zu sagen habe.«

Wenn Sie wieder einmal merken, dass diese Gedanken auftauchen, dann wissen Sie, was Sie darauf antworten müssen: *»Ein paar werden verstehen, und deshalb werde ich meine Fähigkeiten einsetzen.«*

IRRGLAUBE
Wozu die Mühe? Niemand wird verstehen, was ich damit sagen oder bewirken wollte.

MAGIE
Irgendjemand wird verstehen, was ich zu sagen habe und meinen Beitrag zu schätzen wissen, und deshalb werde ich meine Gaben einsetzen.

Wenn Sie das Beste aus Ihrem Leben machen wollen, müssen Sie sich mit genau denselben Fragen auseinandersetzen wie alle anderen Menschen, die sich kühn dafür entscheiden, ihren ganz persönlichen Beitrag zu leisten: Werde ich zulassen, dass jemand oder etwas mich von meinem Ziel ablenkt? Werde ich die Überzeugung in mir zulassen, dass ich nicht genügend Talent habe, zu chaotisch bin, nicht vollkommen genug bin, nicht stark oder schön oder reich genug bin oder mich nicht gut genug ausdrücken kann, um das zu tun, was mein Herz mir sagt? Oder werde ich meinen Platz behaupten und mir ins Gedächtnis rufen, dass ich nicht perfekt sein muss, um meinem Ruf zu folgen? Wenn ich mit der Unverschämtheit der Zyniker und Kritiker konfrontiert werde, werde ich dann in mein Herz sehen und dadurch meinerseits die Unverschämtheit aufbringen, weiterzumachen und alles zu geben, was ich zu geben habe?

Ein Sprichwort aus der chassidischen Tradition fasst sowohl das Problem als auch die Lösung zusammen: »Soll der Mensch also stets in Duldsamkeit wandeln? Keineswegs, sagen die Meister. Es gibt Augenblicke, in denen wir die Pflicht haben, anmaßend zu sein. Wenn der böse Ankläger sich nähert und dir ins Ohr flüstert: ›Du bist unwürdig, das Gesetz zu erfüllen‹, dann sage: ›Ich bin würdig.‹«

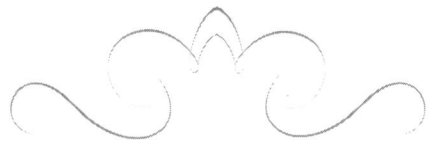

SCHLÜSSEL ZUM
GLEICHGEWICHT

Sieben Strategien, um im Zweifelsfall für sich selbst zu stimmen

»Reise in dein Inneres«, schrieb der Sufi-Dichter Rumi. »Tritt in eine Rubinmine ein und bade dich im Glanz deines eigenen Lichts.«[7] In jedem von uns ist dieser Glanz enthalten. Die Schwierigkeit besteht darin, diesen leuchtenden Teil unseres Selbst auch dann zu feiern, wenn die Sturmwolken des Lebens aufziehen und den Glanz vorübergehend verdunkeln. Die folgenden sieben Strategien sollen Ihnen dabei helfen, Ihren inneren Glanz zu respektieren und zu achten und im Zweifel für sich selbst zu stimmen, ganz egal, was um Sie herum geschieht.

❶ **Schreiben Sie sich selbst einen Liebesbrief.** Stellen Sie sich einen Augenblick lang vor, Sie seien Ihr größter Fan. Nun schreiben Sie sich ein paar unterstützende und ermunternde Zeilen, mit denen Sie sich selbst anfeuern. Anschließend stecken Sie sie in einen Briefumschlag und schicken Sie sie an sich selbst. Wenn Sie auf Reisen sind, dann schicken Sie eine Postkarte mit einer aufmunternden Botschaft an Ihre Heimatadresse. Und bevor Sie abends Ihren Computer ausschalten, schicken Sie sich eine anerkennende E-Mail, damit Sie sie vorfinden, wenn Sie am nächsten Tag Ihre E-Post herunterladen.

Entwickeln Sie die Angewohnheit, Ihrer eigenen Großartigkeit Beifall zu klatschen.

❷ **Gestalten Sie einen persönlichen Bildschirmschoner.** Nutzen Sie die Bildschirmschoner-Funktion Ihres Computers sinnvoll. Programmieren Sie ihn so, dass er Bilder oder Affirmationen zeigt, die die negativen oder zweifelnden Stimmen in Ihrem Innern ausgleichen. Seien Sie dabei sehr spezifisch und formulieren Sie das, worauf Sie sich in Ihrer gegenwärtigen Lebensphase konzentrieren. Beispielsweise können Sie Ihren Bildschirmschoner so programmieren, dass er Gedächtnisstützen wie die folgenden anzeigt: »Ich sorge sehr gut für mich, denn ich habe es verdient, glücklich und gesund zu sein«, »Ich habe etwas Wichtiges zu sagen, und ich sage es selbstbewusst und entspannt«, oder einfach: »Ich achte und respektiere mich jeden Tag, indem ich ...«, und dann schreiben Sie an die Stelle der Pünktchen das, was Ihnen im Moment am allerwichtigsten ist.

❸ **Stellen oder hängen Sie ein Kindheitsfoto von sich in Ihrer Nähe auf.** Wählen Sie ein Foto von sich als Kind, das Sie daran erinnert, wie viel Freude, Liebenswürdigkeit, Neugier und Liebe zum Leben in Ihnen wohnen – ein Foto, das widerspiegelt, was Sie tief im Herzen eigentlich sind. Kaufen Sie einen schönen Rahmen dafür und stellen oder hängen Sie das Foto irgendwo auf, wo Sie es oft sehen können. Lassen Sie zu, dass dieses Bild jedes Mal, wenn Sie es anschauen, Ihr Herz öffnet und Sie wieder in Kontakt mit diesem kostbaren Teil Ihres Selbst bringt, der Ihre wahre Essenz widerspiegelt.

❹ **Verbringen Sie Zeit mit Menschen, die das, was Sie wirklich sind, feiern und unterstützen.** Punktum. Wenn Sie zulassen, dass jemand, der Ihre Fähigkeiten nicht anerkennt, Sie unterdrückt oder herabsetzt, dann erreichen Sie damit nur einen immerwährenden Kampf, der Sie Ihre Energie und Ihren Enthusiasmus kosten wird. Sie müssen sich niemandem gegenüber beweisen oder Ihre Träume und Pläne rechtfertigen. Ihre Aufgabe besteht ausschließlich darin, Sie selbst zu sein.

⑤ Benutzen Sie Ihre Scheibenwischer. Sie würden es nie riskieren, bei schlechtem Wetter ohne Scheibenwischer zu fahren. Im Alltag brauchen Sie ebenfalls einen Scheibenwischer, um Ihre Frustrationen, Ihre Kritik und Ihre Selbstzweifel wegzuwischen, die wie heftiger Regen oder Schlamm Ihre Sicht trüben können, so dass es schwierig wird, Ihren Weg fortzusetzen. Sie können vielleicht den Regen nicht verhindern, der in Ihr Leben fällt, aber Sie können Ihren Scheibenwischer einschalten. Wenn Sie verstört sind, oder wenn andere Ihr inneres Gold nicht zu schätzen wissen – was könnte Ihnen dann helfen, wieder klar zu sehen? Möchten Sie eine Zeit lang allein sein? Meditieren oder beten? Tagebuch schreiben? Sport machen? In der Natur spazieren gehen? Einen inspirierenden Film ansehen? Mit einem Freund sprechen, der Sie unterstützt? Eine Massage oder eine Sprechstunde bei einem Lebensberater arrangieren? Machen Sie eine Liste der Werkzeuge, die für Sie funktionieren, damit Sie nicht vergessen, diese einzusetzen, wenn die Sturmwolken ihre Last auf Sie abwerfen.

⑥ Handeln Sie im Einklang mit Ihrer inneren Größe. Wir alle sind in mancher Hinsicht schwach und in mancher Hinsicht großartig. Wenn Sie nun im Einklang mit Ihrer inneren Großartigkeit handeln würden – wie würden Sie dann andere mit Ihren Begabungen beschenken? Was würden Sie tun, um Ihre Fähigkeit des Gebens zu verbessern? Schreiben Sie die Antworten auf diese Fragen nieder und fragen Sie sich jede Woche: *Welchen Einzelschritt kann ich tun, selbst wenn er nur klein ist, um meine innere Größe zu feiern, meine Begabungen zu entwickeln und mich selbst großzügiger an andere zu verschenken?*

❼ **Schaffen Sie sich ein Arsenal voller Affirmationen an.** Die beste Verteidigung ist ein guter Angriff. Zweifel und Widersacher mögen versuchen, Sie ins Wanken zu bringen, aber mit der Wahrheit können Sie sich schon vorher dafür rüsten. Schreiben Sie mindestens zwei Affirmationen auf, die Sie laut zu sich selbst sagen, um Zweifel oder Kritik abzuwehren – egal, ob diese nun in Ihrem Inneren aufsteigen oder von anderen kommen. Formulieren Sie Affirmationen, die ganz speziell zu den Problemen passen, mit denen Sie es im Alltag zu tun haben. Hier folgen einige Beispiele: »Ich bin ein wundervolles Geschöpf, und ich bin dabei, noch viel wundervoller zu werden.« »Ich muss nicht perfekt sein – aber ich muss die beste Version meines Selbst sein, die mir im Augenblick möglich ist.« »Irgendjemand wird verstehen, was ich zu sagen habe, und schätzen, was ich zu geben habe, und deshalb werde ich meine Gaben verschenken.« Wenn Sie ins Trommelfeuer geraten, dann nehmen Sie Ihre Liste und feuern Sie mit überzeugtem Herzen zurück.

KAPITEL 15

ERWEITERN SIE IHRE VISION DES MÖGLICHEN

*Sehen. Man könnte sagen, dass das ganze Leben
in diesem Verb enthalten ist.*

– PIERRE TEILHARD DE CHARDIN

Eines Nachmittags entdeckt der Sufi Nasrudin, dem wir bereits begegnet sind, einen seltsam aussehenden Vogel auf seiner Fensterbank. Es ist der Falke des Königs. Doch da Nasrudin noch nie einen solchen Vogel gesehen hat, hält er ihn einfach für eine missgestaltete Taube. Bald stutzt Nasrudin dem Vogel sorgfältig die Krallen. Danach stutzt er den majestätischen Schnabel, damit er normaler aussieht. Als er fertig ist, lässt er den Vogel frei und ruft: »Jemand hat dich vernachlässigt. Jetzt siehst du wieder mehr wie ein Vogel aus!«

Haben wir nicht alle schon dasselbe getan, wenn ein neues Konzept, eine andere Perspektive oder eine fremde Persönlichkeit versucht hat, sich in unsere vorgefertigten Denkschubladen zu drängen? Und haben nicht auch wir das, was nicht gepasst hat, einfach verworfen, bevor es uns verändern konnte? Wie oft im Leben oder sogar im Laufe eines Tages werden wir aufgefordert, die Gestalt unserer Denkschubladen zu verändern, damit etwas Neues hineinpasst – egal, ob dieses Neue nun von unseren Kindern stammt oder von unseren Eltern, Verwandten, Ehepartnern, Mitarbeitern, Nachbarn oder von irgendwelchen Gruppierungen oder politischen Parteien, die anders denken und handeln als wir und die die Welt anders betrachten?

Es ist enorm wichtig, dass wir lernen, den Standpunkt der anderen zu schätzen – und keineswegs nur deshalb, weil wir alle denselben kleinen Planeten in diesem Sonnensystem miteinander teilen müssen. Vielmehr ist dies aufgrund der folgenden tiefen, individuellen Wahrheit wichtig: *Wenn ich meine Perspektive erweitere, damit ich mehr von dem aufnehmen kann, was in meinem Umfeld möglich ist, dann erweitere ich dadurch automatisch auch meine Vision dessen, was für mich möglich ist.* Wenn wir meinen, dass alle Menschen wie Tauben aussehen müssen, werden wir uns nie vorstellen können, selbst ein majestätischer Falke zu sein.

Carol entdeckte diese Wahrheit, nachdem sie jahrelang damit gehadert hatte, dass ihre Tochter Lynn einen anderen Glauben gewählt hatte als sie. Carol und ihr Mann hatten ihre Tochter in der jüdisch-orthodoxen Tradition erzogen, aber als Lynn ein Teenager war und auf die Zwanzig zuging, begann sie, sich nach anderen Traditionen umzusehen, die sie inspirierten. Sie war für ihre jüdischen Wurzeln dankbar, aber sie fühlte sich zu einer anderen spirituellen Praktik hingezogen. Im Laufe der Jahre hörten sie und ihre Eltern einfach auf, darüber zu sprechen. Als ihr Vater gestorben war, besuchte Lynn eines Tages ihre Mutter, und in einem seltenen Moment der Offenheit drückte Carol die Gefühle aus, die sie so viele Jahre lang unterdrückt hatte. »Ich bin so traurig, dass du deinen Vater und mich und unsere Lebensweise abgelehnt hast«, platzte Carol heraus. Lynns Augen weiteten sich vor Verblüffung, und dann sagte sie mit sanfter, mitfühlender Stimme: »Mama, ich habe dich und Daddy doch nicht abgelehnt. Ich musste nur ich selbst sein.«

Nun war es an Carol, verblüfft zu sein. Jahrzehntelang hatten sie und ihr Mann geglaubt, dass ihre Tochter sie mit ihrer spirituellen Ausrichtung nicht nur abgelehnt, sondern ihnen sogar eine grobe Abfuhr erteilt hatte. Sie hatten geargwöhnt, bei der Erziehung ihrer Tochter etwas Grundlegendes falsch gemacht zu haben. Lynns Antwort half Carol einzusehen, dass sie und ihr Mann keineswegs als Eltern versagt hatten und dass ihre Tochter weder gegen sie rebellierte noch sie kritisierte. Allmählich dämmerte ihr auch, dass ihre Tochter sie nicht verurteilt hatte, sondern lediglich ihrem eigenen Herzen gefolgt war.

Verborgen unter ihrem alten Groll hatte Carol den Irrglauben mit sich herumgeschleppt: »Wenn meine Tochter richtig gewählt hat, dann muss ich falsch gewählt haben.« Genau wie Carol denken auch wir manchmal, dass die Entscheidungen anderer Menschen falsch sein müssen, damit unsere eigenen, abweichenden Entscheidungen richtig sein können. Aber inzwischen wissen Sie ja, dass das nicht stimmt. Das Leben ist durch und durch paradox. Es ruft uns dazu auf, das alte »entweder oder« loszuwerden und stattdessen »beides« zu akzeptieren.

IRRGLAUBE
Wenn ich recht habe, dann müssen die anderen unrecht haben.

MAGIE
Die Entscheidungen der anderen können für sie stimmig sein,
und meine Entscheidungen können für mich stimmig sein. Wenn
ich neue Perspektiven achte, dann erweitere ich damit auch meine
Vision dessen, was für mich möglich ist.

Als Carol endlich das Paradoxon akzeptiert hatte und lernte, die Entscheidung ihrer Tochter ebenso zu akzeptieren wie ihre eigene, veränderte sich etwas in ihrem Inneren. Carol fing an, ihre Flügel auszubreiten. Sie nahm an mehreren Kursen teil und gewann neue Freunde. Sie wurde glücklicher. Sie ging sogar zu einem Psychologen, um sich und ihre Gefühle besser zu verstehen.

Wenn Sie die Auffassung eines anderen akzeptieren, heißt das nicht, dass Sie mit den Entscheidungen des anderen übereinstimmen oder gar dieselben Entscheidungen treffen müssen. Sie können die Entscheidungen anderer und zugleich auch Ihren eigenen Lebensweg achten und respektieren. Es gibt auf der Welt und in Ihrem Herzen genügend Platz für beides.

INDEM SIE ANDERE ACHTEN, ACHTEN SIE SICH SELBST

Der russische Schriftsteller Leo Tolstoi erzählte 1886 eine wundervolle Legende. Sie bekräftigt die Lektion, dass wir niemals davon ausgehen können, die von uns gewählte Lebensweise oder Arbeitsmethode sei besser als die eines anderen, und dass wir, wenn wir es dennoch tun, lediglich unsere eigene Perspektive und unsere Vision dessen, was uns möglich ist, einschränken.

Eines Tages hört ein Bischof von drei Einsiedlern, die allein auf einer Insel leben, und beschließt, sie zu besuchen. Der Bootskapitän versucht, den Bischof davon abzubringen, indem er sagt: »Ich habe gehört, dass das nur alte Narren sind, die kein Wort verstehen und nicht sprechen.« Der Bischof besteht darauf, zu ihnen übergesetzt zu werden. Da das Boot nicht allzu nahe an die Insel heransegeln kann, muss er in einem kleineren Nachen ans Ufer gerudert werden. Als er ankommt, stellt er sich den drei alten Einsiedlern vor und sagt, dass er sie gern belehren möchte.

»Erzählt mir«, sagt der Bischof, »was tut ihr, um eure Seelen zu retten, und wie dient ihr Gott auf dieser Insel?«

Einer der drei antwortet: »Wir wissen nicht, wie man Gott dient. Wir dienen nur uns selbst und helfen uns selbst, o Diener Gottes.«

»Und wie betet ihr?«, fragt der Bischof.

»Wir beten folgendermaßen«, antwortet der Einsiedler. »Drei bist du, drei sind wir, hab Erbarmen mit uns.«

Der Bischof lächelt und erwidert: »Ich sehe, dass ihr dem Herrn gefallen wollt, aber ihr wisst nicht, wie man ihm dient.« Dann fängt er an, sie die »rechte Art« des Betens zu lehren, wie sie in der Heiligen Schrift beschrieben ist. Beginnend mit »Vater unser« lässt sich der Bischof von den Einsiedlern alle Zeilen des Gebets nachsprechen, immer und immer wieder. Den ganzen Tag verbessert er sie geduldig jedes Mal, wenn sie einen Fehler machen, bis alle drei das Gebet auswendig hersagen können.

Als der Bischof sich zum Gehen bereit macht, ist es schon dunkel und der Mond geht auf. Die Eremiten verbeugen sich tief vor dem Bischof und danken ihm, und als er den Nachen besteigt, erinnert er sie noch ein letztes Mal daran, so zu beten, wie er es ihnen beigebracht hat. Langsam entfernt sich der Nachen vom Ufer und nimmt Kurs auf das wartende Boot. Sobald der Bischof an Bord ist, werden die Segel gesetzt und das Boot bewegt sich schneller und schneller aufs Meer hinaus, bis der Bischof die Einsiedler und ihre kleine Insel nicht mehr sehen kann.

Plötzlich bemerkt der Bischof etwas Weißes, Leuchtendes, das sich rasch dem Boot nähert. Er versucht zu erfassen, was er da sieht: einen Vogel, ein Boot, einen Fisch? Doch dann erkennt er die drei Einsiedler, die über das Wasser dahingleiten, ohne ihre Füße zu bewegen. Als die drei alten Männer das Boot erreicht haben, sagen sie gleichsam im Chor zu ihrem bestürzten Mentor: »Wir haben deine Lektion vergessen, o Diener Gottes. Solange wir sie ständig wiederholten, haben wir uns daran erinnert, aber als wir eine Zeit lang damit auf-

hörten, fehlte erst ein Wort und dann noch eins, und nun ist
alles zerfallen. Wir können uns an nichts mehr erinnern. Bitte,
unterweise uns erneut.«

Der gedemütigte Bischof bekreuzigt sich, beugt sich über die
Reling und sagt:»Euer eigenes Gebet wird den Herrn erreichen, ihr Männer Gottes. Es ist nicht an mir, euch zu belehren.
Betet für uns Sünder.« Diesmal ist es der Bischof, der sich vor
den drei alten Männern tief verneigt, und diese kehren um
und gleiten über das Wasser zu ihrem Heim zurück.

Wenn wir andere nicht ermutigen, eigene Entscheidungen
zu treffen und ihrem eigenen Stern zu folgen, leiden nicht nur
die anderen darunter. Wenn wir als Paar, als Familie, als Organisation, als Arbeitsteam, als Gemeinde oder als Nation Konformität erwarten und heranziehen, leiden wir alle darunter.
Wir alle leiden, wenn wir die Gaben verachten, die zu geben
andere geboren wurden – denn wir brauchen diese Gaben.

Im Jahre 1986 bat die Vereinigte Kanadische Kirche die
kanadischen Indianer offiziell um Vergebung, und ihre bewe-
gende Entschuldigung drückt genau dieses Konzept aus und
erinnert mich an die Botschaft von Tolstois Geschichte. Ein
Abschnitt aus dieser mutigen und inspirierten Verlautbarung
lautete:»Lange bevor mein Volk in dieses Land reiste, lebte
euer Volk hier, und eure Ältesten lehrten euch die Schöpfung
zu verstehen, und das Geheimnis, das uns alle umgibt, war tief
und reich, und ihm gebührte Achtung. Wir haben euch nicht
gehört, als ihr eure Vision mit uns geteilt habt ... Wir haben
versucht, euch so zu machen, wie wir es sind, und dadurch
haben wir die Vision zerstört, die euch zu dem machte, was ihr
gewesen seid. Die Folge davon ist, dass ihr und wir ärmer sind,
und das Bild des Schöpfers in uns ist entstellt und verwischt,
und wir sind nicht das, wozu Gott uns erschaffen hat. Wir
bitten euch, uns zu vergeben.«

Wir alle haben das natürliche Bedürfnis, andere ins Unrecht
zu setzen, damit wir uns im Recht fühlen können, und wenn

wir mit Menschen konfrontiert sind, die uns kritisieren, dann
fällt es uns oft schwer, diesem Bedürfnis zu widerstehen. Wenn
andere uns nicht achten und respektieren, dann vergessen wir
nur allzu leicht, wie wertvoll es für uns ist, die anderen zu achten und zu respektieren. Wir verteidigen unser Recht, so zu sein,
wie wir sind – und dieser Kampf kann uns so vereinnahmen,
dass wir genauso werden wie der Gegner, den wir bekämpfen:
intolerant und voller Vorurteile.

Tomas musste feststellen, dass sich in vielen Jahren der Spannung zwischen ihm und seinem Bruder Felipe genau dieses
Verhaltensmuster entwickelt hatte und dass er darin gefangen
war. Beide Männer sind sehr kreativ und begabt, aber man
käme nie auf die Idee, dass sie Brüder sind. Schon rein äußerlich könnten die beiden kaum verschiedener erscheinen
und handeln. Felipe ist ein erfolgreicher und hoch bezahlter
Choreograph am Broadway, während Tomas eine einfachere,
ruhigere Lebensweise bevorzugt. Er lebt in den weiten, unge-
zähmten Gebieten des amerikanischen Westens, verdient seinen Lebensunterhalt als Zimmermann und verfolgt nebenbei
sein künstlerisches Talent. Wenn die Familie zusammenkam,
bekrittelte Felipe stets auf subtile (und manchmal auch auf
höchst unsubtile) Weise, dass Tomas weder Geld verdiente
noch im gängigen Sinn erfolgreich war. Tomas war normalerweise ein liebenswerter, sanfter Mann, aber wenn er den
Stachel der Kritik seines Bruders spürte, ging er sehr in die
Defensive. Seinerseits hielt er seinen Bruder für oberfläch-
lich und eingebildet.

Dieser Zustand hatte schon längere Zeit angehalten, als Tomas
sich mir anvertraute. »Mein Bruder hat meine Lebensweise nie
anerkannt«, beklagte er sich. Unübersehbar bestand zwischen
den beiden eine unausgesprochene Rivalität. Ich hegte außerdem den Verdacht, dass beide Brüder in Wahrheit ein bisschen
unsicher waren, was ihren jeweiligen auserwählten Lebensstil
anging – und sie machten einander herunter, damit es ihnen

leichter fiel, zu ihren jeweiligen Lebensentscheidungen zu stehen. Als Tomas mir mehr von seiner persönlichen Geschichte erzählte, dachte ich irgendwann einmal laut: »Hast du deinem Bruder je gesagt, dass du die Lebensweise akzeptierst, die er gewählt hat, und dass du dich freust, weil er den Erfolg hat, den er sich gewünscht hat? Oder gibst du ihm das Gefühl, dass du besser bist als er?« Behandelte Tomas seinen Bruder nicht letzten Endes genauso, wie sein Bruder ihn behandelte – auf genau die Weise, die er selbst so hasste?

Tomas schwieg einen Moment. »Wahrscheinlich war ich so darauf konzentriert, mich zu verteidigen, dass ich Felipe nie das Gefühl vermittelt habe, etwas erreicht zu haben, auf das er stolz sein konnte«, gab er zu. Allmählich dämmerte Tomas, dass er das abschätzige Urteil und die repressive Definition seines Bruder (»erfolglos im Beruf und finanziell gescheitert«) seinerseits mit Urteilen und Definitionen beantwortet hatte, die genauso wehtaten (»selbstgefällig, und spirituell ein Baby«). Die beiden waren wie Gegner beim Tauziehen, und keiner von beiden war bereit, das Tau loszulassen.

Als ich Tomas ein paar Monate später wieder begegnete, erzählte er mir ganz aufgeregt, dass er vor Kurzem von einem Besuch bei seinen Eltern zurückgekommen sei, bei dem er auch seinen Bruder gesehen hatte. Tomas hatte bewusst beschlossen, dass er die Lebensentscheidungen seines Bruder achten und respektieren wollte – genau so, wie er es sich umgekehrt von seinem Bruder in Bezug auf seine eigenen Lebensentscheidungen wünschte. Statt sich ausschließlich gegen die Sticheleien seines Bruders zu wappnen, konzentrierte sich Tomas darauf, Felipe nach seinen beruflichen Erlebnissen zu fragen und ihm zu seinen jüngsten Erfolgen zu gratulieren. Es existierte zwar immer noch eine gewisse Spannung zwischen den beiden, aber trotzdem verstanden sie sich besser als seit vielen Jahren.

Als Tomas und ich darüber sprachen, empfand er, was seine eigenen Lebensentscheidungen anging, viel mehr Frieden. Der innere Kampf des Tauziehens tobte nicht mehr so intensiv. Seit Tomas seinem Bruder erlaubt hatte, er selbst zu sein, fühlte er sich auch wohler damit, er selbst zu sein.

ERTEILEN SIE IHREM SCHÖPFERGEIST DAS WORT

Wenn wir unsere Vision des Möglichen erweitern, müssen wir zugleich damit auch oft von Erwartungen Abschied nehmen – Erwartungen, die wir an andere gestellt haben, und Erwartungen an uns selbst. Madeleine d'Engle, die berühmte amerikanische Verfasserin des Jugendromans *Die Zeitfalte*, reflektierte in ihrem Tagebuch: »Das Selbst ist nichts Statisches, das dem Kind komplett und vollendet und als hübsches Geschenk verpackt übergeben wird. Das Selbst ist immer im Werden.«[1] Die Freiheit, zu *werden* – damit könnten wir unseren Kindern ein kostbares Geschenk machen, statt von ihnen zu verlangen, dass sie sich wie Klone genau zu dem mentalen Modell entwickeln, das wir für sie entworfen haben. Auch für uns selbst wäre es ein kostbares Geschenk, wenn wir unseren eigenen Prozess des Werdens achten und respektieren würden.

Lebensregeln sind wichtig und nützlich, und wir alle brauchen sie – aber in Stein gemeißelte Erwartungen, die weit über die jeweilige Aufgabenstellung hinausgehen, verschließen uns nur. Sowohl in der Kindheit wie als Erwachsene brauchen wir alle einen Freiraum, der nicht von anderen Stimmen beherrscht wird, damit wir hören können, was unsere eigene innere Stimme uns rät. Wenn die fordernden Erwartungen anderer zu laut werden, können wir diese Stimme nicht mehr hören und ihr erst recht nicht folgen.

Im Laufe seiner Arbeit stellte Abraham Maslow fest, dass es enorm wichtig ist, Kontakt mit der eigenen inneren Stimme zu haben. Er bemerkte, dass Menschen, die psychisch stark und gesund sind, »ihre innere Gefühlsstimme deutlicher hören können als die meisten«. Wenn sie Entscheidungen treffen müssen, benutzen sie innere statt äußere Kriterien – egal, ob es darum geht, was sie gern essen möchten, oder um Fragen der Wertschätzung und Ethik. Ihnen ist klar, was sie wollen und was nicht. Leider, sagt er, hat unsere Erziehungsmethode oft die gegenteilige Wirkung.

»Die meisten von uns«, sagt Maslow, »haben gelernt, Authentizität zu vermeiden«, und deshalb reagieren wir auf diese Stimme in unserem Inneren mit Verwirrung. Wir sind darauf gepolt, unsere inneren Signale zu ignorieren: Wir unterdrücken unsere Gefühle, statt ihnen Ausdruck zu verleihen. Als Beispiel führt er ein Kind an, das Spinat hasst, dessen Gefühle aber durch die Mutter annulliert werden, die ihm sagt: »Wir lieben Spinat« – obwohl sie ebenso gut sagen könnte: »Ich weiß, dass du Spinat nicht magst, aber aus diesen und jenen Gründen musst du ihn trotzdem essen.«[2]

Wenn wir unsere Kinder und uns selbst nicht dazu ermutigen, mit unserem inneren Wissen und unseren tiefsten Sehnsüchten in Kontakt zu treten, werden wir allmählich jegliche Verbindung zu dem lebenswichtigen inneren Geist verlieren, der in jedem von uns die Quelle der Wahrheit ist. Kann dieser äußerst sensible und weise Teil unseres Selbst nicht mehr atmen, wehrt er sich. Wenn Sie den Stimmen um sich herum blind folgen, dürfen Sie nicht überrascht sein, wenn Ihr wahres Selbst in Ihrem Körper, Ihrem Verstand oder Ihren Emotionen einen Aufruhr anzettelt, um Ihre Aufmerksamkeit wieder auf das zu richten, was in Ihrem Inneren geschieht.

Überlesen Sie diese Zeilen nicht. Sie sind der Schlüssel. Wir neigen dazu, Stress und Nervosität irgendeiner unabwendbaren Hochgeschwindigkeitsmacht in die Schuhe zu schieben, die angeblich zum modernen Leben gehört. Aber Nervosität, Depression, Stress und Auflehnung können die äußeren Manifestationen einer inneren Spannung sein, die uns untergräbt, weil wir eine Identität übernommen haben, die nicht die unsere ist.

Eine Freundin von mir erzählte mir von einem Klassenkameraden ihres Sohnes Aaron, der diese Dynamik verkörperte. Dieser junge Teenager war intelligent, höflich und verhielt sich stets völlig korrekt. Er war der Inbegriff des »perfekten Sprösslings« und hatte überdies mit allem, was er anfing, Erfolg. Schon hatte er eine lange Reihe von Auszeichnungen und Preisen für außerschulische Aktivitäten gewonnen. Seine Eltern und Lehrer waren davon überzeugt, dass sein Schicksal ihm Großes verhieß. Aber der Sohn meiner Freundin sagte voraus, dass Aaron auf eine Katastrophe zusteuerte, weil er nicht »echt« war. Alles an ihm war unecht – von seinem Lächeln über seine Kleidung bis zu seinem Verhalten Erwachsenen gegenüber. Es war, als lebte er das Leben eines anderen und nicht sein eigenes.

Ein Jahr später machte Aaron eine Kehrtwendung um 180 Grad. Statt lauter Einser zu ernten, erreichte er nun das Klassenziel nicht, und statt allen stets zu gehorchen, rebellierte er nun auf der ganzen Linie. Seine Eltern waren schockiert. Ohne es zu merken, hatten sie ihrem Sohn mit ihren genau vorgegebenen Erwartungen keinen Raum mehr zum Atmen gelassen – er hatte keinerlei Freiraum, um herauszubekommen, was ihm gefiel und was er wollte. Sie hatten eine Zeitbombe geschaffen: Ihr Sohn *musste* explodieren, um die vorgefertigte Form gewaltsam zu zerschmettern und sich selbst zu entdecken.

Auf weniger drastische, aber ebenso typische Weise brach auch Lauren, eine alleinerziehende Mutter zweier Teenager, aus den eng gesteckten Erwartungen anderer aus, als sie begann, ihren eigenen kreativen Geist sprechen zu lassen. Ich lernte Lauren kennen, als sie meinen Mann und mich in unserer Eigenschaft als Publikationsberater konsultierte, denn sie wollte herausfinden, wie sie ihren Traum, ein Buch zu veröffentlichen, verwirklichen konnte. Sie sprach voller Begeisterung über ihr Thema und sagte, dass sie mit der Zeit so weit kommen wollte, hauptberuflich Seminare darüber zu geben und Vorträge darüber zu halten. Lauren sagte, dass sie nicht

viel Zeit in ihr Projekt investieren konnte, weil sie alleinerziehende Mutter war und Vollzeit arbeitete. Sie war ein enthu-
siastischer Mensch, aber ein Teil von ihr war erschöpft und
frustriert. Sie erzählte uns, dass das Haupthindernis in ihrem
Leben ihr gegenwärtiger Job sei, und auch die dazugehörige
lange Anfahrt zum Arbeitsplatz und zurück. Beides zehrte an
ihren Kräften.

Je mehr wir mit Lauren arbeiteten und herausfanden, was für
Möglichkeiten sie realistisch gesehen hatte, um sich mit ihren
bestehenden Ressourcen ihrem Ziel zu nähern, desto enger kam
sie mit ihrer eigenen Leidenschaft für ihr Projekt in Kontakt.
Zugleich wurden ihr die Lebensbereiche, die nichts mit dieser
Leidenschaft zu tun hatten, immer unerträglicher. Ihr innerer
Aufruhr wurde immer schlimmer. Bald nachdem wir angefangen hatten, mit ihr zu arbeiten, eröffnete sie uns überraschend,
dass sie gekündigt hatte und in zwei Wochen ihren Job aufgeben würde. Sie sagte, dass sie es dort nicht mehr aushielt und
sich bereits nach einer neuen Arbeitsstelle umsähe.

Das war eigentlich ein gutes Zeichen. Lauren machte einen
mutigen Schritt in Richtung auf eine dringend benötigte Veränderung. Sie stellte einen alten Irrglauben in Frage, der be-
sagte: »Ich muss in diesem Job arbeiten, auch wenn er mich
sehr unglücklich macht, weil ich keine andere Wahl habe.«
Vielleicht denken Sie, genau wie ich zunächst, dass Lauren
nun nicht mehr an ihrem Buch weiterarbeitete. Stattdessen
warf sie einen weiteren Irrglauben über Bord, der sie zurückge-
halten hatte, nämlich das Konzept »Ich muss entweder in meinem Job arbeiten oder meiner wahren Leidenschaft folgen«.
Sie bejahte das Paradoxon und tat beides. Obwohl sie nach
einem neuen Arbeitsplatz suchte und Teilzeit arbeitete, trieb
Lauren ihr Projekt weiter voran. Ihr langfristiges Ziel bestand
darin, die Rahmenbedingungen für ein gutes Buchkonzept
auszuarbeiten und dies dann an die Verlagshäuser zu schicken.
In der Zwischenzeit fing sie an, aus ihrem Material ein E-Buch

zu machen. Ihre Energie war unglaublich. Als sie sich mit ihrer inneren Stimme verbunden und sich von ihren ausgedienten Vorurteilen befreit hatte, war eine Menge aufgestauter Energie in ihr freigesetzt worden, die sie nun dazu einsetzen konnte, ihre Träume zu verwirklichen.

Lauren dachte praktisch. Sie wusste, dass sie es sich im Augenblick nicht leisten konnte, ihre gesamte Zeit in ihr Projekt zu investieren, aber sie weigerte sich, im schwarzweißen Schema des Entweder-oder-Denkens stecken zu bleiben. Statt sich aufgrund ihrer Arbeitsprobleme zu verschließen und ihre Leidenschaft verkümmern zu lassen, förderte sie sie jede Woche ein bisschen mehr. Und wie alles, was wir fördern, wurde auch ihre Leidenschaft dadurch gesünder und stärker.

Sie können dieselbe Entscheidung treffen. Sie können sich entweder dem anpassen, was Sie für machbar halten – oder aus diesem Denkschema ausbrechen, auf Ihren inneren Geist hören und neu definieren, was für Sie möglich ist.

DIE VERBINDUNG HERSTELLEN UND SICH SELBST VERTRAUEN

Wir alle haben unterschiedliche Methoden, die Verbindung mit unserem inneren Geist herzustellen und aufrechtzuerhalten, um unsere wahre Stimme zu hören. Bei mir ist es das freie Umherschweifen in der Natur, wo alles um mich herum authentisch ist, das mich wieder mit meinem wahren Selbst in Kontakt bringt. Haben Sie jemals einen Lilienstrauch gesehen, der ein Apfelbaum sein wollte, oder eine Ameise, die vorgab, eine Biene zu sein?

Manche Menschen ziehen es vor, durch eine Form der inneren Reflexion wie Meditation oder Gebet wieder mit sich in Kontakt zu kommen, während andere Yoga oder Traumarbeit vorziehen. Es ist egal, welches Werkzeug Sie verwenden, um sich einen Freiraum zu schaffen, in dem Sie Ihre innere Stimme hören können. Wichtig ist nur, dass Sie das benutzen, was für Sie funktioniert – und zwar dann, wenn Sie es brauchen. Eine Bekannte verbindet sich mit Hilfe ihrer Träume wieder mit ihrer inneren Führung. In der folgenden Geschichte geht es nicht um die Technik, die sie dazu benutzt, denn was für den einen funktioniert, muss nicht für alle Gültigkeit haben. Es geht darum, wie sich ihr Leben veränderte, als sie der Kontakt zu ihrer inneren Stimme wiederherstellte.

Jahrelang hatte Michele als Chefsekretärin gearbeitet, aber diese Tätigkeit gefiel ihr nicht mehr. Sie begeisterte sich für Grafikdesign. Sie hatte einige Designkurse besucht, war dafür begabt und hatte sogar nebenbei auf freiberuflicher Ebene ein paar Designaufträge bekommen. Sie fühlte sich zu diesem Gebiet sehr hingezogen, aber da sie so wenig praktische Erfahrungen damit hatte, war sie sehr unsicher. Statt ihre Erwartungen zu ändern und sich ihrer wahren Sehnsucht anzunähern, gab sie zwar ihren Job als Chefsekretärin auf, nahm dann aber einen anderen Job an, bei dem sie genau dasselbe tat wie vorher, nur für eine andere Firma. Am Abend vor ihrem ersten Arbeitstag in der neuen Firma war Michele sehr nervös. Als sie schlafen ging, bat sie um einen Traum, der ihr zeigen sollte, warum sie so empfand. In dieser Nacht träumte sie, dass sie ein Lagerfeuer umkreiste und immer wieder sagte: »Ich will meine Seele noch nicht verlieren. Ich will meine Seele noch nicht verlieren.«

Als sie sich am nächsten Morgen an diesem Traum erinnerte, erschien er ihr allzu melodramatisch. »Vielleicht war er in Wahrheit gar keine Botschaft meiner Seele«, sagte sie sich. Michele redete sich ein, dass der Traum nur der übliche Bammel war, den jeder vor dem Antritt einer neuen Tätigkeit empfindet. Aber zehn Monate später war sie wieder genau da angekommen, wo sie vorher gewesen war. Sie hatte Schlafprobleme, und es graute ihr jeden Morgen davor, aufzustehen und zur Arbeit zu gehen. Sie langweilte sich und war unglücklich. Als

Michele auch noch schlimme Kopfschmerzen bekam, wusste
sie, dass sie auf das hören musste, was ihr innerer Geist ihr
die ganze Zeit über hatte sagen wollen. Sie fasste einen Entschluss: Sie kündigte und verpflichtete sich, nach Ablauf von
zwei Wochen ihren alten Arbeitsplatz zu verlassen, egal ob sie
inzwischen etwas Neues gefunden hatte oder nicht. Und sie
schwor sich, dass sie sich nie wieder für einen Job bewerben
würde, von dem sie wusste, dass er sie nicht erfüllte.

Einige Tage, nachdem sie diesen Entschluss gefasst hatte, ge-
schah etwas Erstaunliches. Michele erhielt einen Anruf von
ihrem alten Designlehrer, der sie fragte, ob sie Zeit hätte, ihm
bei einigen freiberuflichen Aufträgen zu helfen, aus denen später vielleicht sogar eine feste Anstellung werden könnte. Nun
konnte sie das tun, was sie am liebsten tat, wurde dafür bezahlt
und konnte sich zugleich auch darin weiterbilden.

Michele brauchte jedoch noch eine weitere Konfrontation,
bevor sie endgültig darauf vertraute, die richtige Entscheidung
getroffen zu haben. Nachdem sie einen Monat lang freiberuflich gearbeitet hatte, bot man ihr eine Vollzeitbeschäftigung
als Verwaltungschefin einer Kunstschule an, für die sie sich
während ihrer letzten Jobsuche beworben hatte. Als sie mit
dieser Wahl konfrontiert wurde, erwachten ihre alten Zweifel
wieder. Ihr logischer Verstand sagte, dass die neue Stelle mehr
Sicherheit bot, da es bei ihrer freiberuflichen Tätigkeit keinerlei Garantie für eine längerfristige Beschäftigung gab. Michele
war verwirrt. Sie bat um einen weiteren Traum, um ihr bei der
Entscheidung zu helfen.

Diesmal träumte sie von einem Goldfisch, dessen Kopf
immer wieder aus dem Wasser glitschte. Sie musste ihn im
Traum immer wieder unter Wasser drücken, um ihn am Leben
zu erhalten. »Für mich war die Botschaft eindeutig«, sagte Michele, als sie mir diese Geschichte erzählte. »Wenn ich den neuen
Job annähme, wäre ich wie ein Fisch auf dem Trockenen.«
Diese Art von Arbeit tat ihr einfach nicht mehr gut.

IRRGLAUBE
Logik und praktische Analyse werden mich zur Wahrheit führen.

MAGIE
*Logik hat ihren Platz, aber um die beste Entscheidung
zu treffen, muss ich auch auf meine innere Stimme hören
und mir selbst vertrauen.*

Der Traum bestätigte, was sie in ihrem tiefsten Inneren bereits wusste: Wenn sie nicht auf die Stimme ihres Herzens hörte, würde sie weitere zehn Monate oder gar zehn Jahre unerfüllt und unglücklich sein. Logik hat selbstverständlich ihren Platz, aber sie ist nur die eine Seite des Paradoxons. Um die beste Entscheidung zu treffen, müssen wir auch unseren kreativen Geist achten und uns seiner Führung vertrauen.

Hinter Micheles Zweifeln steckte obendrein ein weiteres Muster, das mir sehr bekannt vorkommt – und Ihnen vielleicht ebenfalls. Neben der Stimme des wahren Selbst gibt es noch eine Stimme, die uns dazu aufhetzen will, jedwede Gelegenheit, die sich uns bietet, beim Schopf zu packen, denn wenn wir das nicht tun, bekommen wir nie mehr eine Chance. Wenn wir jetzt nicht zugreifen, sagt die Stimme, dann wird es uns für den Rest unseres Lebens leid tun. Das ist jedoch fast nie der Fall. Diese ängstlichen Stimmen, die schreien: »Letzte Chance, letzte Gelegenheit« sind genauso dumm wie die Werbung, die behauptet, dies sei unsere allerletzte Chance, Geld zu sparen – als würde es später nie wieder Preisnachlässe für Vorhänge, Küchenartikel oder Designermode geben.

Michele weiß nun, dass sie auf die ängstliche Stimme gehört und sich deshalb in eine Richtung begeben hatte, die für sie nicht die richtige ist. »Aber meine *wahren* Gefühle, meine Intuitionen, haben mich nie in die Irre geführt«, sagt sie.

Je öfter Sie sich darin üben, auf Ihre wahre Stimme zu hören, desto leichter wird es Ihnen fallen, den Unterschied zwischen ihr und der Stimme Ihrer Ängste herauszufinden. Im Laufe meines eigenen andauernden Lernprozesses, auf meine wahre innere Stimme zu achten, habe ich festgestellt, dass es mir enorm hilft, wenn ich meiner Stimme buchstäblich *zuhöre* – wenn ich nicht auf das höre, *was* ich sage, sondern darauf achte, *wie* ich es sage. Wir alle setzen diese Fähigkeit ständig dazu ein, andere zu verstehen. Wir wissen, dass ein Freund verstört oder niedergeschlagen ist, wenn wir hören, dass seine Stimme bricht. Wir wissen, dass unsere Kinder glücklich sind, wenn sie aufgeregt sind und schnell reden. Wenn wir unsere Eltern anrufen und eine teilnahmslose, dumpfe Stimme am anderen Ende der Leitung hören, dann wissen wir, dass irgendetwas nicht stimmt. Es sind nicht die Worte, die uns dies mitteilen, sondern der Ausdruck in der Stimme. Der Ton macht die Musik.

Wir sind es zwar gewöhnt, andere auf diese Weise zu verstehen, aber wir verstricken uns derart in die uns umgebenden Geschehnisse, dass wir vergessen, uns selbst zuzuhören. Dabei erhalten wir gerade dadurch unschätzbare Hinweise darauf, wie wir wieder auf den richtigen Weg kommen können. Wenn Sie sich beispielsweise dabei ertappen, brummig, ungeduldig oder müde zu klingen, dann ist es wahrscheinlich Zeit, sich zu fragen: »Was fühle ich und was kann ich im Moment tun, um mich selbst zu achten und zu respektieren?« Wenn Sie einen ängstlichen oder panischen Unterton in Ihrer Stimme hören, ist das vielleicht ein Zeichen dafür, dass Sie innehalten und wieder in Kontakt mit dem gegenwärtigen Augenblick kommen sollten, statt zuzulassen, dass spekulative Zukunftsängste Sie kontrollieren.

Ihre Stimmqualität enthält wertvolle Botschaften, die Sie heraushören können – und das gilt keineswegs nur für negative Untertöne. Wenn Sie eine muntere Melodie in Ihrer Stimme hören, oder wenn Sie merken, dass Sie fröhlich pfeifen oder summen, dann achten Sie auch darauf. Was tun oder denken Sie gerade, dass es Ihr Herz zum Singen bringt? Was es auch sein mag – wenn Sie es häufig wieder tun, können Sie mehr Freude in Ihr Leben bringen.

SICH FÜR DAS EINSETZEN, WAS WICHTIG IST

Was sagt Ihnen Ihr kreativer Geist? Wodurch freuen Sie sich des Lebens – und sind Sie in Kontakt damit? Hören Sie Ihrer inneren Stimme wirklich ganz ehrlich zu und setzen Sie sich voll dafür ein, das zu verwirklichen, was sie sagt?

Das Leben einer Frau, die ich vor einigen Jahren kennen lernte, änderte sich fast über Nacht, als sie ehrlich mit sich selbst wurde. Jahrelang hatte Jan in Florida gelebt, um in der Nähe ihrer Familie zu sein. Sie hatte früher sehr gern dort gelebt, aber seit sie dorthin gezogen war, hatte sich alles sehr verändert. Es war eine jener extrem schnell wachsenden Gegenden Floridas, die immer hektischer wurden. Jeden Tag musste sie sich durch dichten Verkehr kämpfen – ein Ritual, das sie inzwischen verabscheute. Jan fühlte sich verpflichtet, in der Nähe ihrer alternden Eltern zu bleiben, aber dazu musste sie in einer Umgebung leben und arbeiten, an der sie sich absolut nicht freute, und das wirkte sich negativ auf sie aus.

Eines Tages erlebte Jan einen Moment extremer Frustration, und ihre innere Stimme, die vom Lärm und der schieren Hektik ihres Lebens übertönt worden war, brach bis zu ihrer bewussten Wahrnehmung durch. Jan steckte wieder einmal im Verkehr fest und leierte ihre übliche, bittere Klage-Litanei herunter, als sie sich selbst laut sagen hörte: »Wenn ich nur noch sechs Monate zu leben hätte, wohin würde ich gehen und was würde ich tun?«

Auf der Stelle wusste sie die Antwort. Sie würde nach Montana gehen, ihrem liebsten Gebiet auf der ganzen Welt, wohin sie jahrelang jeden Sommer mit ihren Eltern in die Ferien gefahren war. »Da wäre ich, wenn ich noch sechs Monate zu leben hätte!«, sagte sie sich. »Worauf warte ich denn noch?« In dieser plötzlichen, blitzartigen Einsicht erkannte Jan, dass sie mit der Lüge »Ich kann bis morgen warten, um glücklich zu sein« gelebt hatte und dass dies dasselbe bedeutete wie: »Ich kann noch damit warten, ich selbst zu sein.«

Auf die wahre, innere Stimme zu hören bedeutet natürlich nicht, dass man seine Pflichten anderen gegenüber vernachlässigen und verantwortungslos handeln soll. Das Paradoxon des Gebens und Annehmens verlangt von uns, dass wir beide Faktoren miteinander ins Gleichgewicht bringen. Jan wusste das. Die Pflicht, die sie ihren Eltern gegenüber hatte, war ihr völlig klar. Sie flog nicht sofort los, ohne zunächst klarzustellen, ob ihre Eltern auch ohne sie zurechtkommen würden. (Und als ihre Eltern fünf Jahre später ihre Hilfe brauchten, respektierte Jan den Pendelausschlag, der sie nun auf die andere Seite des Paradoxons katapultierte, und kehrte ohne Weiteres nach Florida zurück, um für sie zu sorgen.)

IRRGLAUBE
Ich kann bis morgen damit warten, ich selbst zu sein.

MAGIE
Ich kann meine Pflichten mit dem, was mir mein innerer Geist rät, ins Gleichgewicht bringen. Es gibt keinen besseren Zeitpunkt dafür, das Leben zu erschaffen, das ich mir wünsche, als die Gegenwart.

Als Jan ihren Eltern sagte, dass sie nach Montana ziehen wollte, erkannten sie, dass Jan die Veränderung dringend brauchte. Sie boten ihr an, in das kleine Ferienhaus zu ziehen, das sie dort hatten, bis sie eine Wohnung gefunden hatte. Schon bald begannen sich die Räder der Veränderung zu drehen. Jan dachte, dass es schwierig sein würde, in der kleinen Stadt, in die sie zog, einen Job in ihrem Beruf zu finden, aber dann fand sie sehr schnell einen Arbeitsplatz ganz in der Nähe. Sie war überrascht, wie problemlos sich alles entwickelte. Gerade, als sie sich bereit machte, ihre Pläne zu verwirklichen, erlebte Jan eine weitere Überraschung. Sie begegnete Randy und verliebte sich Hals über Kopf in ihn.

War das nur eine gehässige Laune des Schicksals? Ich glaube nicht. Immer und immer wieder habe ich in meinem eigenen und im Leben anderer gesehen, dass wir unwillkürlich mehr von dem anziehen, was wir brauchen und verdient haben, wenn wir uns mit unserem wahren Selbst verbünden. Ich glaube, dass Jan und Randy einander deshalb fanden, weil Jan beschlossen hatte, auf ihre innere Stimme zu hören und ihr zu folgen.

Nun erlebte Jan eine Beziehung, die das Potenzial zu einer ernsthaften Partnerschaft hatte, aber trotzdem war sie entschlossen, sich selbst treu zu bleiben und an den Ort zu ziehen, an dem sie glücklich sein konnte. Sie wusste, dass sie Randy vielleicht nie mehr wiedersehen würde, aber trotzdem sagte sie ihm, dass sie ihren Plan verwirklichen und Florida verlassen wollte. Ohne lange nachzudenken, sagte er: »Ich komme mit.« Bald nachdem die beiden nach Montana umgezogen waren und geheiratet hatten, erfüllte sich ein weiterer Traum Jans: Sie wurde schwanger.

Die Transformation von Jans Leben begann mit einer einfachen, mutigen Frage: »Wenn ich nur noch sechs Monate zu leben hätte, wohin würde ich gehen und was würde ich tun?«, und mit ihrer ebenso mutigen Antwort.

Immer, wenn Sie bereit sind, die Frage zu stellen, die richtig für Sie ist, und dann der Antwort genau zuzuhören, die spontan in Ihrem Herzen aufsteigt, dann respektieren Sie Ihre eigene Stimme. Sie freuen sich an dem, was Sie eigentlich sind, und fördern es. Und das löst unweigerlich eine wundervolle Kettenreaktion aus.

MIT DEM PARADOXON SPIELEN UND SICH VERSCHENKEN

Wie der Türhüter, der das magische Passwort von uns fordert, bevor die versiegelten Torflügel auffliegen und uns durchlassen, fordert auch das Leben fortgesetzt von uns, dass wir das nächste Rätsel lösen, um unseren nächsten Durchbruch zu erzeugen. Diese Rätsel treten oft in Gestalt von Paradoxa auf – jener scheinbar widersprüchlichen Wahrheiten, die uns dazu auffordern, unseren Lebensstil und unsere Sichtweise zu verändern. Wie Sie inzwischen wissen, will das Paradoxon uns unbedingt beibringen, dass es im Leben nur selten eindeutige Entscheidungen zwischen »diesem« oder »jenem« gibt. Das Paradoxon möchte, dass wir »dies« *und* »jenes« bejahen, damit wir unsere Kapazität des Gebens *und* des Annehmens erweitern.

Sie müssen nicht lange nach dem Paradoxon suchen, das Ihren nächsten Durchbruch erzeugen wird. Es befindet sich direkt vor Ihrer Nase. Es ist genau in der Mitte des wunden Punktes in Ihrem Leben. Falls Sie beispielsweise allergisch dagegen sind, Nein zu sagen, obwohl das ständige Jasagen Sie erschöpft, dann wird das Leben Sie zu der Entdeckung zwingen, dass die heilsame Medizin in der entgegengesetzten Richtung liegt: nämlich darin, vernünftige Grenzen zu ziehen und das Paradoxon, dass Neinsagen Ihnen das Jasagen erst ermöglicht, voll und ganz zu bejahen. Wenn Sie sich ausschließlich auf Ihre langfristigen Ziele konzentrieren, wird das Leben Sie an den Schultern packen und umdrehen und Sie zwingen, einem geliebten Menschen tief in die Augen zu sehen – und dann können Sie nicht mehr umhin zu begreifen, dass der jetzige

Augenblick genau so wichtig ist wie der große Gesamtüberblick. Wenn Sie sich an die Auffassung klammern, dass Ihr Glück davon abhängt, was jemand anders sagt oder tut, dann wird das Leben Sie irgendwann absondern, damit Sie endlich lernen, sich selbst zu vertrauen. Und so weiter.

Wenn man weiß, dass das Leben eine Serie von Paradoxa ist, die in gewöhnlicher Alltagskleidung daherkommen, dann verschwinden die Spannungen des Lebens dadurch zwar leider nicht, denn sie sind unvermeidlich. Aber das Gefühl des Kampfes, das sich einstellt, wenn wir ihnen begegnen, lässt sich sehr wohl vermeiden! Der nutzlose Stress und die Überbeanspruchung entstehen, wenn wir auf der einen oder anderen Seite des Paradoxons stecken bleiben. Wenn wir uns zu sehr oder zu lange nach rechts oder links neigen, dann leben wir nur zur Hälfte. Wenn Sie voll und ganz leben möchten, dann müssen Sie das Paradoxon voll und ganz akzeptieren. *Finden Sie das Paradoxon spielerisch, raten uns die Weisen, und spielen Sie mit dem Paradoxon. Öffnen Sie Ihr Herz, dann werden Sie Ihre Vision des Möglichen erweitern.*

Egal, ob wir an dieser Schulung teilnehmen möchten oder nicht – wir alle sind Schüler der inneren Kunst des Gebens und Annehmens. In diesem Klassenzimmer lautet das zentralste aller Paradoxa: »Wie kann ich mich selbst *und* die anderen achten und respektieren? Wie kann ich die Bedürfnisse der anderen mit meinen eigenen Bedürfnissen ins Gleichgewicht bringen? Wie kann ich geben *und* nehmen?«

Letzten Endes sind bei jedem guten Paradoxon die Komponenten unentwirrbar miteinander verknüpft, und genauso verhält es sich auch damit, sich selbst und die anderen zu respektieren. Sie mögen zwar abwechselnd im Vordergrund stehen, aber das eine kann ohne das andere nicht existieren – und genau das ist der Schlüssel. Wie wir schon am Anfang unserer Reise in das Paradoxon entdeckt haben, ist es keineswegs egozentrisch, sich selbst zu achten und zu respektieren. Wenn Sie das tun, bringen Sie Ihr Bestes zum Vorschein, und dann können Sie den anderen auf kreative und großzügige Weise sich selbst schenken. Umgekehrt, und ebenso wichtig: Indem Sie anderen geben, achten und respektieren Sie zugleich auch sich selbst. Sie achten und respektieren das, wofür Ihr Herz geschaffen wurde. Sie achten und respektieren Ihren Daseinsgrund.

Wie kann ich mein höchstes Potenzial zur Welt bringen? Was kann ich tun, um mich selbst auf der tiefsten Ebene zu achten und zu respektieren, damit ich meine Geschenke auf kreative und großzügige Weise verteilen kann? Sämtliche Fragen, die wir uns jemals stellen können, drehen sich in Wahrheit nur darum. Eines ist sicher: Um sich selbst vollkommen zu achten und zu respektieren, dürfen Sie sich nicht mehr hinter Selbstaufopferung, Ängsten und Zweifeln verstecken, sondern müssen anfangen zu feiern, wer Sie sind. Sie dürfen die Traumziele Ihres Potenzials nicht mehr hintanstellen und müssen sich und Ihre Begabungen auf eine Weise verschenken, die Ihnen Freude macht.

Wenn Sie dem leidenschaftlichen, kreativen Geist, der in Ihnen wohnt, die Führung völlig überlassen, dann entfaltet sich die Magie direkt vor Ihren Augen. Sie geben nicht, weil man es von Ihnen erwartet, und auch nicht, weil jemand anders Ihr Geschenk braucht. Sie geben, weil Sie dazu geschaffen wurden. Weil Sie gar nicht anders können. Weil Ihr Kelch überfließt. Ich wurde zum Schreiben dieses Buches inspiriert und motiviert, weil ich wusste, dass die Dinge, die ich in meinem eigenen Leben gelernt habe – manchmal unter Schmerzen und manchmal voller Freude –, vielen anderen Menschen helfen können. Aber ich habe es auch geschrieben, weil ich schreiben muss, weil ich dazu geboren wurde.

Wozu wurden Sie geboren? Welche Eigenschaften und Begabungen sind Ihre speziellen Beiträge zu der Welt um Sie herum? Und auf welche Weise verschenken Sie Ihre Gaben? Jeder von uns wird diese Fragen anders beantworten. Was werden Sie antworten?

Es gibt endlose Variationen: Ich wurde geboren, um zu unter-richten. Ich wurde geboren, um anderen zu zeigen, wie wichtig es ist, inmitten einer Tragödie Dankbarkeit zu zeigen. Meine Begabung ist es, anderen Menschen zu helfen, ihr Aussehen zu optimieren und ihr Selbstbewusstsein zu stärken. Ich wurde geboren, um zu fördern und zu heilen. Meine Begabung ist es zu zeigen, dass selbst das kleinste bisschen Mitgefühl das Leben eines anderen verändern kann. Ich wurde geboren, um zu or-ganisieren und andere zu führen. Um überall, wo ich hingehe, Freude und Heiterkeit zu verbreiten. Um anderen dabei zu helfen, sich auszudrücken und ihre einzigartigen Begabungen mit anderen zu teilen.

Welche Eigenschaft des Herzens sollen Sie Ihrer Bestimmung nach mit anderen teilen - nicht nur, weil es den anderen hilft oder weil Sie etwas zurückbekommen, sondern weil Sie gar nicht anders können? Es geht darum, wer Sie sind. Worüber Sie lächeln und was Ihr Herz mit Begeisterung erfüllt.

Wenn Sie jene tiefe Sehnsucht der Seele spüren und respek-tieren, die nur Sie erfüllen können, dann verschieben sich Ihre Prioritäten. Sie stehen nicht mehr ganz unten auf Ihrer Priori-tätenliste, und die Gaben, die Sie aufgrund Ihrer Bestimmung austeilen sollen, bekommen genügend Luft und können atmen.

Wenn Ihr inneres Feuer wächst, werden Sie feststellen, dass Sie Ihre Geschenke nur auf eine einzige Weise austeilen können. Indem Sie sich selbst achten und respektieren - jeden Tag.

In Wahrheit sind Sie nämlich selbst das Geschenk.

DANKSAGUNG

Dadurch, wer wir in jedem Augenblick sind und was wir erschaffen, feiern wir in Wahrheit alles, was vorher stattgefunden hat. Insofern habe ich hier nicht genügend Platz, um allen Menschen in meinem Leben zu danken, die mir geholfen haben, zu dem Menschen zu werden, der ich bin. Aber es wäre fahrlässig, wenn ich meinen wundervollen Eltern, meinen kostbaren Großeltern und meinen bezaubernden Schwestern nicht meine tiefe Dankbarkeit ausdrücken würde: Danke für Eure liebenden Herzen und dafür, dass Ihr mich gelehrt habt, mit dem Herzen zu geben!

Ich danke auch all jenen von ganzem Herzen, die mir während der Geburt dieses Buches beigestanden und mich unterstützt haben: Theresa McNicholas, Lee Fogarty, Chris Kelley, Molly Maguire, Gabriel Wilmoth, Tina Knowles, Teresa Masterson, Marie Antoinette Kelley und Tony Proe. Ich danke Euch für Euer unschätzbares Feedback und Eure Begeisterung, als das Manuskript Gestalt annahm.

Ich danke Roger Gefvert für das inspirierte Umschlag-design der amerikanischen Originalausgabe und James

Bennett für das schöne Layout – beides bringt den Geist und die Vision dieses Werkes auf den Punkt.

Ich danke auch Murray Steinman, Nilsa Abreu und Brook Montagna für ihre Unterstützung, Freundschaft und Ermutigung – und dafür, dass sie mir geholfen haben, ein Ende zu akzeptieren, damit ich einen neuen Anfang machen konnte.

Ich danke all den Freunden und Bekannten, die mir im Laufe des Lebens begegnet sind, dass sie ihre Geschichten mit mir geteilt haben, so dass sie nun die Lektionen dieses Buches durch ihre Beispiele verdeutlichen.

Ich danke den Weisen aller inneren Traditionen der Welt, sowohl den vergangenen als auch den gegenwärtigen, dass sie so großzügig ihre Herzen geöffnet und ihre Weisheit, ihre Erfahrung und ihren spirituellen gesunden Menschenverstand an uns alle ausgeteilt haben.

Und schließlich danke ich meinem Mann Nigel J. Yorwerth. Ich danke Dir nicht nur für Deinen fachmännischen Rat und Deine enthusiastische Arbeit als mein Literaturagent, sondern auch für Deinen leidenschaftlichen Glauben an mich, für Deine tiefe Freundschaft und für die Inspiration Deiner Liebe.

Und ich danke Elizabeth Clare Prophet: Danke, dass Du mich unterwiesen und geliebt hast und mir gezeigt hast, was Mut bedeutet – und dafür, dass Du meine Vision des Möglichen immer und immer mehr erweitert hast.

Ich danke Euch allen so sehr.

Ich achte und respektiere Eure Herzen.

Anmerkungen

Kapitel 2: Die Suche nach dem Gleichgewicht
1. Nikos Kazantzakis, *Zorba the Greek*, Übers. Carl Wildman (New York: Simon & Schuster, 1952), 34. - Dt. Ausgabe: *Alexis Sorbas*, Anaconda Verlag, Köln 2008; eine DVD der Verfilmung mit Anthony Quinn in der Hauptrolle liegt seit 2005 auf Deutsch vor.
2. Mutter Teresa, *In the Heart of the World: Thoughts, Stories & Prayers*, Hrsg. Becky Benenate (Novato/California: New World Library, 1997), 20-21.
3. Mutter Teresa, *Everything Starts from Prayer: Mother Teresa's Meditations on Spiritual Life for People of All Faiths*, Hrsg. Anthony Stern (Ashland/ Oregon: White Cloud Press, 2000), 29.
4. »The Book of Thomas the Contender«, in: Hrsg. James M. Robinson, *The Nag Hammadi Library in English*, revidierte Ausgabe (New York: HarperCollins, 1988), 201.
5. Daniel C. Matt, *The Essential Kabbalah: The Heart of Jewish Mysticism* (New York: HarperCollins, 1995), 127. - Dt. Ausgabe: *Das Herz der Kabbala. Jüdische Mystik aus zwei Jahrtausenden*, Verlag O. W. Barth, Frankfurt 1996.

Kapitel 3: Grenzen setzen
1. Rich Karlgaard, »Peter Drucker On Leadership«, *Forbes.com*, 19. November 2004, http://www.forbes.com/2004/11/19/cz_rk_1119drucker.html.
2. Rob Stein, »Study Confirms That Stress Helps Speed Aging«, *WashingtonPost.com*, veröffentlicht auf MSNBC, 30. November 2004, http://www.msnbc.msn.com/id/6613721/.
3. Carol S. Pearson, *The Hero Within: Six Archetypes We Live By* (New York: HarperCollins, 1989), 53. - Dt. Ausgabe: *Der Held in uns. Die sechs Archetypen: Magier, Krieger, Märtyrer, Wanderer, Unschuldiger, Waise*, Verlag Droemer Knaur, München 1990.
4. ebd.
5. Alan Watts, »What Is Zen?«, in: *Eastern Wisdom* (New York: MJF Books, 2000), 53.

Kapitel 4: Unterstützung annehmen und allein fliegen
1. *New Era Community* (New York: Agni Yoga Society, 1951), 3. 2. Thich Nhat Hanh, *Living Buddha, Living Christ* (New York: Riverhead Books, 1995), 63-64.
3. Khalil Gibran, *The Prophet* (Sydney: Phone Media), 15-16. - Dt. Ausgabe: *Der Prophet*, dtv-Taschenbuch, München 2002.

Kapitel 5: Besser als größer
1. Erich Fromm, *The Art of Loving* (New York: HarperCollins, 2000), 21-22. – Dt. Ausgabe: *Die Kunst des Liebens*, Ullstein Taschenbuch, Berlin 2005.
2. »The Bhagavad Gita« 9:26, in: Übers. Juan Mascaro, *The Bhagavad Gita* (New York: Penguin Books, 1962), 82. – Dt. Ausgabe: *Bhagavad Gita: Der Gesang Gottes. Eine zeitgemäße Version für westliche Leser*, Goldmann Arkana Taschenbuch, München 2002.

Kapitel 6: Was geben wir und wann geben wir?
1. Khalil Gibran, *The Prophet* (Sydney: Phone Media), 20. – Dt. Ausgabe: *Der Prophet*, dtv-Taschenbuch, München 2002.
2. Malcolm Muggeridge, *Something Beautiful for God* (San Francisco: Harper & Row, 1971), 74-75. – Dt. Ausgabe: *Gott ist mir auf den Fersen. Von Utopia nach Emmaus. Zeitkritische Bekenntnisse eines Satirikers*, Aussaat Verlag, Wuppertal 1973.
3. Prabhavananda, *The Eternal Companion: Brahmananda, His Life and Teachings* (Hollywood: Vendanta Press, 1970), 73-74. – Dt. Ausgabe: *Der ewige Gefährte Brahmananda, sein Leben und seine Lehren*, Rascher Verlag, Zürich 1950.
4. Thomas Cleary, Übers. und Hrsg. *Vitality, Energy, Spirit: A Taoist Sourcebook* (Boston: Shambhala Publications, 1991), 233.

Kapitel 7: Die Magie des Fließens
1. Thomas A. Harris, *I'm OK – You're OK: A Practical Guide to Transactional Analysis* (New York: Harper & Row, 1969), 141. – Dt. Ausgabe: *Ich bin o.k. – Du bist o.k.: Wie wir uns selbst besser verstehen und unsere Einstellung zu anderen verändern können*, Rowohlt Taschenbuchverlag, Reinbek bei Hamburg 1975.
2. David G. Myers, *Exploring Psychology: Sixth Edition in Modules* (New York: Worth Publishers, 2005), 442-43. – Dt. Ausgabe: *Psychologie*, Springer Verlag, Berlin 2008. –Myers, »Wealth, Well-Being, and the New American Dream, Enough!« (Summer 2000), 5-6; siehe auch Myers, *The Pursuit of Happiness: Discovering the Pathway to Fulfillment, Well-Being, and Enduring Personal Joy* (New York: HarperCollins, 2002).
3. David G. Myers, »Pursuing Happiness«, in: *Psychology Today*, Juli/August 1993, 32-35, 66-67.
4. Jean Chatsky, *You Don't Have to Be Rich: Comfort, Happiness, and Financial Security on Your Own Terms* (New York: Porfolio, 2003).
5. Arthur C. Brooks, »Giving Makes You Rich«, Condé Nast Portfolio, November 2007.
6. *Tao Te King* 81. – Dt. Ausgabe: *Tao Te King. Eine zeitgemäße Version für westliche Leser*, Goldmann Arkana Taschenbuch, München 2003.
7. Erster Brief an Timotheus 6:10.

8. »The Bhagavad Gita« 3:11–12. – Dt. Ausgabe: *Bhagavad Gita: Der Gesang Gottes. Eine zeitgemäße Version für westliche Leser*, Goldmann Arkana Taschenbuch, München 2002.

Kapitel 8: Weit geöffnete Augen
1. Siehe Hrsg. Jack Kornfield und Christina Feldman, *Soul Food: Stories to Nourish the Spirit and the Heart* (San Francisco: HarperSanFrancisco, 1996), 274–75. – Dt. Ausgabe: *Geschichten, die der Seele gut tun*, Herder Verlag, Freiburg 2000.
2. Übertragung aus Paul Carus (Verfasser), *The Gospel of Buddha* (Oxford: Oneworld Publications, 1994), 167–68. – Dt. Ausgabe: *Das Evangelium des Buddha*, Hrsg. Konrad Dietzfelbinger, Königsdorfer Verlag, Königsdorf 2008.

Kapitel 9: Ehrlich mit den eigenen Gefühlen umgehen
1. Rabindranath Tagore, *Stray Birds* (New York: The Macmillan Company, 1916). – Dt. enthalten in: *Gesammelte Werke. Lyrik, Prosa, Dramen*, Hrsg. Martin Kämpchen, Verlag Artemis & Winkler, Düsseldorf 2005.
2. Swami Vivekananda, *Jnana Yoga*, durchgesehene Ausgabe (New York: Ramakrishna- Viveknanda Center, 1982), 286. – Dt. Ausgabe: *Jnana-Yoga. Der Pfad der Erkenntnis*, Phänomen Verlag, Hamburg 2006.
3. Jeffrey Brantley, *Calming Your Anxious Mind: How Mindfulness and Compassion Can Free You From Anxiety, Fear, and Panic* (Oakland: New Harbinger Publications), 105, 153. – Dt. Ausgabe: *Der Angst den Schrecken nehmen. Achtsamkeit als Weg zur Befreiung von Ängsten*, Arbor Verlag, Freiburg 2009.
4. Ebd., 154.

Kapitel 10: Wenn der Weg zu Ende ist
1. Diane K. Osbon, Hrsg., *Reflections on the Art of Living: A Joseph Campbell Companion* (New York: HarperPerennial, 1991), 298.

Kapitel 11: Die Last ablegen und losfliegen
1. Harold S. Kushner, in: Simon Wiesenthal, *The Sunflower: On the Possibilities and Limits of Forgiveness*, durchgesehene Ausgabe (New York: Schocken Books, 1997), 176, 177. – Dt. Ausgabe: *Die Sonnenblume. Eine Erzählung von Schuld und Vergebung*, Ullstein Taschenbuchverlag, München 1998.
2. Mark L. Prophet und Elizabeth Clare Prophet, *Saint Germain On Alchemy: Formulas for Self-Transformation* (Corwin Springs: Summit University Press), 296. – Dt. Ausgabe: *Saint Germain. Alchemie – die geheimen Formeln für inneren und äußeren Reichtum*, Ansata Verlag, München 2009.

3. Charlotte van Oyen Witvliet, Thomas E. Ludwig, Kelly L. Vander Laan, »Granting Forgiveness or Harboring Grudges: Implications for Emotion, Physiology, and Health«, in: *Psychological Science* 12, Nr. 2 (2002): 117–23; Giacomo Bono und Michael E. McCullough, »Positive Responses to Benefit and Harm: Bringing Forgiveness and Gratitude into Cognitive Psychotherapy,« in: *Journal of Cognitive Psychotherapy* 20, Nr. 2 (2006); James W. Carson, Francis J. Keefe, Veeraindar Goli, Anne Marie Fras, Thomas R. Lynch, Steven R. Thorp und Jennifer L. Buechler, »Forgiveness and Chronic Low Back Pain: A Preliminary Study Examining the Relationship of Forgiveness to Pain, Anger, and Psychological Distress«, in: *The Journal of Pain* 6, Nr. 2 (2005), 84–91.

Kapitel 12: Ihre ganz besondere Note

1. Henrik Ibsen, *Peer Gynt*, Übers. R. Farquharson Sharp, 5. Akt, 3. Szene. – Dt. Ausgabe: *Peer Gynt*, Übers. Christian Morgenstern, Ondefo Verlag, Hagenow 2007.

2. Teresa von Avila, *The Interior Castle* (London: Fount, 1995), 192. – Dt. Ausgabe: *Die innere Burg*, Diogenes Verlag, Zürich 2006.

3. Viktor E. Frankl, *Man's Search for Meaning: An Introduction to Logotherapy*, 3. Auflage (New York: Simon & Schuster, 1984), 145, 113. – Dt. Ausgabe: *Der Mensch auf der Suche nach Sinn*, Ernst Klett Verlag, Stuttgart 1972.

4. Thomas Merton, *No Man Is An Island* (San Diego: Harcourt, 1983), 122. – Dt. Ausgabe: *Keiner ist eine Insel. Betrachtungen über die Liebe*, Benziger Verlag, Zürich 2005.

Kapitel 13: Tragen Sie Schuhe, die Ihnen passen, und bestimmen Sie Ihr Tempo selbst

1. Die Lehren des Silvanus, in: *The Nag Hammadi Library in English*, 390. – Dt. in: Hrsg. Konrad Dietzfelbinger, *Apokryphe Evangelien aus Nag Hammadi. Die Entdeckung, die die Grundfesten des Christentums erschütterte*, Nikol Verlag, Hamburg 2007.

2. Lukas 17:21; Das Evangelium des Thomas 3, in: *The Nag Hammadi Library in English*, 126. – Dt. Ausgabe siehe 1.

3. Das Evangelium des Thomas 70, in: Übers. Marvin Meyer, *The Gospel of Thomas: The Hidden Sayings of Jesus* (New York: HarperCollins, 1991), 53. – Dt. Entsprechung: *Das Evangelium des Thomas. Die Meisterworte Jesu*, übersetzt und kommentiert von Jean-Yves Leloup, Edition Spuren, Winterthur 2008.

4. Imam Muhammad Al-Ghazali, *The Alchemy of Happiness*, Übers. Claud Field. – Dt. Ausgabe: *Al Ghasali, Das Elixier der Glückseligkeit*, Verlag Adel Eldomiaty, Braunschweig 2004.

5. »The Bhagavad Gita« 3:35, in: Übers. Juan Mascaro, *The Bhagavad Gita*, 59. – Dt. Ausgabe: *Bhagavad Gita: Der Gesang Gottes. Eine zeitgemäße Version für westliche Leser*, Goldmann Arkana Taschenbuch, München 2002.

6. Alle Zitate von Ralph Waldo Emerson in diesem Kapitel stammen aus seiner Abhandlung »Self-Reliance« (dt. »Selbstvertrauen«), enthalten in: *Essays Erste Reihe*, Diogenes Taschenbuch, Zürich 2003.

Kapitel 14: Immer wundervoller

1. Rabindranath Tagore, *Sadhana: The Realisation of Life* (New York: The Macmillan Company, 1916), 41. – Dt. Ausgabe: *Sadhana. Der Weg zur Vollendung*, Werner Kristkeitz Verlag, Heidelberg 2009.

2. Thomas Merton, *New Seeds of Contemplation* (New York: New Directions, 1972), 31, 32. – Dt. Ausgabe: *Christliche Kontemplation. Ein radikaler Weg der Gottessuche*, Claudius Verlag, München 2010.

3. Das Evangelium der Wahrheit, in: *The Nag Hammadi Library in English*, 47. – Dt. Ausgabe in: Hrsg. Konrad Dietzfelbinger, *Apokryphe Evangelien aus Nag Hammadi. Die Entdeckung, die die Grundfesten des Christentums erschütterte*, Nikol Verlag, Hamburg 2007.

4. Abraham H. Maslow, *The Farther Reaches of Human Nature* (New York: Penguin, 1993), 34–35.

5. Marianne Williamson, *A Return to Love* (New York: HarperPerennial, 1996), 191. – Dt. Ausgabe: *Rückkehr zur Liebe. Harmonie, Lebenssinn und Glück durch »Ein Kurs in Wundern«*, Goldmann Esoterik Taschenbuch, München 1993.

6. »The Bhagavad Gita« 3:8 und 18:48, in: Übers. Juan Mascaro, *The Bhagavad Gita*, 56, 119. – Dt. Ausgabe: *Bhagavad Gita: Der Gesang Gottes. Eine zeitgemäße Version für westliche Leser*, Goldmann Arkana Taschenbuch, München 2002.

7. Übers. Jonathan Star, *Rumi: In the Arms of the Beloved* (Jeremy P. Tarcher/Putnam: 1997), 70. – Nachdichtungen des deutschen Schriftstellers Friedrich Rückert enthält der Band *Das Meer des Herzens geht in tausend Wogen*, Dagyeli Verlag, Berlin 2002.

Kapitel 15: Erweitern Sie Ihre Vision des Möglichen

1. Madeleine L'Engle, *A Circle of Quiet* (New York: HarperCollins, 1972), 32.

2. Abraham H. Maslow, *The Farther Reaches of Human Nature* (New York: Penguin, 1993), 176–77.

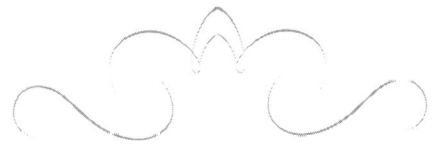

ÜBER DIE
AUTORIN

Patricia Spadaro ist eine international bekannte Autorin und Expertin für praktische Spiritualität. Sie ist Mitverfasserin von sechs Büchern über Persönlichkeitsentwicklung und spirituelle Traditionen der Welt und produzierte eine 13-teilige Radiosendung über diese Thematik. Ihre Bücher wurden in achtzehn Sprachen übersetzt und sind in über fünfundzwanzig Ländern erhältlich. Patricia ist außerdem Publikationsberaterin und Verlegerin und hat in dieser Eigenschaft vielen erfolgreichen Schriftstellern geholfen, ihre ersten Bücher herauszubringen. Sie lebt mit ihrem Mann in Bozeman/Montana, USA.

Patricias Arbeit zeigt, dass die großen spirituellen Traditionen der Welt gemeinsame Themen haben, die äußerst wichtig sind für Fragen unseres Alltagslebens. Es ist ihr ein besonderes Anliegen, die Weisheit der alten Kulturen so zu vermitteln, dass sie uns erleuchten und inspirieren, damit unser Leben und das Leben unserer Liebsten auf bestmögliche Weise transformiert wird. Sie betrachtet sich als eine lebenslang Lernende mit einer Vorliebe für das Paradoxe und sammelt gern Zitate, die weise und witzig sind und uns das Erwachen nahebringen.

Wenn Sie sich für Quellenmaterial interessieren, etwa einen englischen Studienleitfaden des vorliegenden Buches für Lesegruppen, besuchen Sie Patricia doch bitte auf den Webseiten HowtoHonorYourself.com und PracticalSpirituality.info. Englischsprachiger E-Mail-Kontakt: Info@PracticalSpirituality.info

»Ehrfurcht vor dem Leben!«

Friedensnobelpreisträger Albert Schweitzer

Meditative Klänge von *Tom Kenyon*

aus den großen spirituellen
Traditionen der Welt

Amra Records, 59 Minuten;
ISBN 978-3-939373-41-4
Eine taoistische Heilmeditation
mit Gesängen an Kuan Yin

Amra Records, 72 Minuten;
ISBN 978-3-939373-42-1
Eine Klangmeditation zur
tantrischen Vereinigung

Amra Records, 46 Minuten;
ISBN 978-3-939373-80-3
Eine Einweihung in positiven
Wandel und Erneuerung

Amra Records, 60 Minuten;
ISBN 978-3-939373-40-7
Elf schamanische Lieder
spiritueller Heiler

Amra Records, 65 Minuten;
ISBN 978-3-939373-43-8
Meditative Klänge eines
Lichtschiffs vom Arkturus

Jede CD nur € 19,95.
Überall erhältlich!

Hörproben auf www.AmraVerlag.de

»Erfahren Sie das Geheimnis, das uns alle verbindet!«

WITH ONE VOICE – DIE GEMEINSAME STIMME DER RELIGIONEN

Ein Film von Eric Temple
78 Minuten und Special Bonus:
Trailershow, Filmclips, Interview
Amra Cinema DVD, € 22,95

ISBN 978-3-939373-67-4

Zum ersten Mal sind 22 große Mystiker aus 14 großen spirituellen Traditionen der Welt zusammengekommen, um ihre persönlichen Erfahrungen miteinander zu teilen. In einer lebensbejahenden Dokumentation über das Wesen des Göttlichen und den Weg zum spirituellen Erwachen zeigen sie, dass alle unsere Probleme in Wahrheit eins sind: dass wir die Verbindung mit der unendlichen Quelle, die uns erhält, verloren haben. Und sie zeigen, dass wir kurz vor der Lösung stehen: der erneuten Anbindung, damit wir mit einer Stimme reden können.

MYSTICAL MUSINGS

Der Soundtrack zu »With One Voice«
komponiert von Michael Josephs
Amra Records, 43 Minuten; € 17,95

ISBN 978-3-939373-66-7

Ein einzigartiges Arrangement von Instrumenten, Stimmen und Melodien, darauf abgestellt, im Zuhörer ein Gefühl von Frieden und Gegenwärtigkeit wachzurufen, das mit den Botschaften dieser bewussten und offenherzigen Menschen in Harmonie steht.

Trailer und Hörproben auf www.AmraVerlag.de

Jacky Newcomb

ANGEL KIDS

Die medialen Erfahrungen
unserer Kinder

224 Seiten, gebunden,
mit dunkelblauem Leseband
Amra Verlag, € 19,95

ISBN 978-3-939373-22-3

Kinder mit außergewöhnlichen Fähigkeiten, die Gedanken lesen und
kraft ihres Geistes Gegenstände bewegen können, Kinder, die mit Schutz-
engeln und geliebten Verstorbenen reden, Kinder, die sich an frühere
Leben erinnern, und verstorbene Kinder, die als Enkelinnen und Enkel
wiedergeboren werden ...

Ein Buch, randvoll mit faszinierenden Begegnungen von Kindern und
zugleich ein Ratgeber, der Einblick in das Leben und Denken medialer Kinder
gibt. Welche Probleme stellen sich den Eltern heute? Wie gehen die Eltern
der neuen Zeit mit diesen Phänomenen um?

Jacky Newcomb, auch als Angel Lady bekannt, ist Doktorin der Psychologie.
Durch ihre Bücher über Engel, mediale Kinder und das Leben nach dem
Tod hat sie Millionen Menschen das Wirken der geistigen Welt nahegebracht.
In Großbritannien ist sie ein ständiger Gast in Funk und Fernsehen.

»Ich liebe dieses Buch. Es wird bestimmt viele Menschen bezaubern und
ihnen helfen – Kindern und Eltern gleichermaßen.«

Diana Cooper, Autorin von Der Engel-Ratgeber

Videos und Leseproben auf www.AmraVerlag.de

Tina Denk-Dominik

RHEUMA IST,
WAS DU DRAUS
MACHST!

Nutze die Chance
auf ein neues Leben

128 Seiten, gebunden,
mit orangem Leseband
Amra Verlag, € 14,95

ISBN 978-939373-55-1

Es kommt schleichend. Praktisch aus dem Nichts. Am Anfang ist es nicht
mehr als ein leichtes Ziehen in den Gelenken, kaum der Rede wert. Dann
häufen sich die Symptome: Rheuma – eine Erkrankung an den Bewegungs-
organen, die fast immer mit Schmerz und oft mit Bewegungseinschränkung
verbunden ist. Aber es ist kein Zufall, dass sich diese Erkrankung einstellt.
Es ist vielmehr eine Aufgabe, die es zu meistern gilt.

Rheuma ist kein Schicksalsschlag, sondern der Beginn einer Reise zu sich selbst!

»Es gibt gegen Rheuma kein Allgemeinrezept. Und es gibt auch keinen
Arzt oder Heiler, der einem sagen kann, was für einen genau das Richtige
ist. Aber Sie können es für sich selbst herausfinden.«

Tina Denk-Dominik ist Immobilienkauffrau, Sängerin und leidenschaftliche
Reiterin. Durch die Schaffung eines »gesunden Bewusstseins« gelang es ihr,
für sich eine individuelle Therapie zur Aktivierung der Selbstheilungskräfte
zu gestalten. Inzwischen lebt sie fast gänzlich frei von Medikamenten und
gibt ihr Wissen in Vorträgen, Seminaren und Workshops weiter.

Leseproben auf www.AmraVerlag.de

www.amraverlag.de

Ich hoffe, dass diese Botschaft
der Liebe nicht nur Ihre Kinder
inspiriert, sondern auch Sie.

Ihre *Louise L. Hay*

40 Seiten im Großformat
durchgehend farbig
€ 14,95; ISBN 978-3-939373-28-5

Lulu schloss die Augen, und plötzlich konnte sie sich selbst vor
sich sehen – im wunderschönsten Theater, das sie sich überhaupt
vorstellen konnte.

»Und jetzt«, fuhr die kleine Ameise fort, »siehst du dich auf der Bühne
tanzen. Du bist die hübscheste und anmutigste Ballerina, die es jemals
gab. Siehst du es?«

Lulu sah es. Sie war so aufgeregt, dass sie beinahe die Augen geöffnet
hätte, aber sie wollte, dass dieses Gefühl für immer anhielt. Sie war
da auf der Bühne und tanzte ganz hinreißend – auch wenn ihre Beine
immer noch ein wenig dünn waren.

Langsam verblasste dieses Bild, und sie öffnete die Augen wieder.

»Ich hab's gesehen!«, rief sie. »Ich war so wunderschön und habe so
anmutig getanzt! Oh, ich danke dir! Jetzt weiß ich einfach, dass ich
eine wundervolle Ballerina werden kann, wenn ich nur will!«

Bestell-Hotline: +49 (0) 61 81 – 18 93 92   *Überall erhältlich!*